強國
爭霸南海夢

ASIAN WATERS

The Struggle Over the South China Sea &
the Strategy of Chinese Expansion

賀斯理
Humphrey Hawksley

蕭美惠——譯

目錄

圖一：亞太

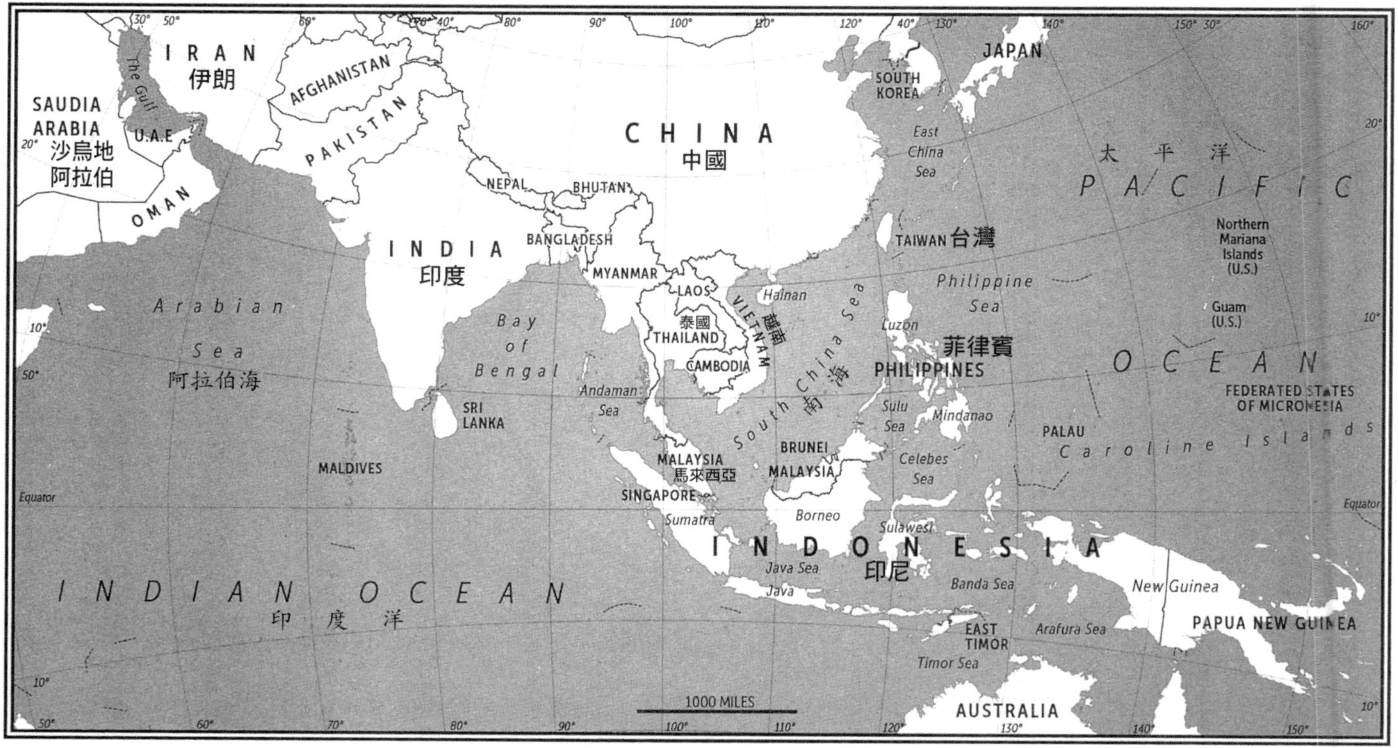
IRAN
伊朗
SAUDIA ARABIA
沙烏地阿拉伯
The Gulf
U.A.E
OMAN
AFGHANISTAN
PAKISTAN
CHINA
中國
NEPAL
BHUTAN
INDIA
印度
BANGLADESH
MYANMAR
LAOS
泰國
THAILAND
CAMBODIA
VIETNAM
越南
Hainan
SOUTH KOREA
JAPAN
East China Sea
TAIWAN 台灣
太平洋
PACIFIC OCEAN
Northern Mariana Islands (U.S.)
Guam (U.S.)
Philippine Sea
菲律賓
PHILIPPINES
Luzon
South China Sea
南海
Sulu Sea
Mindanao
FEDERATED STATES OF MICRONESIA
PALAU
Caroline Islands
Celebes Sea
BRUNEI
MALAYSIA
馬來西亞
SINGAPORE
Sumatra
Borneo
Sulawesi
INDONESIA
印尼
Java Sea
Java
Banda Sea
New Guinea
PAPUA NEW GUINEA
EAST TIMOR
Arafura Sea
Timor Sea
AUSTRALIA
Arabian Sea
阿拉伯海
Bay of Bengal
Andaman Sea
SRI LANKA
MALDIVES
INDIAN OCEAN
印度洋
Equator
1000 MILES

圖二：中國

80°
100°
120°
RUSSIA
俄羅斯
KAZAHSTAN
哈薩克
MONGOLIA
蒙古
Urumqi
TAJIKISTAN
40°
BEIJING
Dalian
NORTH KOREA
SOUTH KOREA
中國
CHINA
西藏 Tibet Autonomous Region
Lhasa
Chengdu
Shanghai
East China Sea
東海
NEPAL
BHUTAN
BANGLADESH
INDIA
印度
20°
MYANMAR
Guangzhou
Hong Kong
TAIWAN
台灣
PACIFIC OCEAN
LAOS
Hainan
VIETNAM
越南
South China Sea
南海
Luzon
菲律賓
PHILIPPINES
泰國
THAILAND
Bay of Bengal
孟加拉灣
500 MILES

圖三：東南亞

中國
CHINA
110°
Guangzhou
Hong Kong
120°
TAIWAN
台灣
200 MILES
HANOI
東沙島
Dongsha Island
PACIFIC OCEAN
太平洋
20°
Hainan
西沙群島
Paracel Islands
VIENTIANE
LAOS
VIETNAM
黃岩島
Scarborough Shoal
泰國
THAILAND
Luzon
Philippine Sea
MANILA
South China Sea
南海
柬埔寨
CAMBODIA
PHNOM PENH
Ho Chi Minh City
PHILIPPINES
菲律賓
10°
Gulf of Thailand
Spratly Islands
南沙群島
Palawan
Sulu Sea
Mindanao
BANDAR SERI BEGAWAN
BRUNEI
MALAYSIA
馬來西亞
MALAYSIA
SINGAPORE
Borneo
INDONESIA
中國聲稱的領海

圖四：南亞

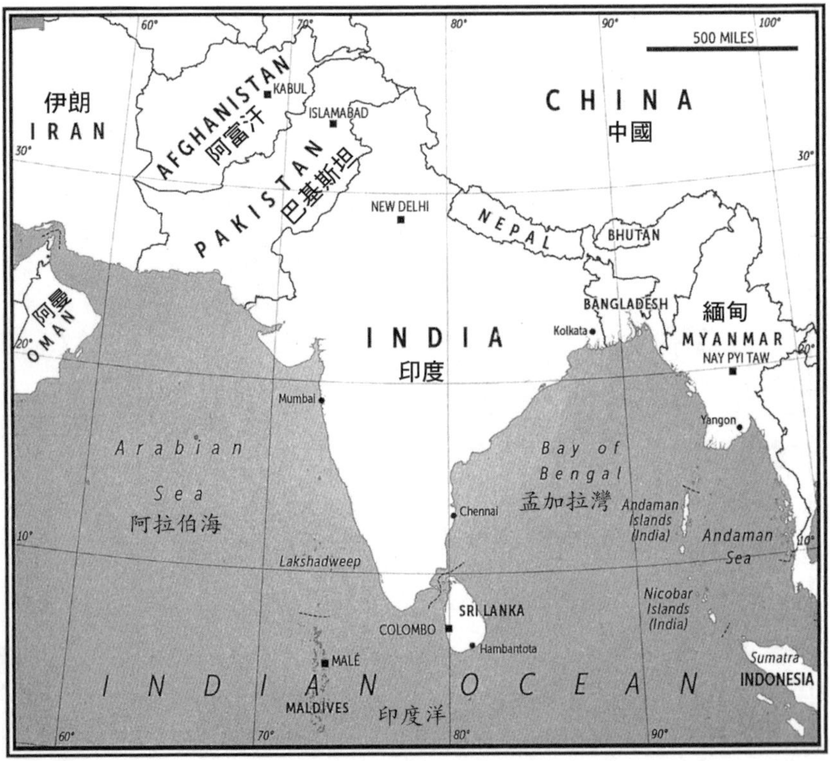

500 MILES
60°
70°
80°
90°
100°
30°
20°
10°
伊朗
IRAN
AFGHANISTAN
阿富汗
KABUL
ISLAMABAD
PAKISTAN
巴基斯坦
NEW DELHI
CHINA
中國
NEPAL
BHUTAN
BANGLADESH
Kolkata
緬甸
MYANMAR
NAY PYI TAW
Yangon
阿曼
OMAN
INDIA
印度
Mumbai
Arabian Sea
阿拉伯海
Bay of Bengal
孟加拉灣
Chennai
Andaman Islands (India)
Andaman Sea
Lakshadweep
SRI LANKA
COLOMBO
Hambantota
Nicobar Islands (India)
MALÉ
MALDIVES
Sumatra
INDONESIA
INDIAN OCEAN
印度洋

圖五：東亞

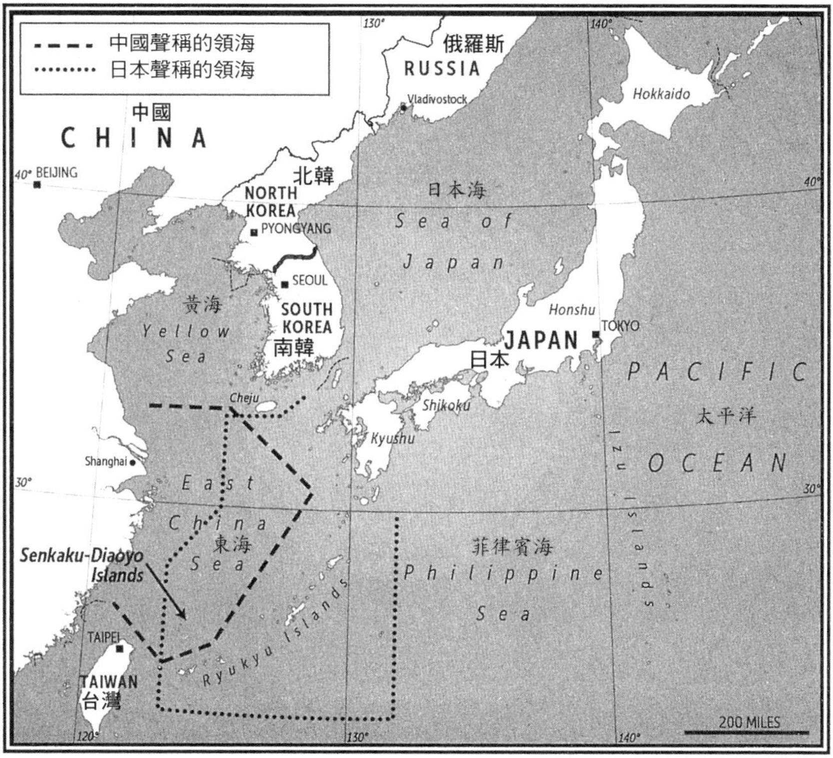

中國聲稱的領海
日本聲稱的領海
俄羅斯
RUSSIA
Vladivostock
Hokkaido
中國
CHINA
BEIJING
北韓
NORTH KOREA
PYONGYANG
日本海
Sea of Japan
SEOUL
黃海
Yellow Sea
SOUTH KOREA
南韓
Honshu
TOKYO
JAPAN
日本
PACIFIC
太平洋
OCEAN
Cheju
Shikoku
Kyushu
Shanghai
East China Sea
東海
Senkaku-Diaoyo Islands
菲律賓海
Philippine Sea
Izu Islands
Ryukyu Islands
TAIPEI
TAIWAN
台灣
200 MILES
130°
140°
40°
30°
120°

推薦語

與賀斯理（Humphrey Hawksley）的對話中，深切感受到他非常欣賞金門及東沙等前線地區能成為國家公園。談到戰爭的無情，我半開玩笑地問他：「會不會覺得台灣的做法太天真？」誠懇的他，一臉認真地回答：「你們做的事情是很有意義的……台灣以生態保育為導向的南海政策非常明智（smart idea）。儘管在現實的環境裡，大多數國家仍然迷信軍事力量，但到最後多半只是無用的消耗，不會有很好的結果……」。但願透過本書，提醒大家珍惜和平的無價。

——**徐韶良**　海洋國家公園管理處副處長

前言

「凡是控制海洋的人便控制貿易；凡是控制世界貿易的人便控制世界財富，進而控制世界。」

——雷利爵士（Sir Walter Raleigh），《世界史》（*The History of the World*），Walter Burre 出版，一六一四年

想像在天上俯瞰亞洲大陸，把它看成像是一個舉辦盛宴的優雅餐桌，擺設了一排的餐盤，饗宴即將展開。無論是味道、口感和餐桌上的擺盤位置，每一道菜都影響到習慣美食與氣氛的用餐者的整體享受。如果有一盤菜太辣了、沒煮熟或沒有按照順序上菜，宴席就不完美。甚至還會失敗。

這就是十九世紀歐洲看待亞洲的方式，叉子的每個叉齒都擦亮磨利，挑選它看中的。日本在二十世紀初葉跟進，之後這兩大勢力爭奪這場盛宴，直到蘇聯生病了，只剩下美國成為餐桌

主人。

現在中國正在檢視亞洲端上桌的菜色，因為中國必須掌握這場盛宴才能維持人民的安全。為了坐上主位，中國計畫推出一種反映亞洲文化的中式新式餐桌禮儀。講究速度、確定與決心的美國使用銳利的牛排刀來切割，中國則講求謹慎，舉起筷子，慢慢思考喜愛哪一道菜，如何融合口感與美味。至少在目前，它知道必須由兩位主人分享。但到了某個階段，另一位主人將必須離去，因為這就是生命循環。

這個時代的亞洲盛宴主要是海鮮大餐，因此侍者換掉美式油炸花枝，改上魚翅鮑魚湯。新主人將決定他需要多少道菜，什麼等級，或者要不要擴大餐桌。饗宴何時開始與結束將很難定義，因為亞洲這個大陸沒有一致的認同。

亞洲的浩瀚海域由非洲東岸延伸到美洲西岸，上至北極與俄羅斯遠東，下至紐西蘭南端到南極。由山脈、河流和海洋組成的地理邊境錯綜複雜。西側，土耳其的博斯普魯斯海峽連接馬爾馬拉海與黑海，將這個國家分成兩部分；土耳其一部分為歐洲，一部分為亞洲。北方，亞洲沿著喜馬拉雅山縱走，貫穿前蘇聯的伊斯蘭國家，直到俄羅斯，而這個國家也是橫跨兩個大陸。東側展開到印度、中國及鄰近國家，一直到日本與太平洋的群島。

亞洲（Asia）的名稱並不是來自亞洲的語言，而是希臘語，意指「日出」或「東方」，因此亞洲不是放在自己的框架下，而是在歐洲之下。然而，不同於歐洲和美洲以基督教為主，亞洲沒有深植於任何一個文化或宗教。佛教徒、印度教徒與伊斯蘭教徒，跟泛靈論者、儒家學派和其教派的人摩肩擦踵。亞洲使用兩千種以上的語言，而歐洲只有兩百多種。

亞洲沒有相同的價值觀，沒有政府或共同願望的單一主導體系。民主與獨裁共存，之間還有多種不同程度的差異。亞洲人民是全球最貧窮及最受壓迫，但住在這裡的億萬富翁人數多於其他大陸。在一部分的亞洲，部落民族拿著弓箭狩獵。在另一部分，城市閃耀著高聳的辦公大樓。全世界如今都在覬覦亞洲端出的大菜，追求它的創意、金錢和能源，而亞洲在未來如何演變將影響所有人。

本書只涵蓋進展中的一小部分。但是了解這個地區背景是很重要的，這個地區越來越常躍上頭條新聞，不論是亞洲財富、北韓飛彈，或是遙遠大海一塊只是稍微突出海面，很快便可挑起戰爭話題的海浪沖刷暗礁。

亞洲是海域爭奪的故事，如同歐洲是陸地爭奪的故事。亞洲的海洋運載數兆美元的全球貿易。中東的油輪運送亞洲驚人成長所需要的燃料，橫渡印度洋和南海，抵達中國、日本和其他各處的港口。亞洲的工廠將產品經由海路送到世界各地，這種海上貿易的自由流動若受到打擾，將影響我們所有人。

亞洲的海灣和海洋由赤道往上往下延伸到北回歸線和南回歸線，充滿異國東方的形象，颱風和寺廟，陽光普照的珊瑚海岸線，語言、食物、建築和文化。有的名稱引人遐想，例如麻六甲海峽和鄂霍次克海。另一些則是比較功能性的名稱，像是東海和南海，美國和中國戰艦在這裡彼此偵測，以保衛本國利益。

這種不信任源於上個世紀末解決的問題。這些海域的關鍵地區受到各國政府爭奪，因為未能達成主權協議。中國警告日本；越南挑戰中國；中國、馬來西亞、菲律賓、台灣和越南的駐軍均主張在偏遠環礁和島嶼的主權。北京當局一直積極爭取，在南海填海造地興建軍事基地。

正是這個問題成為新的緊張避雷針。在英語，這些環礁和島嶼是以殖民航海家或他們的船隻來命名：強森（Johnson，亦即赤瓜礁），災害（Mischief，亦即美濟礁），斯普拉特利（Spratly，亦即南沙群島），伍迪（Woody，亦即永興島）等等。數世紀來，英國人、中國人、菲律賓人、法國人、日本人、馬來人、葡萄牙人和越南人均曾在那裡插上他們的國旗。歷史莫衷一是。古老地圖證明這個和那個；新的地圖則提出爭議。法律裁決則是另一種說法。乍看之下，爭議在於對歷史、古老地圖和潮汐的解讀不同。但是，剝開這一層，這些小島代表亞洲的靈魂爭奪，漣漪並已擴散到千里之外，挑戰各個大陸上的政府。這場競爭包含對立的遠見與價值觀、權力遞嬗、爭奪控制權和政府結構，並將攸關自從二戰結束以來七十多年主導著全球秩序、世人所熟悉的體系。

我們現在到了宴會菜餚重新上菜與安排的階段，敵對的主人被要求從餐桌主位讓開。中國認為輪到它了——或者準確來說，又再輪到它了。中國登上世界舞台是循著一步一步的程序：

不是靠著侵略或殖民，而是收買國家及經由貿易取得控制權。它的野心充滿矛盾。中國致富的程度超乎想像，完全是因為美國主宰亞洲及其軍事防護傘，自一九七五年來維護著和平。美國主導的國際法體系亦使得中國得以在美國和歐洲市場銷售。

然而中國現在正在挑戰這個體系。仗恃著財富，中國計畫改革金融架構，讓人民幣削弱美元的全球霸權。二〇一六年，中國贏了第一回合，國際貨幣基金（IMF）給予人民幣儲備貨幣的地位，加入美元、歐元、英鎊和日圓的行列，令人懷疑我們何時可能由美元主導的經濟轉移至「紅鈔」（redback，相對於美元被稱為綠鈔 greenback）。

憑恃著武力，中國計畫動搖美國在太平洋的優勢地位，趕上俄羅斯的國防能力，並用中國的安全傘取代美國的。憑藉著科學，中國打算在各方面領先，由太空探勘、核能和環境科技，到對抗氣候變遷。

對中國而言，這不是什麼新的野心；只不過是重新回到正確位置。這不是又起一塊肪眼牛排的美式作風。這裡是中原，有著千年的傳承，了解香料與醬汁、海鮮與蔬菜、文化、政治和政府的奧妙。中國以前就是這樣。數世紀之前，中國的技術與經濟實力便把歐洲比下去。在十一世紀，諾曼人征服封建英國時，中國已是全球最大鋼鐵生產國。直到十五世紀，在農業、醫療、房屋、運輸和許多領域一路領先，直到被義大利以及後來的其他歐洲國家超越。

中國是全球海上霸主，派遣大型精密船隻越過亞洲及印度洋前往非洲。十三世紀威尼斯探險家馬可波羅（Marco Polo）報告，他看到四桅的中國遠洋帆船，船上人員三百名，比任何歐洲船隻都來得堅固。及至十五世紀，在一次政治動亂之中，中國開始鎖國，直到現在才開始重新建立海上霸權。

中國以擁有地球最古老文明為豪，最早可回溯至五千年前，因而被稱為中原。亞洲一直被中國統治，直到十九世紀被歐洲取代。這兩大體系互為極端。一方認為最有效率的政府形式是中央集權，統治順民，另一方則認為權力必須經由法治才能獲得平衡，無論是國家之間或個人之間，西方已將它的體系演化為民主概念。中國則尚未取名。它不算獨裁，而是經由一連串的使命來治理，回溯到歷史及天命（Mandate of Heaven）的古老概念，儘管這個名詞的使用並不嚴謹，仍賦予共產黨無神論的教義。

很早之前，韓國、越南，和其他地方的領袖必須前往中國朝拜皇帝。做為回禮，皇帝會承認他們的正統，給予保護，和他們的子民認同的地位。隨著甦醒的中國不斷成長，我們現在看到現代的天命發揮作用，權力由北京流向各省、再流向預料將屈服於統治者意志的較小鄰國。事實上，他們成為附庸國，接受中國掌控南海不過是這種進程的一個環節而已。

中國根深柢固的想法是要防禦外敵，矯正在十九世紀導致遭到歐洲強權侵略的弱點。中國將小島武裝起來的政策即源於歷史經驗造成的心態，認為自己必須要能夠自給自足及保衛自己。

隨著世界越來越緊密連結，中國的自我防護罩逐漸擴大，遠超過它的國境。為了妥善保護自己，它需要在取得糧食、原物料和能源的地方建立勢力，以及保持貿易路線與供應鏈的安全。中國勢力擴增引發鄰國和國外政府的擔憂，因為他們都經歷過一九三〇年代日本崛起的致命後果。對北京來說，這是自我防衛。對華府而言，這是挑釁。

直到十九世紀中葉，統治的漢人為了防範北方的陸路入侵，而控制一連串不同種族居住的緩衝地區，包括最西方的新疆維吾爾族、藏族，和蒙古族。一八三九年英國炮艦所代表的歐洲威脅來襲時，中國尚未建立強大海防，當時中國的帝國已是氣衰力竭。政治架構貪腐僵化。科學、技術、野心和軍事創新不再掌握於中國手中，而在歐洲。

中國衰敗的後果導致外國占據沿海城市，首先是英國，接著是日本等其他國家，日本這個亞洲唯一強權已發展出歐式工業經濟。中國共產黨奪得政權後，將一八三九到一九四九年稱為「百年恥辱」（Century of Humiliation），這種恥辱絕對不能夠再發生。

出於這種決心，在上個世紀結束時，中國開始注重海防。一九九五年，漁民在菲律賓外海的不知名暗礁美濟礁豎立起中國國旗。一九九九年，北京當局宣布五月至八月禁止在南海捕魚，並且每年派遣海警隊去巡邏。二〇一二年，中國派遣工程人員去南沙群島填海造地及建立軍事基地，不僅與鄰近國家敵對，更是惹到美國，後者自認是亞洲的安全守護者。這是一種自信的大膽舉動，也很冒險，因為中國需要美國市場才能維持財富，而且美國海軍比中國強大許多倍。

導火線之一是美國在二〇一一年宣布將軍事焦點由中東轉移到太平洋。中國認為太平洋位在其勢力範圍之內。美國這項政策名為「轉向亞洲」（Pivot to Asia），北京認為華府意在控制中國，就像以前控制蘇聯一樣。

還有其他的導火線，即便沒有自己浮現，也很可能被找出來，因為如同以前的羅馬、雅典和華盛頓一樣，北京認為自己足夠強大與野心勃勃，可以擾亂全球現狀。這些島嶼或許是大膽無恥的早期軍事行動，但是數十年來中國一直在培養軟實力。

十多年前，中國便靠著科技大廠華為等跨國企業揚名立萬，該公司與蘋果在智慧手機產業正面為敵，並且為英國電信與網路產業提供關鍵性軟體。中國興建基礎建設已改變開發中世界的面貌，最近並整合為「一帶一路」計畫。如今中國已趕上甚或追過美國成為國際援助的最大金主。國家主席習近平以全球領導人自居，暢談中國「攜手邁向光明未來」的遠景。各個產業與政府幾乎所有決策都必須將中國列入考量。好萊塢思考著他們是否應該把壞蛋從中國人改為墨西哥人，才能讓電影在中國的十億美元市場播映？越南思考著他們如何拿捏抗議中國違法在其外海設立一座鑽油井台的力度，因為越南需要中國的協助才能維持經濟成長？

中國為了宣揚政府理念，而在世界各地設立大約五百間孔子學院（Confucius Institutes），在各大洲宣導非民主的中國價值觀，與英國文化協會（British Council）、歌德學院（Goethe

Institut）和美國新聞署（US Information Agency）相抗衡。以長鬚、儒服和深遂眼神為人熟知的孔子，是大約二千五百年前的一位中國政治家。時至今日，他的智慧仍廣為引述：「知之為知之，不知為不知，是知也。」被塵封多年之後，共產黨又把他請出來以支撐所謂好政府的教義，強調階級制度、社會、敬老、傳統及文化。民主則不是其中的元素。

無可避免的，中國已成為掌握龐大權力的大國。所有其他國家規模都不如它。印尼有二億六千萬人口，即使是德國的三倍，仍然比中國的十四億人口少了近五倍。越南人口不到一億，中國是它的十五倍。唯有印度的人口足堪比擬，但其經濟或軍事實力遠遠不如中國。

在此背景下，本書分為五部；前面四部講述趨勢與一旦點燃便可能以戲劇性、災難性方式改變所有人生活的導火線。

第一部探討南海主權爭議和美國決心堅持國際法，捍衛自己的主導地位，保障小國的獨立以預防它們成為附庸國。中國與美國軍方在南海經常正面對峙。從北京方面，我將說明軍事前哨的幕後理由，以及它們對國際航線的威脅程度。

第二部將討論東南亞，這些國家環繞南海形成馬蹄鐵狀，現今必須再度在對立的強國之間做出選擇。有的國家已經屈服；其他國家則選擇抗爭。但是，不同於冷戰時，莫斯科與華府都是遙遠的首都，中國近在門口，甚至已一腳踏進門內。在這裡，優先事項與議題變得模糊不清。發展、恐怖主義，和貿易與國防及國家安全議題混為一談。中國可能是某一個東南亞國家的夥伴，卻是另一國的威脅。這可不像歐洲在跟俄羅斯打交道。每個東南亞國家都必須自己做出有關中國的獨立決策。

在第三部，我將前進到南亞，印度將南海爭議視為中國軍事擴張到印度洋的初期階段，印度洋不僅是全球第三大水域，也是全球經濟的重要航運路線。美國與印度兩大民主國家聯手，美國並且稱印度為「重要的安全與經濟夥伴」。[1]中國融資興建印度洋港口，美國則出售一些最先進的防禦系統給印度。亞洲民主在這裡也將受到考驗。澳洲、印度、印尼、日本、紐西蘭、菲律賓和南韓是否能夠合諧達成陣線，以阻止南海與印度洋落入中國手中？抑或亞洲對於民主歧異過深，無法結成聯盟？

第四部談到東亞，中國與日本重演對立的歷史，把各方爭奪的毫無價值無人島當成保險絲。這種敵對突顯一項事實，即經濟成長與生活水平升高並不足以掩埋未獲解決的悲慘歷史。東亞還有另外兩個導火線：北韓與台灣。北韓的飛彈與集中營，為我們呈現出活生生、反烏托邦的核戰場景。這場危機招徠敵對雙方的勢力。對北京當局而言，北韓是戰略議題，一九四九年共產黨勝利後國民黨撤退前往的台灣則是情感議題，攻打計畫始終放在枱面上。台灣是一個活力充沛和富裕的民主國家，隔著狹窄的海峽，顯著地提醒著中國無法讓它回歸祖國。台灣是中國軟弱的一個象徵。

第五部是本書結尾，我將說明東西方價值觀這兩股平行力量將如何學習共存，抑或它們如果選擇衝突的話將造成何種下場？西方民主國家越來越內縮，中國則不斷向外在世界各地推銷它的訊息。各界一致認同，一九五〇年代所設計的現今全球架構已出現裂痕到快要崩解的程度，但卻不知道要如何加以修理。

很多人已經討論過這種權力平衡的移轉類似一九三〇年代，甚或二十世紀初期的歐洲。這種論調有部分正確，因為一些社會增強力量而其他則減弱力量的這種循環。但是現今情況也很不相同，因為我們對愛國主義、種族、忠誠、自我認同、歸屬感的想法已然改變，我們彼此溝通的方式也已改變。

盛宴的菜餚早已重新排列。歐洲叉子的叉齒已經變鈍，不再銳利。已開發的西方四分五裂，只注重內部，在政治民粹主義下，歐洲變得不確定，美國則是不可預測。中國於是填滿許多空隙。

可是中國有自己的風格，並且在亞洲布下脆弱的暗影，因為亞洲大陸沒有統一的發言，沒有喜歡的相同口味，或是希望成為霸道新餐桌主人的卑躬屈膝客人。菜色尚未排出完美順序；調味料與醬油瓶留下令人不安的味道。某一天我們聽到中國與印度軍隊在喜馬拉雅山對峙；翌日，中國海警攻擊一艘漁船。接著，中國與日本軍艦互相開火。中國宣稱其國家力量與國際影響力將領先世界，可是，它究竟要如何領先，或者它會不會被允許這麼做？

為了找出前進的道路，我們需要清楚了解過去，各國政府作為的理由，他們未來的走向，以前是如何出錯的，我們現在該怎麼做。我們知道中國的意圖，但其他政府尚未擬定該如何因應。我們也從歷史得知一項個別事件可能意味著更加危險的事情正在進行中，這也是本書由一名漁夫被中國水炮掃射開始講起的原因。

1 美國總統川普二〇一七年八月二十一日電視演說。

第一部

中國

「美國壟斷資本集團如果堅持推行侵略政策和戰爭政策，勢必有一天要被全世界人民處以絞刑。」

——毛澤東，中國共產黨創始人之一

第一章
一名南海漁夫的故事

歐森（Jurrick Oson）是一名高大的男子，四十六歲，亮紫色的無袖T恤下露出鼓起的肌肉。他從小到大學習下網捕魚，了解潮汐與天氣，一輩子在海上打魚鍛鍊出堅韌的肌膚。他的船總是停泊在一條泥巴小路的盡頭，路的一側是簡陋小屋和小攤子，另一側是海浪輕湧的大海。他的船是一艘五顏六色、沒有收拾的舊船，漆著黃色、綠色和藍色，這些小船數千年來都是同樣作業。

船上沒有冷凍設備。魚獲放在冰櫃裡。用以吸引魚群的水底燈光是把家用燈泡裝在玻璃咖啡罐，再用膠水與膠帶密封，利用舊汽車電池來發電。狹窄木造船身用繩索捆紮著各式雜物，竹製穩定器從兩側伸出，像是信天翁的翅膀。

這種生活步調與方式無法持續下去。海洋向西延伸到歐森的漁場黃岩島，在碧海藍天下灑滿陽光。這個島嶼在一百英里外，以菲律賓馬辛洛克的破落漁村為名，當地漁民數世紀來都在這片海域作業。

馬辛洛克有點像是美國的老舊鋼鐵小鎮和英國關閉許久的紡織廠：一個停留在沒落的生活方式的村莊。這個村莊距離首府馬尼拉北方開車五小時；這趟路途有一部分是嶄新的高速公路，有休息站、亮晶晶的洗手間和咖啡店。下了高速公路以後，沿著狹窄海岸公路開一小時左右就會到馬辛洛克，路上是簡陋小屋和塗著褪色的黃色及藍色的古老西班牙教堂。這個地方必然會發生改變，以歐森來說，改變隨著一艘中國炮艇的水炮而降臨。

「我非常憤怒，」他跟我說，他的眼睛來回瞅著陸地與大海：「如果我有槍的話，我會跟他們戰鬥。」他氣得發抖跟我訴說二〇一四年二月他和往常一樣在黃岩島捕魚時，他的船突然被中國直升機鳴笛示警。快艇上的男人截斷他的去路，持槍威脅他的船員。最後，一艘中國海警船衝向這艘菲律賓木船，並且發射強力水炮。「強勁的水柱射入船內，」歐森說：「水柱直接打到我，我就被拋進海裡。我試圖要爬上去，他們又打我。就好像他們真的要殺了我一樣。如果美國支持我們，我們應該跟他們開戰。」

可是，美國沒有前來拯救他，也沒有發生戰爭。歐森此後無法再在他習慣的漁場作業。我遇到他的那天，他正好是三年多來第一次出海捕魚回來。他告訴我，他靠著開一輛小型機車載運乘客謀生，車子對他高大身軀來說實在太小了，這分工作對這個海上男兒來說也太乏味了。

歐森因為陽光而瞇著眼，臉色平靜地說明他賺的錢不足以養活一家人。他的妻子梅琳達到海外去幫傭，簽了在沙烏地阿拉伯工作的三年合約，每個月匯錢回來。歐森很傷心，自尊與信心都沒了。村子裡的其他家庭也一樣。以女家長自豪的女性吞下尊嚴，到中東家庭幫傭。親朋鄰居照顧小孩，歐森沒事可幹，空閒時間太多，便想像著跟中國開戰。

「中國奪走我們的食物和收入。有時候，我想要去死。難道你不覺得傷心嗎？」他問道，嘴脣顫抖著。「我是名漁夫，我的父親和祖父也是。我就是這樣的人，那就是我的工作。一個外國國家怎麼可以從我身上搶走這些？」

歐森捕魚的黃岩島在國際政治圈較常稱為斯卡伯勒淺灘（Scarborough Shoal），這個南海的環礁是用一七八四年在那裡擱淺的一艘英國東印度公司船隻來命名。由空中鳥瞰，它的形狀像熨斗，一個由岩石與珊瑚暗礁組成的狹長三角形，周長三英里的潟湖，只有一個入口。黃岩島位在聯合國指定菲律賓專屬經濟海域，由海岸線向外延伸兩百英里。根據國際法，中國根本不該靠近這裡。

可是，中國還是來了。中國海警船在二〇一二年前往此地，並與菲律賓發生對峙，結果中國贏了。歐森仍然在那裡捕魚，不過很危險，因為一艘中國海警的船隻擋住這片平靜潟湖的入口，當地漁民在天候不佳時會前往避難。在中國守衛下，黑心漁船在潟湖內濫採海床上的巨蚌和其他漁產，賣到亞洲的黑市。

菲國政府無力對抗中國，因此將中國說成是納粹德國，一狀告到國際法庭。與此同時，北京方面快速執行建設工事，占據其他島礁，像是赤瓜礁、美濟礁和信義礁。在幾年的時間，北京填海造地的面積，足以在這個全球最具戰略意義的海域興建七座軍事基地，卻沒有一個國家，包括美國、菲律賓或其他亞洲國家，甚至聯合國，採取任何果決的行動來加以阻止。

假如東南亞十個國家的政府不是那麼軟弱或是沒有那麼貪瀆；假如再給他們五十年的開發時間；假如他們可以組成一個共同的政治與軍事集團；假如沒有那麼捲入中東事務；假如大肆宣傳的二〇一一年美國「轉向亞洲」政策不是雷聲大雨點小；假如新上任的美國總統是另一種風格；假如歐洲不是那麼深陷於自己的問題；或者許多歷史潮流形成不同結果，或許就可以更加平衡中國的擴權。

但是，二〇一三至一八年並未出現這種力量集結。歐洲因為英國出走而更加虛弱。美國的亞洲盟友，包括日本、菲律賓、南韓、台灣和泰國，各有各的打算，當然不會出現類似美國為首、讓歐洲團結一致的軍事防護傘。所有的亞洲防禦主軸都與華府有關，歐巴馬總統認為與中國合作最能維護美國的全球利益，即便美國在亞洲的勢力有減弱的風險。在他的注視下，中國憑藉新近設立的島礁基地，成功地將南海軍事化。沒錯，美國軍事行動可以在不到一小時便把這些基地都摧毀。可是，這有什麼意義？話說回來，如果美國國防部再等上十年，中國軍方進一步發展，美國或許無法摧毀那些基地。

「我們必須體認到一項新事實，」美國海軍戰爭學院（U.S. Naval War College）的中國海事研究所（China Maritime Studies Institute）所長達頓（Peter Dutton）向我表示：「北京用飛彈與新機場控制著這片海洋。它現在有能力採取行動，不利於我們對於維持一個開放的國際秩序的利益。」

南海，也就是歐森口中所說的西菲律賓海，是印度洋與太平洋之間的主要航道。一年貿易運載金額達到五兆美元。這裡的漁獲占全球的一二%，是東南亞六億二千萬人口與其他地方人們的生命線。南海位於中國全球擴張的核心。中國的觸角伸向世界各地之際，南海與島礁建設成為中國可以踰越國際法，並且得逞到什麼程度的測試。

因此，歐森在黃岩島所遭受的苦難，不過是北京大計畫當中的一小塊墊腳石而已。二〇一三年，引發黃岩島紛爭的一年後，國家主席習近平宣布由亞洲到歐洲大幅興建基礎設施的計畫，亦即「一帶一路」。五年後，在二〇一七年，他在北京主持一項高峰會議，來自二十九國的政府領袖和全球獨裁國家的明星人物參加，包括俄羅斯總統普丁（Vladimir Putin）、土耳其總統艾爾多安（Tayyip Erdogan）和哈薩克斯坦總統納扎爾巴耶夫（Nursultan Nazarbayev）。在西方民主國家糾結於自家問題之際，中國已在領導全球。

「開放帶來進步，封閉導致落後，」習近平表示：「世界經濟增長需要新動力，發展需要更加普惠平衡，貧富差距鴻溝有待彌合。」[1]習近平不是以一個一黨國家的強人領袖在發言，而是一個具有遠見的政治家。在獨裁盟友的力挺下，他直接用他們的價值觀挑戰西方自由民主的價值觀。

十多年來，西方眼中的自由概念已經式微。美國民主觀察組織自由之家（Freedom House）表示，這種情況與一九九〇年代初期的希望有著天壤之別。阿拉伯之春失敗了。俄羅斯開倒車重回威權主義。土耳其放棄了歐洲願景。不開明的政府越來越占上風，不開明的政治運動正在崛起。儘管民主深植於美國文化，在世界大多地方卻是新穎的觀念，不到兩百年的歷史，來自於現在已開發西方的凶暴政權前身。在中國看來，透過千年的歷史稜鏡，西方的民主觀念或許只不過是另一個歷史循環。

中國堅持南海主權以及島礁建設，不過是用與西方民主國家相反的價值觀來推行其全球野心的起點。問題是，如果中國現在沒有受到挑戰，什麼時候才會？如若未受挑戰，會是怎樣？

「如果中國以武力或威逼來宣示其主權，將讓半個多世紀來建立國際法的努力付諸流水，」戰略與國際研究中心（Center for Strategic and International Studies）旗下亞洲海事透明倡議（Asia Maritime Transparency Initiative）主任波林（Gregory B. Poling）表示：「如果中國因為船堅炮利便可以宣示外海一千英里的主權，俄羅斯在北極可以宣示什麼主權？伊朗在波斯灣會怎麼做？大家都會從國際法的體系出走，因為中國如果不受約束，別人為什麼要？」

雖然歐森因為一貧如洗又喪失尊嚴而氣得發抖，中國操弄黃岩島爭議的方法跟它數世紀來讓子民服從的方法如出一轍。這項戰略最早在西元前十一世紀太公所著《六韜》中提到。這個方法是「賞者貴信」，「罰者貴必」，以建立戰勝者與屈服者之間的信任關係。（譯注：獎賞貴在守信，懲罰貴在必行。）西元前五世紀有名的孫子《兵法》亦提到：「故善用兵者，屈人之兵，而非戰也。」太公的教誨數代口耳相傳，直到西元前四世紀才寫成書。這本著作獨到之處在於其觀點是用革命推翻一個統治政權，正符合中國想要推翻美國主導的世界秩序。就中國來說，這是為了保衛祖國免於「百年恥辱」，以實現中國夢。

在黃岩島爭議，中國打算運用太公及孫子的教誨，儘管在西方眼中，這套戰略類似「切臘腸」（salami slicing）的冷戰戰術，亦即由一端一片一片地切下，但不讓另一端倒塌。

二〇一六年七月菲律賓總統杜特蒂（Rodrigo Duterte）要求美國駐馬尼拉大使在黃岩島爭議上提供協助，他得到的回覆是美國不會為了一個捕魚用的暗礁而開戰。因此，在一開始的愛國意味咆哮之後，杜特蒂選擇達成交易。他一改前任政府的對立以及指責中國納粹主義，帶著一飛機的企業人士飛往北京，與中國簽約在菲國貧窮地區建設基礎設施，並宣稱未來不是掌握在美國手中，而是中國。

可是，他也對黃岩島附加一項條件。一名資深菲國外交官員表示：「總統明確向中國指出，『如果你想干預黃岩島，你需要好好對待漁民。如果你不那麼做，就行不通，因為你會槓上我。』」

數周後，中國農業部漁業局的官員來到馬辛洛克，伸出手誼之手，提議買下漁民所有的漁獲，為這個民不聊生的小村莊擔保市價和穩定收入。馬辛洛克漁業協會的一個代表團被招待前往中國，參觀現代漁業的作業。

不久之後，歐森被告知他又可以去黃岩島了。我在二〇一七年初遇見他時，他腳步雀躍。他剛出海一星期回來。一艘中國海警船守在瀉湖入口，禁止歐森進入，但是他可以捕魚。水炮和直升機沒有再出現，那幾天，他賺到的錢是開機車載客的十倍。人生很美好。他不關心主權與大國敵對的高階政治。杜特蒂與中國已講妥了，這才是馬辛洛克想要的。歐森再也不想開戰了。

「如今我又可以捕魚了，我可以賺錢，」他咧著嘴笑：「梅琳達可以回來，我們一家人可以團聚。」事實上，菲律賓將黃岩島的主權交給了中國，而其對這個暗礁的長程規劃尚未明確。新的中國軍事基地主要位在南沙群島以南四百英里處，汶萊、馬來西亞、菲律賓、台灣和越南都在宣示主權。以西五百英里的西沙群島，中國與越南有所爭執，當地漁民和歐森一樣也曾遭到中國攻擊。在南海北方，其中最具戰略意義的東沙島由台灣海巡隊駐守。

黃岩島的地理位置在中國的軍事規劃具有關鍵性。杜特蒂達成交易之後數個月，新的衛星影像顯示中國在這個淺灘的活動頻仍，並有報導指出北京當局計畫在此處興建雷達站。這也是在切臘腸。歐森可以捕魚，他的漁獲確保有買家，於是他自問：為什麼要咬餵食者的手？至於美國，允許中國興建這些島礁基地，而且雙方在金融、氣候變遷和打擊恐怖主義等方面有許多共同利益，它為什麼要為了一個小雷達站而冒險開火？

*

我最早在這些海域航行是在四十多年前，我還是個青少年，在一艘由南非安哥拉載運鐵礦砂到東北亞日本的貨輪上擔任甲板水手。做為一九七〇年代全球供應鏈的一環，我們航行過好望角的怒海，經過印度洋，緩慢駛入印尼及馬來西亞之間忙碌、狹窄的馬六甲海峽，沿著新加坡，穿出去來到南海，那裡閃爍著熱帶陽光，空氣悶熱。這裡是東南亞的核心，曾被稱為「風下之鄉」（Land Below the Wind），因為位於東亞的颱風帶下方。我記得狂風將海浪打出白色浪頭，我所搭乘的十萬噸散裝貨船「切爾西橋」（MV Chelsea Bridge），帶我們北上經過這些最重要的世界航道。

我們循著和阿拉伯商人相同的路徑，數世紀前他們前來購買香木，同時帶來伊斯蘭的教誨。印度人也來到此地，帶來佛教和印度教，由於濃厚的人文特色，法國將其東南亞殖民地稱為印度支那（Indochina），亦即介於中國與印度兩大國之間的領土。在殖民野心的高峰時期，英國將印度鴉片運到中國，打著自由貿易的旗幟和船堅炮利所擔保的國際法，強行輸入鴉片。中國將一八三九到四二年第一次鴉片戰爭被英國打敗視為百年恥辱的開始，而這正是現今中國所有政策性舉措的核心。

我們航行北上前往橫濱，浩瀚海洋的西邊是越南，東邊是菲律賓，冷戰時期美國與蘇聯潛水艇在海底下玩躲迷藏，就像現在中國潛水艇所做的一樣。我們抵達東海。更北方是黃海和日本海，這裡有著海戰與戰爭的豐富歷史。這個地區的戰場大多以海域及島嶼來設定，競爭與思維模式不同於上個世紀的歐陸戰爭，當地的領土是一個壕溝又一個壕溝，一個村莊又一個村莊攻下來的。

倘若敵軍在鄰國領土的邊界豎起旗幟，可能引發激烈的軍事回應，可是中國在南海建立一連串人造島嶼，並宣示為其領土，卻只遭到外交抗議。但是，海戰的後果不可低估。一九四五年，美國並未攻打日本，而是投下兩顆原子彈迫使其投降。美國國防部鄰近阿靈頓瑞吉公園（Arlington Ridge Park）的硫磺島紀念碑，描繪美國海軍陸戰隊在一塊光禿禿的岩石豎起星條旗。硫磺島位在遙遠的西太平洋，不論從哪裡過去都要一千英里，卻占有戰略位置，北有日本，南有菲律賓，東有中國。一九四五年二月到三月的這場戰役造成六千八百名美軍死亡，而這場戰爭是新的亞洲強權想要將美國逐出亞洲的野心所挑起。

我在一九七〇年代搭乘的貨船船副大多是英國人，但是甲板水手是香港華人。他們在船上餐廳張貼著毛澤東的海報，當時他正發動毀滅性的文化大革命，用竹幕將中國封鎖起來。我們快要到達橫濱時，華人水手長告訴我，他不要上岸。「我恨日本人，」他說：「我想殺了他們。」

這不僅僅是許久之前一名中國海員的看法而已；這種仇視至今依然存在。中國並未寬恕日本侵略、一九三〇年代占據及南京大屠殺。日本侵華的回憶瀰漫在北京的每個權力走廊。天氣已經變冷，在橫濱碼頭上，我在漫天大雪中解開厚重的纜繩，被第一眼在亞洲港口看到的霓虹燈給迷住，這種閃爍的燈光在之後數十年拓展到城市與大都會的天際線，宣示著貿易與財富創造可以戰勝歷史冤屈。不過，情況已然改變。造成這段血淋淋歷史的問題仍在桌面下迴盪，懸而未決。

在橫濱上岸的二十年後，中國解除封鎖，我擔任英國廣播公司（BBC）北京局長。一則奇怪的報導表示，距離中國沿海數百英里外，南海的一個無名暗礁令人費解地出現鷹架。那根本算不上是島，只是露出海面幾吋的一塊岩石。結果那是美濟礁，屬於島礁遍布的南沙群島，這個群島以前實在太默默無聞，雷根總統甚至口誤說成「花椰菜群島」（Broccoli Islands）。

北京當局認為自己擁有面積一百五十萬平方英里南海的九成主權。美濟礁現在已是一個完整的軍事基地。美濟礁與另外六座島礁組成一連串填海造地所興建的跑道和港口，裝設高科技軍事硬體。它們或許是遙遠的無人島，卻成為測試美國、中國和亞洲國家詭譎多變關係的避雷針。現在幾乎每天都有一個衝突點躍上新聞標題。

亞洲海域不僅止於此。中國在印度洋最西端非洲之角（Horn of Africa）的吉布地（Djibouti），建立第一個官方海外軍事基地。二〇一七年，美國在日本海展示空前龐大的軍力，派遣三個航母戰鬥群以抵禦北韓飛彈威脅。北京當局選在台灣海峽這個自一九四九年以來一直爭議不斷的地點，展示其第一艘航母。環繞著一連串東海上的無人島，北京與東京現在大玩危險的海上貓捉老鼠遊戲，全球領袖們已警告隨時可能擦槍走火。

這些海洋都有著文化、歷史與野心各異的國家：印度的民主混亂；中國是獨裁強國；日本從廣島的灰燼再出發成為美國在亞洲地位的民主根基；印尼是全球最大穆斯林國家，和菲律賓一樣，紊亂的新民主正力圖對抗伊斯蘭極端主義，而在西方與中國之間拉鋸。新加坡這個治理嚴謹的貿易城邦，設法要保持中立；馬來西亞一度被喻為亞洲之虎，如今被貪腐、種族緊張和伊斯蘭教的吸引而四分五裂；柬埔寨和寮國等弱小國家，早已在中國掌控下。

他們故事的核心是被中國占據的南海諸島、赤瓜礁、美濟礁和渚碧礁等等。中國在那裡的成就使得它有信心推進到其他偏遠的地區，這些島嶼最終的發展將影響到所有人。由此來看，我們或許有朝一日將面臨和歐森及馬辛洛克的漁民家庭相同的決定。

1　中國國家主席習近平二〇一七年五月十四日在「一帶一路」國際合作高峰論壇開幕式上的演講。

第二章
海上長城

北京在南海興建軍事基地是西元前七世紀一項計畫的頂點，也是建築長城的第一階段。以中國的眼光來看，這是為了自我防衛，而不是侵略。「我們不是要占據這些島礁，」中國國際問題研究院常務副院長阮宗澤（Ruan Zongze）在北京表示：「中國所做的是要保障及捍衛自己的合法權利，不像美國人在世界各地挑起戰爭。中國永遠不會那麼做。」

數世紀以來，中國為阻擋敵對鄰國而拿下北方領土做為緩衝區，包括舊稱為滿州的中國東北地區，毗鄰北韓與俄羅斯，與日本隔海對望；蒙古，中國將之一分為二——內蒙由北京統治，外蒙則為獨立國家，但冷戰時期由蘇聯治理；新疆，這個紛擾不斷的穆斯林地區一路由哈薩克、塔吉克、吉爾吉斯、阿富汗，延伸到與戰禍連連的喀什米爾地區，中國與印度在此不斷有軍事衝突。

可是中國未能在南方與東南建立起海防以防禦外國由海路入侵，正因如此，中國在一八三九年十一月面對殘酷警鐘，英軍在華南港口廣州蜂擁登陸，決意增加由印度殖民地輸出到中國的鴉片。

在中國歷史上，第一次鴉片戰爭是百年恥辱的開端，延續一百一十年，直到一九四九年毛澤東奪得政權才結束。這種挫敗突顯中國永遠不會忘懷的弱點，英軍入侵的虎門鎮資金雄厚的鴉片戰爭博物館及海戰博物館，栩栩如生地訴說著這個故事。這些事件深植在每個學生腦海中，由中學到大學以上。「我們不只在小學被教導這些，」擔任導覽的暨南大學學生呂祖好（譯音）說：「在中學，在大學，在家，在工作，我們都被諄諄告誡，所以我們知道中國絕對不能再軟弱。」

在英國炮艇強行駛入的珠江，現在橫跨著美麗的珠江大橋。當地仍保留堅固的城牆，厚厚的石牆後，大炮仍放在當年的發射位置。城牆延伸約一英里，卻不足以防止戰敗。這些城牆以前是海堤的一部分，目的是要阻擋外國軍艦。可是只完成了一半，當初的目的如今已被擴展到新的南海島礁。英軍與中軍肉搏的戰場已被改建成停車場，停滿載著學童到博物館來學習國家歷史的大巴士。

鴉片是一種麻醉劑，帶給人短暫的興奮，卻會讓大腦滯緩及危害健康。一八三九年時，煙癮的程度已高達中國人口的一五%，遍及所有社會階級。博物館入口處展示著一幀近代照片組合，顯示一名活潑健康的年輕女性逐步被鴉片毀滅。你看到她從活潑有朝氣，最後變成垂頭喪氣，皮膚滿布斑點，目光呆滯。

館內的展示訴說著傳奇欽差大臣林則徐禁煙不餘遺力。他逮捕走私者及銷毀鴉片，令人聯想到現在拉丁美洲犯罪集團的毒品戰爭。由於林則徐的堅持，英國認為必須動武。英國堅稱這是自由貿易的問題，因而派遣軍隊。

這場侵略並不是沒有爭議，許多英國國會議員認為此舉違法。一八四〇年，年輕的自由黨議員格萊斯頓（William Gladstone），日後成為首相，向眾議院表示，運毒的政策致使英國「永遠蒙羞」。他說，英國旗已成為海盜旗。可是，國會不理會他。鴉片戰爭博物館將格萊斯頓的國會演說擺設在顯眼位置，還有一個等身人形立牌。

儘管船堅炮利，英國花了三年才迫使中國投降，並於一八四二年簽署南京條約。這項條約並未提到鴉片，而是熱烈討論「通商」，強調英國讓中國了解到自由貿易與國際法。條款包括中國開放廣州和其他四個沿岸城市進行外貿，中國必須賠償沒收的鴉片。英國取得香港島的統治權，由渣甸（William Jardine）與馬地臣（James Matheson）等兩名鴉片走私販負責。他們設立的怡和洋行（Jardine Matheson），日後成為大班權力與英國在亞洲殖民統治的象徵，該公司至今仍是一家成功的跨國企業。

對中國來說，這好比是一個墨西哥販毒集團用武力強行進入美國南方，要求亞利桑那州、加州、新墨西哥州和德州開放供他們販賣古柯鹼，並且強迫衰弱的美國簽署協定，用另類、現代的模式來設定貿易與法律的運作。

英國並不滿足於南京條約。一八五六年，英國試圖更加深入中國。此時的西方世界，在基督教與貿易的旗幟下團結一致，宣稱其商人與士兵有精神權利可前往他們想去的任何地方。在法國、俄國和美國支持下，英國發起第二次鴉片戰爭，在燒殺擄掠之下，聯軍攻入北京，將皇家宮苑圓明園洗劫一空。

中國無力阻止聯軍。這次的戰爭持續十四年，直到中國在一八六〇年第二次投降，並簽訂北京條約。沿海地區的大片土地被割讓給西方殖民強權，打比喻來說，就是販毒集團占據美國西南部之後，又推進到紐約及華府。

設在倫敦格林威治的英國國家航海博物館，亦展出鴉片戰爭的收藏品。它們放在一個小小的不起眼角落，位在印度殖民故事的展區內。它的說明是正確的，但是如同西方民主國家的教材所說的，鴉片戰爭只是一個部分，但對中國來說，這是故事的全部，並且導致今日實施的政策。二〇一七年七月一日中國國家主席習近平在慶祝香港回歸祖國二十周年大會的講話中提到鴉片戰爭，表示英國勝利是「由於封建統治腐敗、國力衰弱。」[1]

在毛澤東的統整（與混亂）和鄧小平的經濟改革之後，習近平被視為新強人，採取政策要恢復中國長久失落的榮光。他稱之為「偉大復興」。直到七百年前，中國的生活水平都還是世界第一，後來首先被義大利超越[2]，接著腐敗與惡劣治理一點一滴地滲透。及至英軍攻打時，中國已承受數個世紀的悲慘統治。「確實，中國是西方帝國主義的犧牲者，」中國學者秦家驄（Frank Ching）表示：「但這不過是壓垮駱駝的最後一根稻草。」[3]

鴉片戰爭博物館並沒有掩飾歷史的失敗，而是面對面的展示出中國的衰敗與歐洲的興起。一方面是一個落後、封建、農業社會的圖片，另一面則是望遠鏡、地圖、時鐘和書籍，各式各樣讓西方靠著科技致勝的東西。我們看到，在「科學、民主和工業革命」如火如荼地在西方展開的同時，中國的發展則陷入停頓，我注意到一個由一黨統治的國家所設立的博物館刻意使用了「民主」這個字眼。

譴責的重點不在於不道德的使用力量，中東大多地方也是如此，而是在於中國的虛弱；事後反省所得到的教訓是，與其對抗英國，接受並向其學習還比較明智。如同我們日後看到，中國的亞洲鄰國日本，在一八五四年面對類似的敵對西方武力時，便採取這種做法。

這個博物館沒有明確解說中國在十八世紀中葉究竟有多麼衰敗。在二十年間，自一八五一到七一年，由一個自稱是耶和華之弟的人所發起的太平天國之亂，在華南造成數百萬人死亡。英國軍事行動所造成的傷亡相較之下微不足道，這也突顯出一個重點，若無更好的內部治理系統，中國永遠無法抵禦外侮。

這種對於強勁、前瞻性內部治理，加上有效軍事防禦的記敘，反映出中國今日所持的論調直接表達在中的南海活動，並且引起敵對。

「鴉片戰爭的影響再大不過了，」廣州暨南大學中國文化史籍研究所教授葉農表示：「我們明白了，國際世界秩序是不平公的。」他比較鴉片戰爭和二〇〇一年中國為了加入世貿組織（WTO）所做出的承諾。但過了十五年，中國以為自己做出所有必要的讓步，卻徒然發現西方強權要求得更多。中國發現自己被排除在美國主導的「跨太平洋夥伴關係協定」（TPP），不過後來美國也已退出此項協定。

「中國並不安全，曾被多次入侵，」葉農表示：「保護自己的方法就是築起一道海上長城，這需要大船和堅固的島嶼。」

---

1 二〇一七年七月一日，中國國家主席習近平在慶祝香港回歸祖國二十周年大會的講話。

2 《大分流：歐洲、中國及現代世界經濟的發展》，作者為牛津大學學者布羅德伯里（Stephen Broadberry）、北京大學副教授管漢暉和清華大學教授李稻葵。

3 《祖先：一個中國家族的千年故事》，作者：秦家驄。

第三章
永不結束的戰爭

亞洲的每條斷層線，都可以追溯到一場沒有解決的衝突（即使不是白紙黑字，也必然存在於參與者的腦海裡），由一九五三年在僵持當中結束的韓戰、一九六二年的中印戰爭，到中國無法統一被視為「叛離省分」的台灣。

想要了解中國國家主席習近平為何派遣軍事工程師，興建距離沿海數百英里的島礁基地，我們必須理解中國近代史的每個環節，而台灣在其中是最令人激動的。

一九四九年，毛澤東的共產黨部隊打敗美國支持的國民黨政府，後者並逃亡到台灣。台灣島本身距離中國大陸不到一百英里，可是國民黨控制數個距離更近的島嶼，有的距離大陸甚至不到一英里。毛澤東的勝利，大約在南海形成全球衝突點的七十年前，象徵著中國重新想要用防禦外牆來保衛領土。當時北京的最優先事項就是台灣，丟掉台灣被中共視為一項未竟的事業，及至今日依然如此。台灣如今已成為一個富裕、民主的自治實體，可是中國仍然威脅假如台灣宣布主權獨立的話，就會武力犯台。

一九四九年十月，在建於十五世紀的紫禁城俯瞰天安門廣場的城樓，四十六歲的毛澤東主持開國大典。他登上天安門城樓，富麗堂皇的朱紅色屋簷，外頭還有一對鎮邪的大石獅。挑選這個場地具有重大意義。身為共產黨員，他大可以在農場或工廠發表講話。可是，藉由挑選天安門，他表明自己是中原的新帝王，銜天命而統治。在許多方面，這個形象與毛澤東的共產與無神論相互矛盾。但是他了解中國歷史，明白中國文化根深柢固地認為領導人必須強悍果決。

儘管統治一個幅員超過三千英里的國家，面積大過印度甚或美國，毛澤東的部隊卻無法奪下幾個外島。在中共宣布勝利的三個星期後，他派遣精疲力竭的軍隊攻打金門，這個島距離中國大陸不到一英里，由國民黨部隊控制。兩軍在古寧頭浴血作戰，國民黨坦克部隊已是彈盡槍絕，於是開著坦克車直接衝向中共士兵，把他們壓死在車輪下。最後，毛澤東的部隊敗退。古寧頭大戰發生在一九四九年十月二十五日至二十七日，它可說是亞洲在冷戰時期第一場激烈戰鬥，而中國打敗了。

毛澤東持續發動幾場小規模戰鬥，但沒有激烈戰鬥。一九五〇年五月，他奪下南方的海南島，接著推進到東邊的舟山群島。可是，金門始終不在他的掌控下，還有較小的烈嶼、大膽島、二膽島及北邊的馬祖，一江山島與其他在晴朗日子由中國大陸可以隱約看見的島嶼。其中的大獎是在東邊一百六十英里、高山峻嶺的大島：台灣。

這一切都在全球秩序紊亂與重整的大環境下展開。盟國打贏二戰；德國與日本殘破不堪。美國與蘇聯搶著要當超級強國。英國與歐洲流失殖民地，守著殘餘的勢力。亞洲巨獸中國與印度努力因應新的自由。這是劣勢者崛起、左派對抗右派、貧窮對抗富裕、共產主義對抗資本主義、殖民地對抗殖民者的時候，當時出現的許多斷層線至今依然存在。

英國在一九四七年八月退出印度，將它與巴基斯坦分割。經歷三場戰爭，造成逾百萬人死於社群暴力（communal violence），印度與巴基斯坦依然對峙不下。一九四八年一月，緬甸脫離英國而獨立，目前正在設法脫離多年的軍事獨裁，抑或朝向再一次獨裁統治。一個月後，錫蘭，現稱斯里蘭卡，獨立建國，自一九八〇年代起歷經四分之一個世紀的內戰。一九四八年五月，英國結束託管巴勒斯坦，以色列建立猶太國家；這裡也不平靜。荷蘭於一九四六年撤出印尼，美國撤出菲律賓，法國則是在中南半島對抗柬埔寨、寮國與越南的獨立運動。往後數十年，這將使得美國捲入首次輸掉的戰爭。

由於無法奪回台灣，毛澤東把目標鎖定西藏——如同滿州、蒙古和新疆，他打算控制該地區做為緩衝區。就西藏而言，威脅來自於印度。毛澤東於一九五〇年侵略西藏，迫使其投降並接受中國主權，但允許西藏自治，由年僅十五歲的佛教精神領袖達賴喇嘛統治。接著是一段風雨前的寧靜，直到九年後達賴喇嘛逃到印度。在這個期間，毛澤東將注意力放到他與蘇聯具有共同利益的朝鮮半島。

和二戰結束時的德國一樣，韓國被一分為二；美國控制南韓，蘇聯控制北韓，野心勃勃的獨裁者金日成一心想奪回整個韓國的主控權。如果他成功了，將是共產主義蔓延的一大勝利。一九五〇年六月，莫斯科同意金日成採取行動；如果台灣的金門是冷戰時期第一場激烈戰鬥的戰場，那麼朝鮮半島便是第一場全面代理衝突的戰場。

＊

美國利用成立不及五年的聯合國，授權美國主導的盟軍去推翻北韓。美國不久便控制大部分的北韓，蘇聯的史達林情急之下，要求毛澤東的支援。毛澤東並不想出兵——台灣與西藏已經夠讓他頭痛了——可是他也需要跟史達林維持關係。美國與中國部隊血腥戰鬥，通常是近身距離戰鬥；他們勢均力敵，打了兩年多，雙方終於接受停戰。戰事於一九五三年七月二十七日結束，雖然停火了，但並沒有停戰，敵對氛圍延續至今日。

＊

韓戰結束後，中國重新將注意力放在更為深切的台灣問題，這回險些讓全球瀕臨核戰。丟失北韓是一項戰略性挫敗，可是丟失台灣就太說不過去了，而這種愛國情操深植在毛澤東與當時落腳在台北的戰敗國民黨獨裁者蔣中正。蔣中正也有類似夢想，想要「反攻大陸」。他拒絕打開由大陸運來的成箱金銀財寶，理由是這些寶物很快便會回去原來的地方。它們至今仍收藏在台灣故宮的溫度、濕度控制的展覽櫃，數量之多只能輪流展出。

雖然台灣島本身距離中國沿海很遠，而毛澤東的部隊四年前曾經戰敗的金門則在炮彈射程之內。長僅二十英里，寬僅十五英里，金門是一個低窪的島，形狀像是龍的舌頭。一九五〇年代時，金門遭受猛烈炮擊，情況嚴重到美國於一九五八年草擬對華東沿海地區發動核彈攻擊的計畫。美國並未在韓戰動用核武，因為當時數量不足。及至一九五八年時，核彈數量已經足夠。如同對南韓的看法，美國認為台灣一旦潰敗將引發亞太地區淪陷在蘇聯共產主義之下。

在公眾不知情之下，一九五八年八月及九月，中國、俄國和美國已瀕臨只要總統下令便將爆發核子衝突。[1] 一九五八年八月中旬，美國國防部已派遣五架空中戰略指揮機B—四七轟炸機到該地區，準備對中國大陸發動核子攻擊，攜帶十到十五枚千噸級核彈，每一枚的爆炸威力都相當於在廣島投下的核彈。美國的計畫是轟炸廈門附近的空軍基地。由於中國炮彈炸遍整個金門，好像準備攻打過來，美國空軍總部發送一則訊息給位於夏威夷的太平洋指揮部，告知他們要準備核子攻擊。「假設總統同意，共產黨對離島發動攻擊將招致立即的核子反擊，」該訊息表示。[2]

蘇聯總理赫魯雪夫（Nikita Khrushchev）介入並警告說，如果美國攻擊中國，將招徠核子報復：攻擊中國等同於攻擊蘇聯。對蘇聯戰爭的前景所展開的情境遠較轟炸沒有核武的中國更為可怕。赫魯雪夫接著又寫一封信，強調第三次世界大戰的風險。[3]

這三大全球強權之間採取的邊緣政策（brinkmanship）為四年後聞名的古巴飛彈危機埋下伏筆，直到二〇〇八年檔案解密之後才見諸於世。[4]艾森豪總統否決軍事將領的意見，拒絕同意核子攻擊，因為這將造成巨大傷亡。

中國並未攻打過來，可是金門人活在被圍城的情況下。國際海域上的美國軍艦運載著補給品給高速行駛的台灣船隻，往往在中國炮火下穿梭來回。炮擊斷斷續續又持續二十年，直到一九七九年一月一日中國實施現今的「一個中國」（One China）政策，要求各國政府、聯合國等眾多國際機構，不得同時承認北京和台北政府。有一段很長的期間，中國會發射裝滿文宣品的炮宣彈，內容是《毛主席語錄》的摘錄以及宣揚中國家庭生活改善，有亮晶晶的腳踏車和彩色電視機。

台灣始終是個定期爆發的風險點。二〇一六年十二月二日，當時仍是總統當選人的川普（Donald Trump）在鷹派顧問敦促下，接聽台灣新任總統蔡英文的致賀電話，打破四十多年來相安無事的外交慣例。沒多久，川普發出一則聞名的推特貼文，質疑「一個中國」政策的基礎，只不過後來在二〇一七年四月，在佛州海湖莊園會晤中國國家主席習近平時，川普又改變立場。中國與台灣不時在更新詳細的作戰計畫，而川普的行動顯示如此關鍵的立場竟然如此迅速便可能瓦解。那一年稍晚在亞洲訪問行程，川普更進一步，讚美習近平是一個「非常特別的人」，他覺得「很親近」。而不到一個月前，在中共十九大，習近平被確認為自毛澤東以來最強大的中國領導人，統治一個日益嚴苛的獨裁政權。「美國總統在中國向中國國家主席叩頭的景象，讓亞洲專家和美國盟國的背脊發麻，他們依賴美國去平衡及有時抗衡日益專斷的中國，」歐巴馬總統的國家安全顧問萊斯（Susan Rice）在《紐約時報》一篇題為〈川普讓中國變得再度偉大〉投書寫道：「中國領導人把川普耍得團團轉，迎合他永不滿足的虛榮心，用浮誇取代實質。」

川普反覆不定的立場很快便造成困擾，各國政府質疑美國維持亞洲微妙平衡的決心。川普同時拋棄美國的民主與人權基礎，並對台灣構成新的不確定性。川普在當選前便登上外交舞台，與台灣總統蔡英文通電話，顯示「一個中國」政策這類全球平衡的安定器是多麼的脆弱。中國與台灣均持續在更新它們的戰爭計畫。

*

一九五〇年代，美國在兩個前線與中國發生衝突。在對台核武對峙之後僅數個月，毛澤東對美國中情局（CIA）在印度煽動的西藏動亂失去耐心，一九五九年三月他派遣部隊入藏，年僅二十一歲的達賴喇嘛逃到印度並獲得庇護。毛澤東極為憤怒，並在一九六二年決定要給印度教訓。他利用持續的邊境紛爭，越過邊境發動全面攻擊。

這幾個星期的發展奠定了美國未來與印度的關係。北京的挑釁正值更受矚目的古巴危機醞釀之際。中國於一九六二年十月二十日入侵印度，同日甘迺迪總統（John F. Kennedy）下令海上封鎖古巴，以阻止蘇聯軍艦運輸飛彈給這個距離美國本土僅一百英里的加勒比海共產國家。這兩大超級強權之間的對峙令全球擔憂核戰，遙遠的中國與印度邊境衝突根本沒人關心。中國動武時機背後的動機並不明朗。一派說法是毛澤東試圖贏回蘇聯的青睞，於是將戰事扯上國際共產黨的擴張。一九六二年時，中蘇關係冷淡，不再是構成蘇聯一九五八年援助中國攻打台灣的那股力量。總理赫魯雪夫的注意力放在加勒比海，而不是喜馬拉雅，莫斯科當局頂多只是在黨報《真理報》（*Pravda*）公開表示支持中國，譴責印度挑起戰爭。然而，美國總統甘迺迪卻將中國侵略視同必須對抗共產主義，而立即投入。

甘迺迪詢問印度總理尼赫魯（Jawaharlal Nehru）需要什麼協助，就在中國侵略的一星期後，美國軍事顧問、武器和其他補給品陸續抵達印度空軍基地。華府讓北京知道，菲律賓基地的轟炸機和戰鬥機中隊隨時準備出擊。雖然沒有證據顯示美國威脅動用核武，中國卻謹記在心。「我們處在不可能的處境，」退休少將徐光裕在北京表示，當時他任職防化學院，職責是保衛中國防禦大規模毀滅武器的攻擊。「中國沒有核武。我們不知道如何保護我們的人民不受核子攻擊。經由台灣及印度，我們確定美國人將攻擊。我們別無選擇只得撤退。」

中國於十一月二十一日宣布片面停火，就在美國結束古巴封鎖的後一天。中國仍控制拉達克的阿克賽欽地區（Aksai Chin），現今屬於新疆自治區，但由阿魯納恰爾邦的達旺鎮（Tawang）撤退，該地區依然是爭議的領土，但由印度控制。

此時，冷戰分裂似乎出現可預測的模式，全球兩大民主國家合作對抗中國和蘇聯兩大共產國家。可是，情勢並未如預期展開。印度的大敵是巴基斯坦，後者與中國的關係趨於親近，成為全球平衡的關鍵，並且持續至今日。

邊境戰爭一年後，巴基斯坦將查謨喀什米爾邦（Jammu And Kashmir）的領土割讓給中國，做為正式邊境協議的一部分。問題是，印度亦宣稱擁有阿克賽欽的四千平方英里土地。巴基斯坦於是發動一連串邊境衝突，直到一九六五年印度回以全面攻擊。聯合國、美國和蘇聯介入磋商停火。戰事不到三星期便結束，但其間爆發的坦克戰鬥是二戰以來最大規模。

巴基斯坦的處境極為獨特，既是中國盟友又是美國的盟友，諷刺的是，這個伊斯蘭國家因而成為防堵共產主義的防火牆。一九六九年尼克森總統上台時，巴基斯坦軍事領袖阿尤布・汗（Mohammed Ayub Khan），扮演毛澤東的非官方特使，替美蘇和解試水溫，這項行動導致今日的「一個中國」政策。

一九七一年尼克森宣布他將訪問中國，促使印度立即與蘇聯結盟，此舉進而造成華府將印度這個民主國家視為冷戰敵對勢力。印度為反擊巴基斯坦，而資助西巴基斯坦（今日的孟加拉）獨立運動。隨後爆發的內戰再度動搖全球平衡。巴基斯坦軍方鎮壓獨立運動，造成將近三百萬人的大屠殺。[5] 一千萬難民逃到印度，後者以必須阻止這場殺戮為理由而介入。

美國站在巴基斯坦這邊，對抗印度，派遣軍艦前往孟加拉灣。印度啟動與蘇聯的新協定，後者派出軍艦與潛水艇以阻擋美國。一九七一年，美蘇再度正面對決，如同一九五〇年在北韓，一九五八年在台灣，以及一九六二年在古巴。

英國海軍增援美軍，形成兩大民主國家採取軍事行動，對抗最強大共產獨裁政權羽翼保護下、人口最多民主國家的局面。這是東南亞近年來最受熱議的鮮明冷戰局勢。巴基斯坦於一九七一年十二月十七日投降，孟加拉獨立建國。

亞洲不斷的戰爭與敵對狀態亦造成核競賽。中國在一九六四年進行第一次核試，就在中印邊境戰爭的兩年後。一九七四年，亦即遭到美國軍艦威脅的三年後，印度也進行核子試爆，與美國漸行漸遠。

一九六二年戰爭後，毛澤東展開兩項毀滅性內部政策：大躍進，本意是要改革農業卻造成數千萬人死於饑荒，之後是殘忍的、意識型態主導的文化大革命，致使這個國家陷於癱瘓。在外界看來，中國成為一個共產巨人，沉睡在竹幕下，一直到二十世紀末葉才再度現身。

*

先前構成東南亞權力平衡的因素迄今依然存在。莫斯科是印度主要的武器供應商；巴基斯坦與印度持續敵對；中國與印度則彼此猜疑。當美國再度要求黑白分明，印度卻偏向灰色地帶，一下子尋求戰略支援，一下子又倡議其不結盟獨立地位。美國與印度政府如今已重返主要民主國家的平台。可是雙方都不確定在危急關頭，對方是否可以信賴。

由於中國想要控制南海，印度與美國均擔憂其在南亞的意圖，中國已在印度洋布建商業與軍事據點的網絡。貿易途徑向來連接印度洋與南海，可是二〇一二年南海的南沙群島加速填海造地，觸動了警鈴。

1〈艾森豪顧問們討論在中國使用核武〉，《華盛頓郵報》，二〇〇八年四月三十日。

2 喬治華盛頓大學國家安全檔案室館。

3 哈普林（Morton H. Halperin）著，《一九五八年台海危機》（*The 1958 Taiwan Straits Crisis-A Documented History*），蘭德公司（RAND Corporation），一九九六年十二月。

4〈檔案官司釋出的空軍歷史顯示，謹慎的總統否決空軍計畫初期動用核武〉，國家安全檔案館，二〇〇八年四月三十日。

5 三百萬人是孟加拉政府統計，官方並宣稱這是自納粹屠殺猶太人以來最大規模種族滅絕。較低的估計則只有五十萬人。

第四章
中國島嶼

半個多世紀前中國對西沙群島和南沙群島的意圖便引發擔憂，但在外交圈的迴響很微弱，因為當時有更為急迫的全球危機，不論是在古巴、韓國或蘇伊士運河。檔案文件顯示，澳洲政府非常煩惱中國，甚至要求美國或者英國去控制這兩個群島。英國及美國都不願插手。一九五九年澳洲聯合情報委員會的報告指出：「就長期而言，如果共產中國在群島上開發武力，它們將干擾到國際航海及航空路徑，因為侵犯領海及領空的問題，甚或可能會有飛機遭到擊落。可是，西方同樣無能為力，只能抗議而已。」該簡報明確指出：

雖然有可能在較大島嶼興建機場，但其價值有限，因受限於跑道長度，最長的跑道是台灣的太平島，約為五千英尺，另外還受限於盛行風的風向。可是，就未來垂直起降戰鬥機以及地對空、地對地飛彈而言，這些島嶼將更有用途，當然，假設占據的國家能夠確保充足的後勤補給的話……如果在西沙群島設立空中預警雷達或無線電截收站，便可以大幅度擴大涵蓋範圍，超過共產中國現今在海南及北越截收站的範圍。那些島上的基地或許也會對西方具有類似優勢。[1]

斯德哥爾摩安全暨發展政策研究院（ISDP）安全分析師布瑞南（Elliot Brennan）研究過檔案後發現，美國對澳洲呼救充耳不聞。澳洲駐華府大使館一則電報簡短表示：「美國的政策是不招惹不必要的麻煩，」一名澳洲官員在旁邊塗鴉寫著：「在政治上，這不是令人滿意的結果。」[2]

「美國官員的回應令人不滿，」布瑞南表示：「之前『不招惹不必要的麻煩』做法應該促使今日決策者與所有相關方面密切往來，並且持續在南海舉行定期防空與海上軍事演習。如果做不到這點，結果將會真的令人不滿。」[3]

一九五九年澳洲情治報告結論指出：「假設美國維持目前在該地區的海空優勢，美國若願意便能迅速中和（neutralize）共產中國在這些島上的所有軍事基地。」[4]

六十年後，這項預言成真了，美國擬定軍事計畫，設立一套名為「四方」（Quad）的安全體系，澳洲、印度、日本和美國結成一個聯盟以平衡中國。即便如此，最堅定的西方盟國，澳洲和紐西蘭，發現他們和亞洲許多國家一樣，必須做出微妙的判斷，一方面要跟中國站在同一邊以提振經濟，一方面要依賴美國來維持國際法治。澳紐組成英語系西方民主國的傳統「五眼」（Five-Eyes）情報蒐集網路，另外還有加拿大、英國和美國。但及至二〇一八年初，澳洲仍不清楚它是否有遵守美國政府，執行在中國建造的小島十二英里內自由航行的行動，儘管澳洲有用飛機去測試中國的警戒線。澳洲經濟依賴亞洲，而中國是其最大貿易夥伴。紐西蘭的立場亦相同，並且在二〇〇八年成為第一個與中國簽署自由貿易協定的已開發國家。

*

北京在南海建設軍事基地，主要集中在七處遙遠的南沙群島暗礁：華陽礁（Cuarteron）、永暑礁（Fiery Cross）、南薰礁（Gaven）、東門礁（Huges）、赤瓜礁、美濟礁和渚碧礁。中國同時已將西沙群島的基地現代化，越南宣示擁有該群島主權。

中國利用所謂九段線（Nine-Dash Line）來標示其南海主權，這九段斷續線沿著東南亞海岸線的輪廓，中國宣稱其中九成的海域屬於其領土。在這個地區，九段線亦被稱為「牛舌線」，因為像是南海的形狀。北京方面從未公布明確的坐標，習慣稱為「建設性模糊」（constructive ambiguity）。

九段線變得國際聞名是在二〇〇九年五月，馬來西亞及越南共同向聯合國申請延展它們的陸棚，亦即海面下的陸地延伸。如果獲得接受，便可擴大它們的領海。中國立即反對，認為這項主張侵犯其主權，並提出一張九段線地圖做為證據，而引發大多數東南亞國家的抗議。「在二〇〇九年前沒有人聽說過這個，我們從未同意九段線，」越南國境委員會主任阮勤同（Nguyen Can Dong，譯音）在河內表示：「九段線沒有法律依據。」

二〇一三年，菲律賓被中國闖入黃岩島給激怒，向海牙常設仲裁法院提起訴訟。三年後，該法院裁決九段線沒有法律依據，違反《聯合國海洋法公約》，菲律賓在訴訟大獲全勝。中國在這個爭議領域沒有歷史權利，而且必須「尊重菲律賓人的權利和自由」。

不過，中國當然沒有照辦。中國宣稱這項裁決無效。此時，在火速趕工之下，中國在南海的島礁基地已開始運作，絲毫沒有拆除碼頭、機庫和飛彈發射筒的跡象。經由委託定期衛星拍攝影像，華府智庫亞洲海事透明倡議（AMTI）主任波林長期紀錄中國將這七座島礁打造成三千二百英畝土地的進展，使之擁有在該地區的強大軍事優勢。

二〇一二年七月二十七日，渚碧礁看上去是個光禿禿的熱帶島嶼，這個淡黃及藍色環狀暗礁有一個窄窄的缺口，可通往其內的藍色潟湖，與黃岩島十分相似。它只有在退潮時才會露出海平面，漲潮時會整個被海水淹沒而消失不見。那一天，衛星拍攝到一艘中國軍事船隻的影像，船隻大到足以在船尾設立一個直升機停機坪，還有一個看似燃料槽或水槽的小型裝置。兩年半後，二〇一五年一月二十六日，我們看到渚碧礁附近有五艘挖泥船和輔助船隻。三月十七日，不到兩個月後，那裡有一大片海埔新生地，上頭有建物、車輛、一座碼頭，附近還有一個船隊。又一年後，二〇一六年七月二十四日，渚碧礁被填出一大片C型的土地，占地九七六英畝。現在那裡有一條跑道、道路、車輛、住所和燃料槽，還有武器發射筒、地對空飛彈發射器、攻擊型雷達等等的設施。

美濟礁也依循相似的建設軌跡。二〇一二年一月二十四日，它還是環狀的，有一座暗礁、潟湖、入口，和一個小型人造建築。可是，到了二〇一五年中，它的軍事活動頻仍，有一座小型機場，一條跑道、滑行道、機庫、密集的建物，由非機密衛星影像仔細看的話，還可以看到一座可以儲存飛彈的大型圓形建築。

島礁建設是一項迅速、極具野心和昂貴的計畫，以空前之姿展現中國的力量。而且這項計畫奏效了。受到菲律賓仲裁的刺激，一座又一座的島礁建設了起來：赤瓜礁，二十七英畝，有一座港口和補給基地；東門礁，十九英畝，一長條碼頭和寬闊的船塢；南薰礁，三十四英畝，兩條向外延伸的碼頭，一座塔，和看上去像是小型貨櫃集散站的陰影；永暑礁，六七七英畝，狀似一艘軍艦的前半部，一側是一條跑道，以及軍事基地會有成排建築；華陽礁，五十六英畝，四四方方，毫無景色，正在施工當中。

南沙群島的島礁與世隔絕，但敵對占據者彼此爭搶。美濟礁監視著菲律賓據有的仁愛礁（Second Thomas Shoal），那裡刻意擱淺著一艘生鏽的舊軍艦，由菲國海軍陸戰隊駐守以監視中國一舉一動。菲國與越南分別在兩個環礁駐紮軍隊，北子島（North East Cay）和南子島

（South West Cay），兩個環礁極為靠近，菲國海軍陸戰隊甚至可以使用越南手機信號及ＳＩＭ卡。[5]

「南沙群島面積最大的十多座島礁稱得上小島，」波林表示：「可是，大多數是混凝土碉堡或者建在支柱上的營房。出入的唯一方法是搭船，可以走動的唯一地方是營房四周的小平台。」

不過，占據大多數南沙群島的不是中國，而是越南，總計有二十七座前哨。菲律賓控制八座，馬來西亞五座，台灣一座（卻是最大、設備齊全的一座）。中國僅有七座，但現在中國顯然另有打算。「中國建設島礁的目的顯而易見是為了控制鄰近海域，」英國智庫皇家國際事務研究所（Chatham House）的南海專家海頓（Bill Hayton）指出：「島礁上裝滿雷達罩、衛星碟盤和炮台。」[6]

*

二〇一七年中，波林的衛星影像顯示中國已將先進偵測與預警雷達設施安裝在永暑礁、渚碧礁和華陽礁，衛星照片亦可看出堅固的掩體，屋頂可以收起，供發射中型地對空及反艦飛彈。永暑礁的機庫可容納二十四架戰鬥機和三架大型飛機，包括轟炸機。

中國將南海軍事化並不侷限於東邊的南沙群島。另外在西邊，建設已推進到西沙群島，大約一百三十座島礁散布在一百多英里的海域。西沙群島位於中國和越南沿海的中間，被切成兩部分，西南邊靠近越南的永樂群島（Crescent Group），和東北邊靠近中國的宣德群島（Amphitrite Group）。其中島礁，比如琛航島（Duncan）、珊瑚島（Pattle）及永興島（Woody），是以英國東印度公司的軍官來命名，他們在中國與印度之間往返，運送鴉片、白銀和茶葉等貨物。

最大的叫永興島。這是南海最多人居住的島嶼，當地約有一千名居民，大多為輪值的政府或軍方人員，以及定居的水上人家。這裡可能也是中國設備最為齊全的基地，一九九〇年代以來便使用一條二千七百公尺的跑道，二〇一六年的衛星影像顯示當地有部署飛彈的證據。國防分析師查明它們是射程可達二五〇英里的鷹擊六二（YJ-62）反艦飛彈及射程一百英里的紅旗－九（HQ-9）地對空飛彈。

「我們不知道那裡有這麼大規模和先進的系統」波林當時表示：「這是軍事化。中國可以辯稱那只是為了防禦目的，可是如果你建設大型防空炮彈和摧毀飛彈與飛機的系統，這就表示你在準備未來的軍事衝突。」

這幾十年來，中國留下許多動用武力在南海遂其所願的紀錄，不只是在黃岩島用水炮攻擊漁民歐森而已。越南也成為目標，在三次軍事行動中被搶走島礁。第一次是一九五六年國家分裂，法國殖民勢力遭到驅逐，親美的南越選舉之際。利用越南的動亂，中國進駐西沙的宣德群島。雙方沒有戰鬥，但南越派兵前往永樂群島做為回敬。一九七四年一月，南越分崩離析，形將被北越擊敗。中國擊沉一艘越南船隻，造成五十三名船員死亡。一九八八年，中國再度採取行動，這回越過南海來到南沙群島，強行登上赤瓜礁，殺害六十四名越南士兵。赤瓜礁現在是中國軍事補給基地，二十七英畝的海埔新生地，有防空與飛彈防禦系統守衛著。

菲律賓與越南這兩個東南亞國家均曾與中國在南海上正面衝突，它們也是中國兩手策略最大的目標。可是，近來未在南海擁有主權的其他東南亞政府也被捲入中國企圖擴大在東南亞勢力。二〇一六年，一艘運載參加台灣聯合軍演的新加坡裝甲車的貨輪，在香港遭到扣留。印尼不滿中國、馬來西亞及越南漁船入侵其海域，而將其南海水域正名為北納土納海（North Natuna Sea），而引起中國的抗議。東南亞國協十國政府已警告，中國政府可能破壞和平、穩定及安全。

中國崛起對東南亞地區構成最大威脅，該地區既無法用軍事挑戰中國，又需要與其貿易，而且不確定能否依賴美國抑或這是否為明智做法。大家共同的看法是，東南亞不願重返被迫在超級強權之間選邊站的冷戰時期，雖然沒有明確的想法與坦白的對談，這正是目前展開的情勢。

1 布瑞南，〈脫離權力「滑流」？澳洲遠大戰略與南海紛爭〉，安全暨發展政策研究院，二〇一七年。

2 同上。

3 〈澳洲六十年的南海預言成真〉，《外交家》雜誌（*Diplomat*），作者：布瑞南，二〇一七年六月十二日出刊。

4 布瑞南，〈脫離權力「滑流」？澳洲遠大戰略與南海紛爭〉。

5 《南海：二十一世紀的亞洲火藥庫與中國稱霸的第一步？》（*The South China Sea: The Struggle for Power in Asia*），作者：海頓（Bill Hayton）。

6 同上。

第二部

東南亞

「除了少數例外，民主很少為新成立的開發中國家帶來好政府。」

——李光耀，新加坡國父

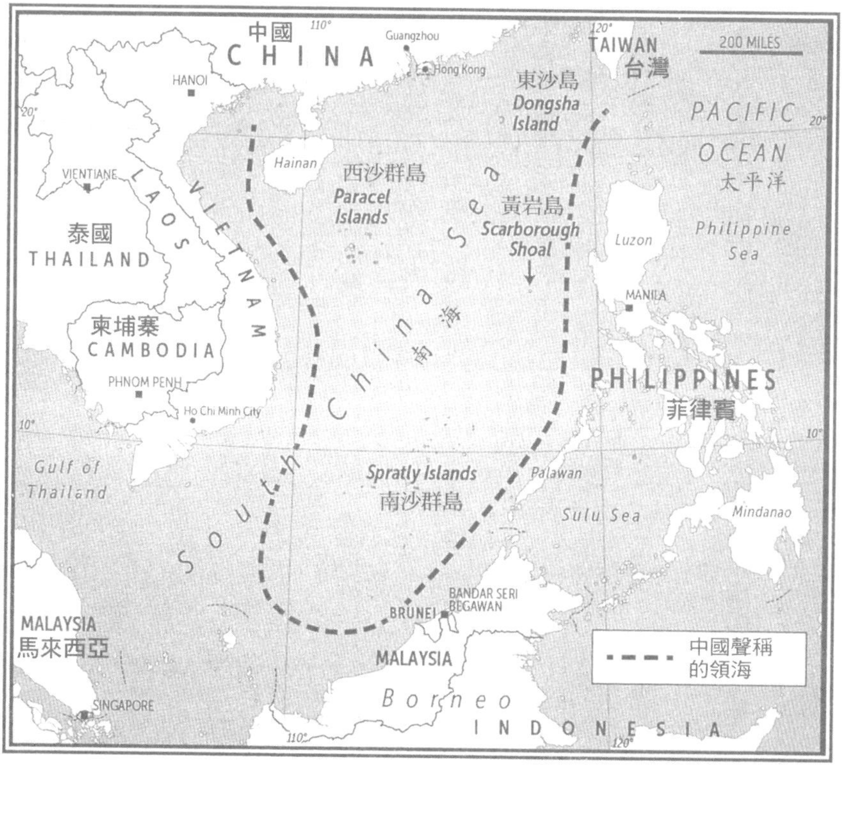

第五章
形形色色的價值觀

亞洲大陸比其他所有大陸更加複雜。中亞主要由前蘇聯共和國組成，在俄羅斯勢力範圍內，但如今逐漸受到中國影響。地理分隔印度為主的南亞與繁榮的東亞，當地的文化組成也更加豐富，包括南韓與台灣的經濟與民主成就。近年來，中國與日本的關係凍結，為這些成就投下陰影。

中國選擇首先在南海及東南海測試其力量；未若歐洲、拉丁美洲及中東，東南亞沒有主導的文化、生活方式或生活水平。貿易城邦國家新加坡的人均所得接近八萬七千美元，柬埔寨則為三千七百美元。在歐盟，保加利亞這個最貧窮會員國的人均所得是二萬一百美元，與盧森堡的十萬二千美元相比是一比五的差距，而東南亞則將近二十五比一。[1]

在歐洲，基督教是主要宗教，在大多數國家平均占七成以上。伊斯蘭教在東南亞的教徒最多，但在六億人口之中只占大約三分之一。菲律賓大多為天主教。印尼與馬來西亞主要為伊斯蘭教。柬埔寨、緬甸和泰國為佛教。而且一個國境之內不只一個宗教。菲國南部的穆斯林人口不斷叛亂，泰國南部也是。緬甸遭受無數種族叛亂，因為鎮壓大量的穆斯林羅興亞人而飽受國際指責。

在這之中住著大約五千萬名華僑，其社群主導當地經濟。印尼二億五千萬人口之中，華僑占七百多萬；馬來西亞三千一百萬人口占六百五十萬；菲律賓近一億人口占一百三十萬。華僑人口比重在不同國家有很大差異，其影響力也是。新加坡一九六五年與馬來西亞切割，正是因為當地絕大多數為華人。經歷一九六九年種族暴動之後，馬來西亞實施法律優惠馬來人，印尼自十八世紀以來便充斥排華情緒。一九九八年，雅加達爆發排華暴動，中國採取空前手段，要求雅加達保護當地僑界。冷戰時期，東南亞各地華人一再被指為支持共產主義。

中國在一九八〇年代開始改革時，因為毛澤東失敗的政策而潦倒窮困。東南亞華人率先回國投資，奠定今日經濟成功的基礎。「一個中國的意識在中國人心中根深柢固，」前新加坡貿工部長楊榮文（George Yeo）提及儒家所謂大同世界：「儒家所謂的『大同世界』自幼銘刻於心。一個中國既是政治概念，也是文化概念。中華文明有別於其他古文明，正是在此。譬如，猶太文明同中華文明一樣根深柢固，卻不那麼強調政治統一。印度文明自古有之，雖然有其政治理想，卻不向所有印度人灌輸『一個印度』的概念。」[2]

因此，東南亞面對不斷壯大的中國，不僅掌控其貿易，更主宰其意識。中國相信可以號召中國商界的忠心，而後者主導東南亞地區經濟命脈。中國在與日本或西方強權競爭時，便多了一張牌。和東南亞一樣，中國亦遭受殖民主義的蹂躪。

二次世界大戰後，東南亞國家紛紛獨立，美國試圖組成一個親西方的防禦聯盟，以新成立的北約組織為範本，該組織旨在保護歐洲。東南亞公約組織（SEATO）於一九五五年成立，可是這個地區太過分歧，政府太過年輕、疲弱及貪瀆，根本無法整合。一九七七年，東約組織正式解散，後來想在亞洲成立區域防禦聯盟的計畫始終無法成功推行。

不過，東南亞國家協會（ASEAN）於一九六一年成立，打著響亮的口號：「同一願景，同一認同，同一聯盟」（One Vision, One Identity, One Community）。這個組織的運作良好。其政策是不干涉各國內政，以成立自由貿易區為目標，宣示該地區為無核武地帶，並且重視平和、包容外交和共識決。東協一直探索依據歐盟模式來逐步加強整合，但在英國公投脫離歐盟與歐洲長期前途充滿不確定性之後，這個進程已經放緩。

和歐盟不同的是，東協有多種政府體系，西方民主未能在會員國之中生根。最接近的是印尼與菲律賓，二者散布在群島之中，有數千島嶼要控制。他們的人均所得分別為一萬二千美元和八千美元，距離已開發社會仍然遙遠。兩國均由美國支持的冷戰獨裁者統治。菲律賓總統馬可仕（Ferdinand Marcos）於一九八六年被推翻，印尼總統蘇哈托（Suharto）主導一九六〇年代的血腥反共屠殺，於一九九八年下台。

泰國來來回回地實驗民主，卻又倒退到軍人統治。鄰國緬甸的處境矛盾，由軍方與如今名聲毀於一旦的民主象徵翁山蘇姬（Aung San Suu Kyi）統治。柬埔寨自一九七九年來一直由同一名領導人統治，並且是全世界最貧窮及最貪腐的國家之一。隔壁的寮國仍是一黨專政的共產國家，較大與較繁榮的越南也如此；越南與菲國公然挑戰中國的南海主權論。產油小國汶萊，位於馬來西亞婆羅洲北岸，由蘇丹博爾基亞（Hassanal Bolkiah）統治。馬來西亞執政黨馬來民族統一機構（United Malays National Organization，簡稱巫統）自一九六三年獨立以來便執政，新加坡人民行動黨（People's Action Party）也是一樣。這兩國都利用英國殖民時代建立的專制機制來統治，如今受到西方民主國家批評。這兩國亦首先開創亞洲經濟小龍的概念。

在許多層面，新加坡代表著東南亞的地理與知性核心。它位在麻六甲海峽入口，這條航運要道連結南海與印度洋。其六百萬人口之中，逾七五％為華人，正是基於這種人口分布，新加坡於一九六五年與馬來西亞分割。它早先只是十四個馬來州之一，卻掌握剛獨立的馬來西亞經濟命脈。這裡證明華人社群和種族緊張已是東南亞生活的一部分。新加坡將自己打造為亞洲貿易樞紐。其獨裁統治造成種族緊張，亦創造超高生活水平。中國在一九八〇年代展開改革時，便是仿傚這種新加坡模式。雖然不是個狹小的城邦，中國已達到一定的成功，如今擁有財富與信心去挑戰長久以來西方主張選舉與民主創造最穩定的政府形式。

「除了少數例外，民主很少為新成立的開發中國家帶來好政府，」已故新加坡國父李光耀曾說過，其數十年來的立場支撐了專制政府的有力論調：「亞洲價值觀未必要是美國或歐洲價值觀。西方人重視自由與個人自由。身為具有中華文化背景的亞洲人，我的價值觀是要求一個誠實、有效率的政府。」

在東南亞的大漩渦當中，新加坡是一顆微小的孤星。星國政府或許廉正，但其他政府並不是，致使這個地區軟弱，無力在南海及其他地方抗衡中國。柬埔寨和寮國如今被矮化為殖民地及中國附庸國。中國利用柬埔寨的情形尤其明顯。中國政府自一九九〇年代初期以來即將柬埔寨畫歸自己的勢力範圍，為前國王西哈努克親王（Norodom Sihanouk）在北京提供庇護和癌症治療，直到他二〇一二年過世。中國並與總理洪森（Hun Sen）保持友善，即使他在一九八〇年代與越南一同對抗中國。過去十年來，中國資金已改造柬埔寨面貌。二〇一一至一五年，中國資金占該國七成的工業投資。老早在這之前，洪森便曾在二〇〇六年稱呼中國是柬埔寨「真誠可信的朋友」，中國國家主席習近平後來回敬這項讚美，而表示柬埔寨是「鐵桿朋友」。以往三任中國國家主席均曾到訪該國。

柬埔寨成為中國南海戰略的關鍵外交環節，而這項先見之明在二〇一二年二月獲得回報，當時東協外交部長在首都金邊（Phnom Penh）開會。首要議題就是與中國談判南海問題達成共同立場。中國向來堅持必須進行雙邊談判。洪森支持中國，東協因而未能在會議結束時發表共同聲明，創下四十五年歷史來首例，中國取得明顯勝利。

此後，中國對柬埔寨的掌控益趨嚴密，並在二〇一七年又再獲勝，當時柬埔寨取消與美國的例行聯合軍演，改為與中國舉行。四個月後，柬埔寨驅逐一個已參與學校及衛生計畫九年的小型美國海軍單位。此舉換來十億美元資助體育館、新機場和其他建設計畫。[3]

二〇一四年泰國軍方接管政權，中國的勢力也伸入泰國。美國實施制裁，要求回歸民主，中國則提供資金、高鐵網路與其他基礎建設的計畫，以及武器（包括潛艦）。做為回報，泰國協助中國逮捕在當地尋求庇護的異議人士。其中包括上百名新疆維吾爾人，並於二〇一五年七月九日被遣返中國。八月十七日，曼谷觀光景點四面佛發生爆炸案，造成二十人死亡，百餘人受傷，被懷疑是新疆獨立運動的支持者所為。泰國軍政府亦面對南部的動亂，突顯親中可能反而使該國更加不穩定。

泰國南部的鄰國馬來西亞無力對抗中國，因為官方「一馬發展」基金爆發遭到挪用數億美元公款的貪瀆醜聞。馬來西亞原先被稱為亞洲小龍，可是這個醜聞揭露這個國家的貪腐已蔓延至最高層級。中國拿出四十億美元，向這個破產的基金買下資產。

沙烏地阿拉伯，極端伊斯蘭教派瓦哈比派（Wahhabist）的最大輸出地，亦捲入這項醜聞，被查出在馬來西亞總理納吉布（Najib Tun Razak）的銀行帳戶存入鉅額款項。沙國涉案令人擔憂伊斯蘭已逐漸掌控馬來西亞，而為了掌權，執政黨將宗教納入主流立法。以往這個國家對穆斯林而言相對寬鬆，如今對於齋戒月（Ramadan）的齋戒、婚前性行為和批評伊斯蘭教都有法律規範。馬來西亞最成功的總理是馬哈地（Mahathir Mohamad），任職於一九八一到二〇〇三年的繁榮年代，他專心發展經濟。他的繼任者缺乏領導能力，被歸咎為馬來西亞淪為貪瀆嚴重與高度宗教政治的原因。

全球最大穆斯林國家印尼，則比較難治理，其人口眾多，幅員廣大，但為了深植民主，其政府必須對伊斯蘭教採取相同的包容。在由獨裁政治轉型的初期，印尼決定讓極端伊斯蘭團體參政。雖然這樣有助穩定印尼，瓦哈比派訓練的伊斯蘭傳教士卻形成一股勢力。東南亞不太可能出現中東的極端分裂，可是伊斯蘭教牢牢掌控，挑戰試圖建立民主的政府。

儒家中國與強硬中東伊斯蘭教在東南亞形成交互影響。西方希望這個地區能夠成為亞洲民主叢聚之處，但這個希望早已幻滅。現在的問題是，儘可能讓政府站在美國陣營或保持中立，這將是一個艱難的挑戰。

*

如果說新加坡是東南亞的知性核心，印尼的一萬八千個島嶼及二億六千萬人口，則構成決定性測試。四〇%的人口每日靠著不到二美元生活。超過八成五是穆斯林。華人大約七百萬人，僅占三%人口，可是過去四分之一個世紀的各項研究指出，華人社群控制高達七成的印尼經濟，儘管這項結論多所爭議。印尼在接受與排斥華人社群之間擺盪不定，而且摩擦不斷。冷戰時期，華人被懷疑支持共產主義。一九六〇年代，他們成為反共大屠殺的對象，至少死了五十萬人。穆斯林團體是屠殺的主謀。一九九八年原先為了反抗蘇哈托總統獨裁統治的動亂，也是針對華人企業，二〇一六年雅加達市長鍾萬學（Basuki Tjahaja Purnama）認為《可蘭經》並未禁止穆斯林投票給非穆斯林，而引起動亂。鍾萬學於二〇一四年十一月當選，先前兩年擔任副市長，但因褻瀆宗教被判刑兩年。他能夠當選證明華人領袖也可以步入政壇。他被判刑則暴露出，伊斯蘭教勢力入侵以往與宗教切割的印尼政府機構。

如同其他東南亞國家，印尼面對龐大的宗教勢力、反對美國希望維持的現狀，以及中國成為新殖民國或新霸權的勢力。唯有勇者與愚人才敢試著預測未來的發展。

近年來對於東南亞的看法可分為兩種。一種是洋溢陽光的觀光海灘，玻璃帷幕摩天大樓林立的城市景觀，忙碌的工廠支撐全球供應鏈，社會財富增加。東南亞的發展，使之與中東的流血與非洲及南亞的貧窮有如天壤之別。這種看法是正確的，而另一種看法也是正確的，亦即這個地區數世紀來遭受外來強權的蹂躪，始終未能果決地因應貧窮、貪瀆和種族緊張的負面影響，如今面對另一場冷戰式衝突。

「東南亞像是一個被巨大地緣政治胡桃鉗夾住的堅果，」人道對話中心（Center for Humanitarian Dialogue）派駐在新加坡的地區主任瓦提裘提斯（Michael Vatikiotis）表示：「除了象徵性駐軍，及來自神盾驅逐艦與尼米茲級航空母艦零星的武力威脅之外，東南亞政府並不指望美國防禦保護。」4

瓦提裘提斯有參與調停多項東南亞衝突的多年經驗，包括泰國南部的穆斯林動亂。他預見數十年後的東南亞，將會像是歐洲強權在十五世紀到來之前的狀況。他表示：「強大的中央集權國家將趨於疲弱，而依賴與中國貿易的小型自治政治實體將崛起，中國在地理與文化鄰近的優勢因此將被增強。」5

這種情況在某種程度上已經發生了。中國向來支持削弱當地政府的動亂，不論是巴基斯坦入侵喀什米爾，或者是緬甸境內有自己政府的撣邦（Shan State）。印尼亞齊省（Aceh）已成立特別行政區，菲律賓的民答那峨（Mindanao）也是。其他動亂遲早必須解決，包括緬甸的基督教克倫族（Karens）及穆斯林羅興亞人，泰國南部的穆斯林，巴里島的印度教，以及印尼巴布亞省（Papua）的泛靈信仰。每項協議都將削弱中央政府的權力。

印尼在南海不擁有主權，卻因為漁船闖入其專屬經濟海域而被捲入。第十六章將談到，許多中國船員被軍方直接下令去騷擾其他船隻及測試邊界。他們被國防專家稱為海上民兵。印尼扣押及燒掉中國與其他國家漁船，二〇一六年印尼海軍並且對靠近北婆羅洲納土納島的中國船隻開炮警告。印尼藉此表示他們不允許越界行為，不管是什麼國家。接著在二〇一七年七月，印尼拉高姿態，將其控制的南海區域重新命名為北納土納海，引起中國抗議。

馬來西亞有相似的問題，但較不嚴重，令人訝異的是，在二〇一六年，甚至連新加坡都發現自己成為目標。中國的勢力亦伸入前英國領地香港，根據國際條約，香港在二〇四七年前都應該不受中國干預獨立運作。

二〇一六年十一月，新加坡運送九輛裝甲車到台灣參加聯合訓練。回程時船隻停靠香港，裝甲車遭到扣留，中國公開表示：「中國政府堅決反對建交國與台灣進行任何形式的官方往來，包括軍事交流與合作。」[6]新加坡花了兩個多月交涉歸還裝甲車。

與菲律賓和越南一樣，新加坡亦大力抨擊中國的南海政策。航運及貿易是新加坡的命脈，萬一亞洲航線被中國把持，這個城邦的自主權將受到威脅。

中國很早便知道新加坡與台灣之間的聯合訓練，但很有信心可以從三方面予以干涉：針對台灣，進一步加以孤立；加強控制香港，儘管與英國有簽署條約，中國仍可隨時介入；對新加坡及其他東南亞國家發出警告，不要招惹中國。中國悍然拒絕讓新加坡總理李顯龍參加二〇一七年五月「一帶一路」峰會，雖然印尼、馬來西亞、緬甸與菲律賓領袖均有受邀。

諸此種種都令人質疑，為何中國要製造更多區域敵對，把原本在南海爭議保持中立的政府拖下水。當然，這是因為中國相信自己的經濟與軍事分量現在已足以在這個地區勝出，藉此訂出賞罰分明的教條。

二〇〇九年中國向聯合國提出「九段線」的主張，促使數個東南亞政府要求美國協助。先前各國對海上主權已漸感不安，馬來西亞和越南於是在那一年五月申請擴大它們的大陸棚邊界。美國國務卿希拉蕊（Hillary Clinton）於二〇一〇年七月出席河內舉行的「東協區域論壇」年會，就此項請求做出回應，當時她已著手設計一項政策，即後來的美國「轉向亞洲」政策。

希拉蕊宣稱，南海這個區域攸關美國國家利益，又說：「美國支持各方在不受威脅下採取合作的外交途徑解決各種領土爭議。我們反對任何宣稱擁有主權者使用武力或以武力威脅。」[7]她的重點是，美國十分投入及支持東協團結起來與中國協商。中國外交部長楊潔篪則反脣相譏。他在這場東南亞勢力爭奪戰扔出決定性的一句話：「中國是一個大國，其他國家只是小國，這是不可爭辯的事實。」[8]

二〇一一年十月，希拉蕊在權威雜誌《外交政策》（*Foreign Policy*）撰文說明她的概念。「隨著伊拉克戰爭結束以及美國開始將軍隊撤離阿富汗，美國站在一個轉捩點，」她寫道：「未來十年，我們必須明智及有系統地投資時間與精力……因此未來十年美國戰略的最重要任務之一，就是專注於大量增加在亞太地區的投資，包括外交、經濟、戰略和其他等等。」[9]

一個月後，歐巴馬總統在澳洲國會演說時正式宣布「轉向亞洲」，他說：「隨著我們結束今日的戰爭，我已指示國家安全團隊將我們在亞太的存在與使命列為首要優先。」他同時指出，將在北部的達爾文市派駐美國海軍陸戰隊。[10]

「轉向亞洲」隨即被解讀為美國防堵中國崛起及擴張的新政策。不難看出，中國與美國因這項政策而變得更加糾纏不清。

「這項政策宣布是一項公關災難，」國防專家鄔曼（Harlan Ullman）寫道：「歐洲、中東與亞洲的盟國都十分關切這項戲劇性轉變，甚至被嚇到，而美國事先並未跟它們多做溝通。中國被激怒，將轉向政策視為對其主權與地位的直接挑戰。」[11]

協助希拉蕊設計這項政策的坎貝爾（Kurt M. Campbell）指出，轉向政策不過是反映出亞洲在全球的新現實。「亞洲是美國最大出口市場，比歐洲多出逾五〇％，」他寫道：「亞洲將決定哪項經濟原理將塑造二十一世紀，這裡囊括全球四大經濟體之中的三大，而且相互依賴程度越來越高。在攸關世界未來的眾多議題當中，亞洲位居行動核心。」[12]

歐巴馬也試著強調這並不是反中國政策。「我們將尋求更多與中國合作的機會，包括加強軍方之間的溝通，促進了解及避免誤會，」他向澳洲國會表示：「憑藉全球最多的核子力量及一半的人口，亞洲將決定未來這個世紀將充滿衝突或合作，不必要的苦難或人類進步。」[13]

中國則抱持懷疑。沒錯，中國在許多層面有跟美國合作，包括金融與氣候變遷。但這並不表示中國的國防不再脆弱、易被突破，導致另一次「百年恥辱」。「美國轉向亞洲釋放出一個錯誤、混亂的訊息，」中國國際問題研究院常務副院長阮宗澤表示：「這項政策分裂了東協國家，並且破壞美中關係。我們問他們為了什麼？轉向是什麼意思？他們告訴我們，美國只是想要讓這個地區的盟國放心。我們問說放什麼心？好讓他們想說他們有山姆大叔撐腰，所以可以去對付中國？」

無論美國想要傳達什麼訊息，轉向政策的宣布釀成一次公關災難，尤其是因為美國最後無法部署更多軍艦到亞洲。美國削減國防預算意味著，即便船艦的百分比上升（到六〇％），派到亞太的海軍船艦也會減少。不到一年，中國海警便與菲律賓在黃岩島對峙。二〇一三年菲律賓向國際仲裁法庭提出南海仲裁案，中國加緊島礁建設，意氣風發的國家主席習近平宣布「一帶一路」，將中國影響力拓展到亞洲，以及歐洲和非洲。雖然沒有爆發軍事或經濟戰爭，但是宣戰意味濃厚。

東南亞與中國的衝突是由菲律賓及越南帶頭，後者是冷戰時期該地區的支撐。菲律賓部隊與美國人在越南並肩作戰。美國飛機與戰艦駐紮在菲律賓，蘇聯軍隊則駐紮在越南。這兩個國家組成對抗中國的英勇陣線，可是他們一直被逼著退讓。但是，他們在必須戰鬥時都不曾膽怯，並在對抗中國時締造歷史。越南是第一個透過戰爭趕走殖民強權的國家，並在進一步衝突中擊敗美國與中國。菲律賓則成為這個回合第一個透過「人民力量」，街頭抗爭推翻親美獨裁者的國家。

---

1 美國中情局，《世界概況》，二〇一七年版。

2 新加坡貿工部長楊榮文，於一九九九年十月二十九日香港新亞書院金禧紀念專題講座。《榕樹下的沉思：楊榮文言論集》。

3 《費城號角》（*Philadelphia Trumpet*）雜誌，二〇一七年四月十六日報導：「柬埔寨成為最近棄美投中的數個亞洲國家之一。」

4 《血路盛世：當代東南亞的權力與衝突》（*Blood and Silk: Power and Conflict in Modern Southeast Asia*），作者：瓦提裘提斯（Michael Vatikiotis）。

5 同上。

6 中國外交部發言人耿爽談話，二〇一六年十一月二十五日。

7 美國國務卿希拉蕊於二〇一〇年七月二十三日在河內舉行的「東協區域論壇」發言。

8 中國外交部長楊潔篪二〇一〇年七月二十六日在河內舉行的「東協區域論壇」發言。

9 美國國務卿希拉蕊，《外交政策》，〈美國的太平洋世紀〉，二〇一一年十月十一日出刊。

10 歐巴馬總統在澳洲國會演說，二〇一一年十一月十七日。

11 《解析失敗：為何美國發起的每一場戰爭都輸掉》（*Anatomy of Failure: Why America Loses Every War It Starts*），作者：鄔曼（Harlan Ullman）。

12 《轉向：美國對亞洲戰略的未來》（*The Pivot: The Future of American Statecraft in Asia*），作者：坎貝爾（Kurt M. Campbell）。

13 歐巴馬總統在澳洲國會演說，二〇一一年十一月十七日。

第六章
菲律賓：危險的走鋼索

菲律賓首次與中國就爭議的海上領土發生糾紛是在一九九五年，中國在美濟礁豎立五星旗，這個島礁距離菲律賓巴拉望島一三四英里，屬於其二百海浬專屬經濟海域。四年後，中國前進到形狀像是一把鋸齒刀、就在二十英里外的仁愛礁。此時，菲律賓決定採取行動。

菲律賓海軍故意將一艘生鏽的舊軍艦擱淺在仁愛礁，那是一艘三百三十英尺長的美軍舊坦克登陸艦馬德雷山號（BRP Sierra Madre）。菲國海軍陸戰隊一小支部隊此後便住在艦上，防止中國入侵。馬德雷山號擱淺是高明的一招，理由有二：首先，它在仁愛礁設下一條公開的軍事警戒線；其次，儘管已年久失修、無法航行，它仍是一艘菲國海軍船隻，因此受到美菲共同防禦條約保護。如果船上的海軍陸戰隊受到攻擊，菲律賓可啟動條約，美國便會過來協防。中國海警一直虎視眈眈，數度試圖騷擾馬德雷山號的補給船。可是，雙方並未直接對峙。

黃岩島並沒有菲律賓海軍駐軍。因此，當馬辛洛克的漁民歐森和他的船員遭到水炮攻擊及槍枝威脅時，美國政府並未介入。至少這是美國大使傳達給杜特蒂總統及前任總統貝尼格諾・艾奎諾（Benigno Aquino）的解釋。

每一任總統的反應很不相同，由此可看出菲律賓的性格。如果菲國民主更加穩固，馬可仕下台後三十年能夠經濟成長，或許便可以採取更強硬的立場。可是，菲律賓經歷經濟衰退、議事癱瘓及總統無能，導致該國缺乏軍事或經濟實力去挑戰中國。

丟掉黃岩島之後，艾奎諾無視外交規則，將中國比喻為納粹德國。「到什麼程度你才會說『我受夠了』？」艾奎諾接受《紐約時報》訪問時表示：「全世界都該說了——還記得蘇台德地區被割讓給希特勒以避免二次大戰。」[1]他在訪問日本時再次提到這種比喻：「不幸的是，直到割讓捷克的蘇台德地區……都沒有人說住手。如果當時有人及時跟希特勒或者德國說不，我們就可以避免二次大戰嗎？」[2]

艾奎諾的談話是公開挑戰美國，要求美國進一步保護這個長期盟國與東南亞不遭受中國擴張。可是美國沒什麼可以做或願意做的，菲律賓發現自己缺乏海防來阻止外敵，如同中國在十九世紀中葉的情況。

「對於中國，我們不能對人民許下我們做不到的承諾，」擔任菲國國家安全暨國防委員會主席的參議員洪納山（Gregorio Honasan）表示：「如果我們沒有安全政策，我們要怎麼增進主權？如果我們沒有強勁的經濟，我們怎麼會有安全政策？」

這個階段菲律賓在南海的紛爭涉及三位領袖，個個風格不同：艾奎諾、杜特蒂，及美國總統歐巴馬，他們均背負著美菲長久以來的歷史，由一八九八年美國與西班牙帝國在遙遠的加勒比海的反殖民戰爭延續下來。

文質彬彬的艾奎諾來自富裕政治世家，家族擁有菲律賓最大糖廠路易西塔莊園（Hacienda Luisita）。艾奎諾的父親尼諾伊（Ninoy）是民主運動領袖，一九八三年自海外流亡返國領導反對馬可仕的運動，結果遭到暗殺。馬可仕於一九八六年被趕下台時，尼諾伊的遺孀柯拉蓉，也就是貝尼格諾的母親，就任總統，並且阻止了企圖推翻她的政變。她的主要成就是監督民主轉型，交棒給下一任總統羅慕斯（Fidel Ramos），菲律賓武裝部隊總參謀長。之後的菲國總統包括：艾斯特拉達（Joseph Estrada），特立獨行的電影明星；雅羅育（Gloria Macapagal Arroyo），同樣出身政治世家；貝尼格諾．艾奎諾；以及七十一歲的杜特蒂，風格迥異。

杜特蒂於二〇一六年五月在一次民粹大選中當選總統，類似川普入主白宮以及兩年前莫迪（Narendra Modi）當選印度總理。這三人似乎是粗獷、打拼型的領袖。杜特蒂自承曾殺過人，不走傳統管道，跟平民百姓有話直說，通常是草地人用語，滿口髒話，無論講的是美國總統或者他下令殺無赦的毒販。杜特蒂的得票數比最接近的對手多出六百萬票，他仗恃著這種壓倒性勝利來執行就地正法的行動以杜絕毒品交易。

「我們絕不會罷手，直到最後一名毒梟……和最後一名毒販投降或是關進牢裡或埋到地下，假如他們想要的話，」杜特蒂在二〇一六年六月三十日就職演說中宣示，並且展開掃毒政策，遭到一些人士嚴厲批評民選政府不該這麼做。[3]

他被稱為像是柯林・伊斯威特（Clint Eastwood）主演的硬漢角色，在荒野大西部，主角走進鎮上，為了公眾利益而大開殺戒。杜特蒂博得這項封號，是因為他強悍地治理了治安不良的南部城市納卯市（Davao），讓家庭又可以放心帶小孩在公園裡玩耍。他可不是扮好人來達成這種政績，而是槍決歹徒。

「我騎機車在納卯市逛，一輛大機車，我會在街上巡邏，看有沒有人鬧事，」他向一群企業人士訴說他擔任二十年的市長：「我渴望遇上衝突，好讓我可以殺人。我總是自己動手。好讓他們（警方）看到，如果我可以這麼做，你們為何不行？」[4]

杜特蒂於二〇一六年六月上任，一個月後常設仲裁法院判決南海仲裁案由菲律賓勝訴。他最初的反應是向中國警告戰爭。他提到要菲國士兵，包括他自己，為菲國主權犧牲性命。但在虛張聲勢之後數星期，杜特蒂便把他的敵意由中國轉移到美國，而且爆粗口。同年九月，在貧窮的共產小國寮國舉行的一項區域峰會，這位街頭格鬥市長槓上學者氣質的歐巴馬總統。這原本應該是一場兩個民主國家領袖的會談，他們具有相同價值觀和保衛東南亞的軍事結盟，結果卻不是這麼回事。

他們兩人抵達寮國時，已有兩千多人在杜特蒂的掃毒行動中被殺。美國政府與人權團體早已提出抗議，歐巴馬表示他跟杜特蒂會晤時將提出這項關切。結果雙邊關係開始惡化。儘管他的態度桀驁不馴，杜特蒂的出身遠比歐巴馬尊貴。他來自一個政治世家，有龐大的親友與派系支持。他的父親與表親在中部城市宿霧（Cebu）擔任市長。他在貴族私校上學，雖然被兩所學校退學；並且擁有馬尼拉名校菲律賓學園大學（Lyceum University of the Philippines）的政治科學學位。他接著在由聖本篤修士主辦的聖貝達法學院（San Beda College of Law）取得法學學位。之後，他加入納卯市的檢察官辦公室。

另一方面，歐巴馬出身卑微，母親是美國人，父親是肯亞人，兩人分居，父親在歐巴馬二十一歲時死於一場車禍。歐巴馬童年在印尼度過，對東南亞很熟悉，他靠著獎學金上法學院，成為一名人權律師，一九九六年選上伊利諾州參議員。

刑事檢察官與人權律師之間的道德抉擇時常發生摩擦，而在寮國的對決之中，是有關民主大國的意志與貧窮開發中亞洲國家的需求。

杜特蒂第一次開炮是在他要登機前往寮國時。記者詢問如果歐巴馬就掃毒槍殺一事向他施壓時，他要怎麼回應，他說：「我是一個主權國家總統，我們老早就不是殖民地了。」他提高音量，並且拍胸脯強調他的重點。「我沒有主人，除了菲律賓人民以外，沒有別人。你要放尊重。不能亂問問題。」他改用他加祿語（Tagalog）說了一句「狗娘養的」，接著又用英語說：「我不想跟歐巴馬吵架，可是我也不想受制於任何人。」[5]

杜特蒂罵歐巴馬是「狗娘養的」，或某些媒體譯成「婊子養的」之報導傳遍全世界。歐巴馬於是取消原訂的會談。

那麼，這究竟是菲律賓外交政策確實轉向了，抑或是翻譯失誤遭到渲染？兩者都有一點。「總統說『婊子養的』，就像事情出錯時，你會說『操』或『幹』之類的，」馬尼拉一名高階官員表示：「他是在罵這個局面，而不是歐巴馬。聽清楚了。他不是說：『你這個狗娘養的』，當他說『你要放尊重』，他是在跟記者講，而不是講歐巴馬。假如你聽過杜特蒂說話，他是那種髒話總是掛在嘴邊的人，這個狗娘養的，那個狗娘養的。」

不過，還有一個事件顯示美國勢力在亞洲出現風向轉變。歐巴馬是在中國成都的二十國集團（G20）峰會結束後前往寮國，同一天抵達成都的五名國家元首，包括俄羅斯總統普丁，接待儀式都完美無缺。但是為了刻意公開羞辱，中國機場人員沒有準備登機梯及鋪上紅毯，歐巴馬無法以總統姿態由空軍一號下機。美方只好倉促安排他由飛機後方降下的逃生梯離開，中國與美國官員在停機坪上互罵。「這是我們國家。這是我們的機場，」一名中國官員用英語大罵，迸發出中國百年恥辱及美國在亞洲施展勢力不受歡迎的怒氣。

相同的情緒反映在杜特蒂宣示菲律賓「不再是殖民地」。一個月後，在二〇一六年十月，這位美國在亞太最久盟國的元首率領二百五十名企業人士飛往北京。杜特蒂提起他的中國血統（他的外祖父來自廈門），宣稱「只有中國可以幫我們」。[6]杜特蒂受到最高規格的歡迎，簽署了漁業、貿易及中國投資等多項協議，最後並在天安門廣場上的人民大會堂做出戲劇性演出。「在這個場地，各位，」他在一項論壇上向中國菁英分子表示：「我宣告與美國分道揚鑣……美國已經迷失了自我。我將融入你們的意識流，我或者會去俄羅斯和普丁會談，我將告訴普丁，中國、菲國及俄羅斯可以和全世界抗衡。這是唯一辦法。」[7]

＊

這不禁令人質疑，在削弱亞洲親西方聯盟的行動中，中國是否有了第一項斬獲。

菲律賓以前便曾經反美。如同許多開發中國家，菲國喜愛棒球帽、綠卡、迪士尼和援助的資金，但討厭被人使喚以及被外國施恩的感覺。杜特蒂政策急轉彎不像是全球構造板塊挪移，比較像是無法預測的民主徵兆，以及菲律賓隨興的風格。二〇一六年三月，距離杜特蒂棄美投中的戲劇性轉折不到六個月前，菲國與美國才簽署「加強防禦合作協議」（EDCA），這項軍事協防計畫讓美國可以使用五個空軍基地，尤其是為了南海任務。[8]

菲律賓對美國十分重要，因為兩國在一九五一年簽署共同防禦條約，在一九九〇年代初期上一波反美浪潮時，美國最後被迫關閉兩座對其冷戰區域防禦至關重要的大型基地。

第一座關閉的基地是距離馬尼拉北方五十英里的克拉克空軍基地，關閉的過程就像上帝的傑作一般。正當菲律賓在討論驅逐美軍之際，鄰近的皮納圖博火山（Mount Pinatubo）爆發，克拉克遍及十四平方英里的軍事城鎮覆蓋厚厚的火山灰。住在當地的一萬五千人撤離。至少一百棟建物被毀；許多建物因布滿一層厚厚的灰泥而受損。整治費用高達八億美元，外加菲律賓要求每年八億美元的租金。

美國並不想待在不受歡迎的地方。共黨叛亂分子槍殺美國士兵。群眾在美國大使館外抗議。冷戰剛結束，蘇聯威脅已經解除，而中國尚未崛起。美國與新加坡、泰國均有軍事協議，在日本及南韓亦有基地。在更遠的東邊，美國在夏威夷有龐大軍事基地，並且是美國太平洋指揮部所在，關島存放了太平洋戰爭所需的彈藥，島上二七％人口都是美軍。由於不斷受到敵視、費用以及磋商困難，美國決定縮小在菲律賓的駐軍規模。美國自一九〇三年起便駐紮在克拉克，如今決定離開。[9]沒有人料到僅僅一個世代的時間，俄羅斯便再度興起，而中國則甦醒成為凶惡的巨人。

蘇比克灣的海軍基地，距離克拉克五十英里，是第二個關閉的美軍基地。蘇比克也受到皮納圖博火山的影響，可是沒有那麼嚴重，美國傾向留下來。美國磋商「友好和平合作條約」以延長租期，但是菲國民粹情緒高漲，菲律賓參議院拒絕了。美國縮小目標，要求延長三年租期。這也遭到拒絕，因為菲國堅持美國必須公布是否在蘇比克灣存放核武。若要公開這種情報，便違背美國既不證實亦不否認軍艦、潛艦或飛機是否攜帶核武的政策。

及至一九九一年底，所有美國軍方人員都已接獲命令要離開菲律賓。這個海軍基地變成蘇比克灣自由港區，專供免稅拍賣、進口車輛、營造設備等的地區。然而今日，這裡並不是熙來攘往的商業港，而是一片大馬路、巨大機棚的空曠地區，成排的營房改建成快餐店、飯店和按摩院。小型的機場、老舊的飛機、生鏽的機庫、跑道上蔓生的野草，像極了一九八〇年代傭兵電影的布景。美國軍艦仍會到訪，但沒有駐紮在當地，官兵不准進城。二戰、越戰、韓戰和冷戰期間，美國軍人在酒吧、妓院和吧女林立的大街上尋歡作樂。那些稚嫩或受過戰火洗禮的年輕水手早已不見蹤影。僅存寥寥無幾的酒吧，許多酒客是來此緬懷過去的退伍老兵，有些人還帶著老婆來，也有始終無法離開的退役軍人。

美軍基地成為菲律賓民粹主義發洩不滿的出口。可是，關閉基地卻無法終結菲律賓的歷史和國際地位，以及杜特蒂所說被當成殖民地的恥辱。沒過多久，菲國政府便要求美國人回來。當時，這是雙贏：美國需要增加在亞洲的據點，而菲國需要援助以對抗伊斯蘭極端分子。九一一恐怖攻擊，重新引發菲國南部延續數世紀的伊斯蘭暴動。美國特種部隊於是介入訓練及蒐集情報，然而此時卻發生中國崛起及入侵黃岩島。這不僅突顯菲國的軍事脆弱，亦暴露菲律賓經濟十分依賴中國，實際上每個東南亞國家都是如此。

自二〇一二年以來，中國便禁止菲律賓水果進口，宣稱它們不符合蟲害防治標準。數千噸的水果被沒收及銷毀。單是香蕉市場一年產值便達六千萬美元，影響工作及家庭生計。而這只是一個產業。中國故意讓菲律賓出口商忐忑不安。一些貨物被放行，一些則被扣押。他們無法確定一批貨能否過關，很顯然中國可以左右菲律賓的發展。菲國必須選擇是要犧牲經濟，抑或接受中國威權、金援，以及可以讓菲律賓成為現代亞洲國家的基礎建設。一方面，這個選擇再明確不過了，因為美國已無法再扮演這種角色。但在另一方面，菲國無法接受宗主國由美國換成中國。菲律賓自十六世紀以來一直受到外國勢力控制，每當它試圖掌握自己的命運，便有人從中做梗。如同菲國參議員洪納山所說，而中國也發現了，一個國家首先需要有強勁的政府與經濟，之後才能談發展。

一八九八年美國速戰速決打敗沒落的西班牙帝國，而在無意間成為菲律賓的宗主國。這場戰爭發生在加勒比海，美國拿下古巴與波多黎各。亦受西班牙統治的菲律賓提出投降書，確立美國成為太平洋強國。美國決定占據古巴，是因為三年多來當地遊擊隊動亂干擾了貿易，尤其是砂糖。其中也有政治壓力的因素，因為西班牙殖民政府的種種暴行。美國迅速戰勝，對古老的歐洲秩序構成重大打擊，而取得菲律賓所有權，亦使得美國意外成為太平洋強權。美西戰爭、干預古巴及拿下菲律賓，象徵著美國展開一項涉及貿易與人權的意識型態使命，而這項使命迄今仍構成美國外交政策的骨幹。

西班牙統治菲律賓達三百多年，由一五二一到一八九八年，美國總統麥金利（William McKinley）當時的想法透露出他的猶豫不決，以及他不知道該如何處置菲律賓。他的結論是他無法為殖民提出辯駁；但他指稱美國國旗在外國飄揚不是為了爭奪更多領土，而是「人道因素」。

「當我知道菲律賓自己送上門來，坦白說我不知道該拿他們怎麼辦。」麥金利在一次雜誌訪談中表示：[10]

> 在一個深夜，我突然想到。其一，我們不能把他們（菲律賓）還給西班牙。那樣太怯懦、不光榮。其二，我們不能把他們交給法國和德國，我們在東方的商業對手。那樣不划算、沒臉子。其三，我們不能任他們自生自滅。他們不適合自治，很快便會陷入無政府及暴政，比西班牙戰爭還要嚴重。其四，我們別無選擇，只能接管他們，教育菲律賓人，提升、教導他們成為基督徒，蒙上帝恩典，我們儘量善待他們，如同基督代為受死的同胞。[11]

值得一書的是，早在小布希總統（George W. Bush）下令攻打伊拉克的一百多年前，其前任者便明白，不論有多麼高尚的道德目的，太快解放一個國家將招徠危險。

麥金利亦面對持續不斷的伊斯蘭教動亂。美國於一八九九年接管時，便與摩洛人（Moro）發生戰鬥，他們驍勇善戰，美國只得請土耳其鄂圖曼帝國（Ottoman）代為談和。可是，頑強的摩洛人甚至不理會強大的鄂圖曼。這場戰爭打了十四年，直到一九一三年。美國死亡人數不及一千人。摩洛人傷亡則較為慘重，因為他們不願意投降。另一場摩洛戰爭從一九七二年持續到一九八六年，在一九七〇年代中期戰事最熾烈時期，八成的菲國軍隊動員投入於對抗三萬多名摩洛戰士。傷亡人數超逾五萬人。

菲國南部的摩洛地區始終沒有真正的和平。除了舊有的摩洛團體數世紀來對抗西班牙人、美國人和他們自己的政府，還有受到中東伊斯蘭國（ISIS）和基地組織（Al Qaeda）鼓動的新團體。二〇一七年，伊斯蘭國資助與支持的團體與菲國部隊戰鬥，攻占南部的馬拉維市（Marawi），由二〇一七年五月到七月，促使杜特蒂總統在該地區宣布戒嚴。

大約五％的菲律賓人，約四百萬人，是穆斯林。大多數居住在民答那峨，當地二千五百萬人有四分之一信奉伊斯蘭教。摩洛伊斯蘭動亂的核心位於蘇祿群島（Sulu），奇特的是，當地與中國有悠久的歷史淵源。第一代國王，巴都葛叭答剌（Paduka Pahala），蘇祿東王，安葬於山東省。十五世紀初葉，巴都葛叭答剌偕王族等三百餘人親自晉見明朝皇帝明成祖朱棣，歸國途中染疾，病故並安葬於山東省德州，景色優美的蘇祿東王墓已成為名勝古蹟。其後代子孫現今被視為回族。

蘇祿群島的主要島嶼有巴西蘭（Basilan）、和樂（Jolo）和塔威塔威（Tawi Tawi），當地激進分子與菲國部隊發生戰鬥，死傷慘重。那裡可說是平民禁入的地區，如同以前敘利亞的拉卡（Raqqa）和伊拉克的摩蘇爾（Mosul），外地人可能遭到綁票及撕票。這個群島延伸到馬來西亞沙巴州和印尼。今日，當地大部分由伊斯蘭國組織阿布沙耶夫（Abu Sayyaf）控制，以執行處決及綁架外國人質而惡名昭彰。

杜特蒂希望中國可以做到西班牙及美國沒做到的事，菲律賓的高鐵、公路和機場等新基建可以振興民答那峨的經濟，好向下一代證明為伊斯蘭教戰鬥並不值得。

二次大戰結束後，美國於一九四六年七月讓菲律賓完全獨立。可是美國仍維持軍事基地，沒多久便發生冷戰。美國維持了勢力，最終支持馬可仕的獨裁統治。直到馬可仕遭到推翻，菲律賓才真正有機會獨立自主，嘗試成為強大的民主國家。

一九八六年初，商人、修女、草根民運人士同心齊力，要終結馬可仕二十一年的統治。在他逃亡到夏威夷，示威民眾突破馬拉坎南宮的圍牆之後，馬可仕貪腐政權的不光彩象徵因而曝光，他的妻子伊美黛有三千雙鞋子和貪汙資金的金庫，而民間則是貧病交加。

菲律賓成為早期現代的民主轉型實驗，如同近年我們時常看到的。不熟悉討價還價和民主程序的妥協，軍方一次又一次發動政變，共黨與伊斯蘭好戰分子則利用權力真空發動新的動亂。西方投下的資金都進了貪瀆的口袋。後來的年間，東南亞的專制政權抬頭，菲律賓則觸礁沉沒。該國二〇一六年的人均所得不到八千美元，僅僅略為領先印度，但遠遠不及中國，後者幾乎是二倍。[12]菲律賓亦遠遠落後許多其他地區。菲國嬰兒夭折率是每千名出生嬰兒便有二十二例死亡，是中國的兩倍，菲律賓人的平均壽命比中國這個專制強國人民少了五年。

由專制轉型到民主的陷阱在於公家機關疲弱、既得利益根深柢固、種族分裂，以及不懂立法制約要如何運作。菲律賓的經驗與埃及、伊拉克、烏克蘭等其他國家相似。如同麥金利總統所害怕的，在馬可仕倒台後，無政府與暴政叢生。

1〈菲律賓領袖對中國發出警告〉，《紐約時報》二〇一四年二月報導。
2〈菲律賓艾奎諾再度比喻中國像納粹德國〉，路透社二〇一五年六月報導。
3〈殺戮時刻：菲律賓總統杜特蒂的掃毒戰爭〉，《時代》雜誌，二〇一六年八月出刊。http://time.com/4462352/rodrigo-duterte-drug-war-drugs-philippines-killing/
4〈菲律賓：杜特蒂證實他親手殺了三個人〉，BBC報導，二〇一六年十二月十六日。http://www.bbc.com/news/world-asia-38337746.
5 杜特蒂總統電視實況記者會，菲律賓納卯市，二〇一六年九月五日。
6〈菲律賓杜特蒂：唯有中國可以幫助我們〉，合眾國際社二〇一六年十月十八日報導。https://www.upi.com/Top_News/World-News/2016/10/18/Philippines-Duterte-Only China-can-help-us/7641476798719/.
7 杜特蒂總統在北京演說，二〇一六年十月二十日。
8〈美國在南海附近可使用的基地〉，《華盛頓郵報》，二〇一六年三月二十一日。
9〈美國在南海附近可使用的基地〉，《華盛頓郵報》，二〇一六年三月二十一日。
10〈麥金利總統訪談〉，《基督徒之聲》（*Christian Advocate*），一九〇三年一月。

11 同上。

12 美國中情局，《世界概況》。

越南漁夫武文饒（Vo Van Giau）被中國海警用槌子痛毆。
（Photo: Poulomi Basu）

本書作者賀斯理（Humphrey Hawksley）在台灣領土東沙島。
（Credit: Simon Smith）

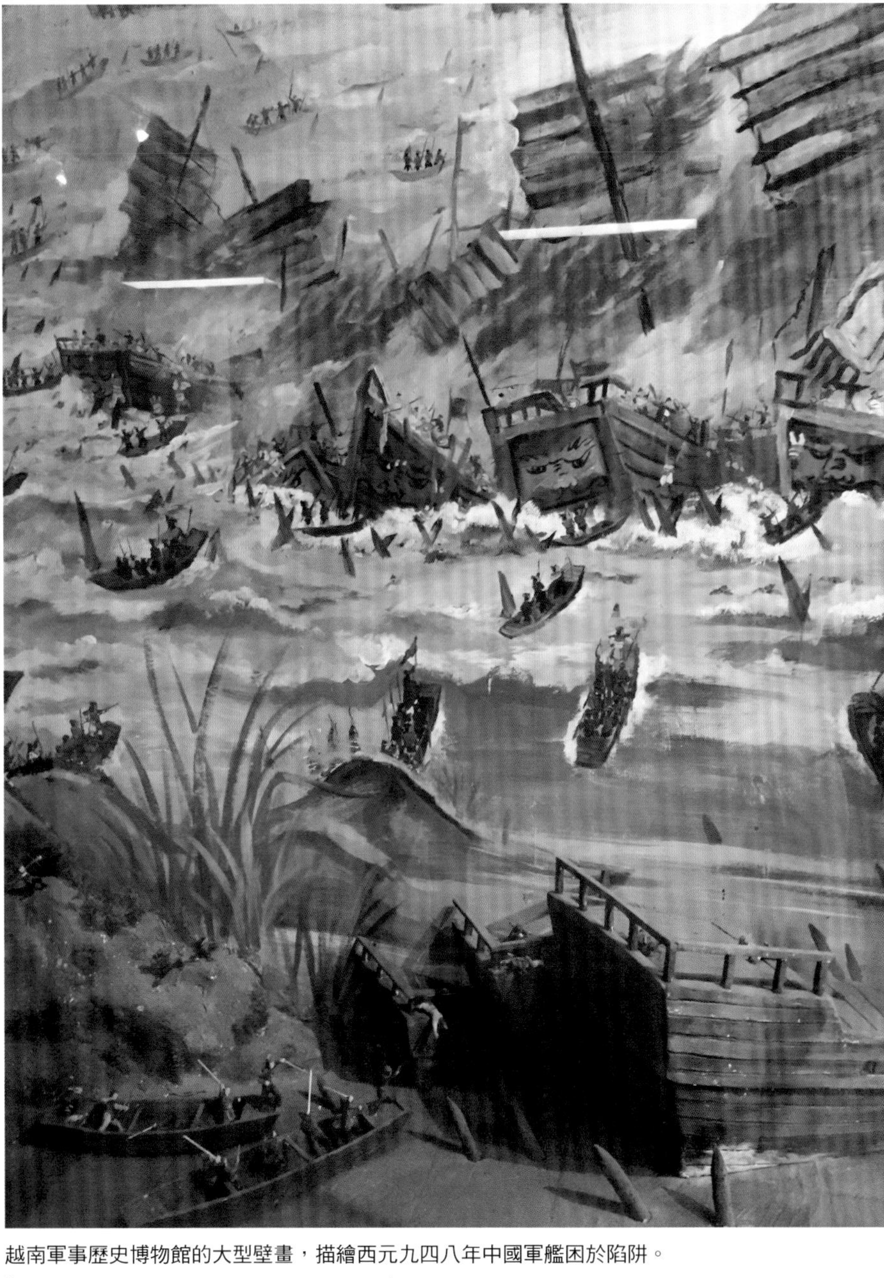

越南軍事歷史博物館的大型壁畫，描繪西元九四八年中國軍艦困於陷阱。
（Photo: Vietnam Military History Museum）

金門島上設置水泥反空降樁，抵禦中國傘兵入侵。
（Photo: Humphrey Hawksley）

本書作者於二〇一三年搭乘台灣軍方運輸機前往東沙島。
（Photo: Humphrey Hawksley）

導遊王文成（Isaac Wang）在一九七八年炮擊停止前，在金門擔任心戰軍官。
（Photo: Isaac Wang）

日軍早年在台灣的東沙島留下的炮台。
（Photo: Humphrey Hawksley）

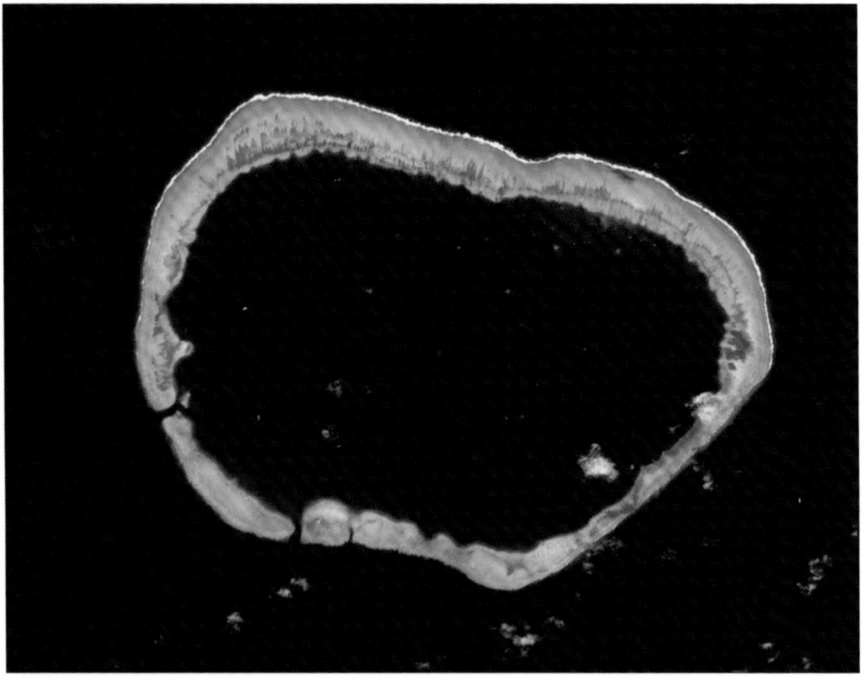

二〇一二年一月，南沙群島美濟礁的衛星影像。
（Credit: CSIS/AMTI/DigitalGlobe）

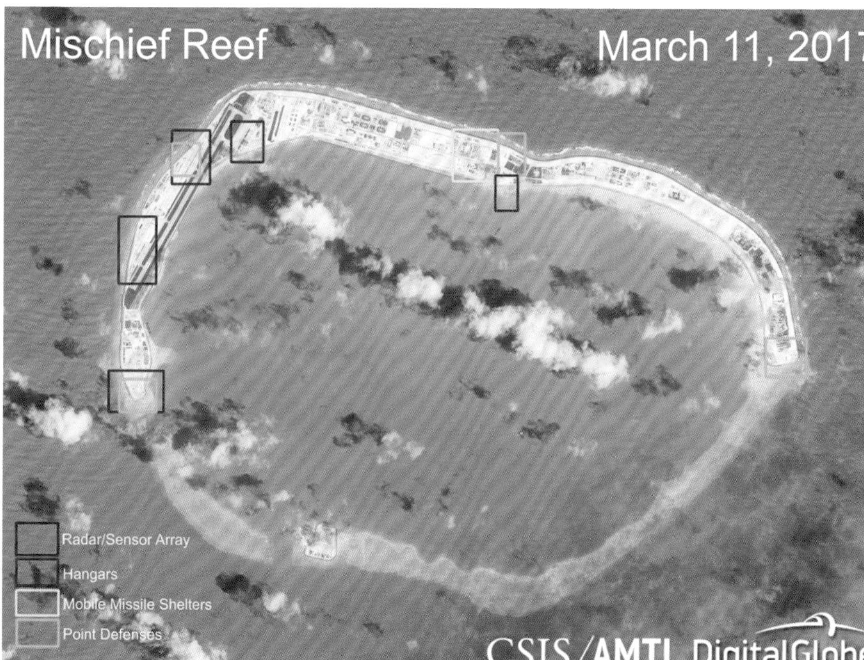

二〇一七年三月，衛星影像呈現中國在南沙群島美濟礁施工。

（Credit: CSIS/AMTI/DigitalGlobe）

二〇一七年六月，中國海軍官員與美國海軍戰爭學院人員會談。
（Credit: USNWC）

第七章
亞洲民主：為什麼我沒有射殺總統

菲國參議員洪納山，現今頗受敬重的政治人物，是菲律賓民主轉型的關鍵人物，在推翻馬可仕總統及之後無數企圖推翻文人政府、改為軍方統治的行動中位居核心。洪納山說明為什麼菲律賓在南海主權爭議面對中國居於劣勢，以及為什麼在開發中國家設立西方民主的多次嘗試均告失敗。

一九八〇年代，三十幾歲的洪納山是菲國軍方最年輕的上校，他是個海報人物，身材高瘦、身手矯健、魅力十足，穿上軍裝像個時裝模特兒，擅長使用武器。他有許多傳聞，特別是一則傳聞說他腰纏一條三呎長的蟒蛇、從飛機上跳傘。他說，不是那樣；其實蛇放在他口袋裡。

馬可仕政權在一九八三年逐漸動搖，當時反對派領袖尼諾伊．艾奎諾在馬尼拉機場步下飛機遭到暗殺，後來這座機場便以他為名。由那時起到一九八六年，洪納山發起「軍中改革運動」（Reform the Armed Forces Movement），加入這個運動的一群年輕軍官被稱為「RAM男孩」。「我們明白，想要改變，就必須跨出軍營，」洪納山向我表示：「去攻擊權力核心，而不是傷害人民，因為馬可仕仍是三軍統帥，所以我們要活捉他，交給人民經由正當法律程序進行審判，這是我們國家將近二十年做不到的事。」

一九八六年二月，馬可仕舉行提前大選，這名過氣獨裁者對上遭暗殺民主英雄的遺孀柯拉蓉。選票差距極為接近而引起紛爭，就在這種艱困的真空時刻，洪納山決定發動軍事行動推翻馬可仕，計畫攻占馬拉坎南宮總統府、主要電台和電視台、軍事基地與機場。但是走露消息，他們被迫放棄計畫，可是民主示威群眾已走上街頭，指責馬可仕操弄選舉結果以把持權力。他們聚集在馬尼拉市區主要幹道桑托斯大道（EDSA），所以後來稱為乙沙人民力量革命。各行各業的人士，在強大的天主教會支持下，擠滿大街小巷。洪納山、一些反叛軍官和馬可仕的國防部長也參加這場大規模遊行，可以見到槍管裡插上鮮花、軍人擁抱修女、士兵，與示威民眾手挽著手的景象，如同二十五年後我們在開羅解放廣場（Tahrir Square）所看到的。

「我們走在人海當中的時候，我最大的恐懼是人們並不了解我們想做的事，」洪納山表示。兵敗如山倒的馬可仕，權力一分一秒遭到削弱，政界、商業和軍隊不斷叛離。他最後向美國尋求支持，但被告知他該下台了。此時，戲劇性的時刻登場，一個軍方直升機的機隊低空飛過馬尼拉，往主要陸軍基地方向前進，讓人搞不清楚駕駛們是要叛變或者展開攻擊。帶頭的飛官卡普南（Red Kapunan）是洪納山的朋友，他後來說明他在電影《現代啟示錄》（*Apocalypse Now*）鍛鍊出直升機編隊技術，這部電影是在菲律賓拍攝。卡普南和同袍駕駛直升機，拍攝了電影中著名的一幕，在攻擊一座越南村莊時，卡普南的駕駛艙響起華格納（Richard Wagner）歌劇的《女武神的騎行》（*Ride of The Valkyries*）。

二月二十日的早晨，街道擠得滿滿的，示威民眾與士兵站在同一邊，馬可仕與柯拉蓉同時舉行典禮各自宣誓擔任總統。馬可仕在馬拉坎南宮舉行，場面冷清，柯拉蓉則是在上流社會專用的豪華菲律賓俱樂部（Club Filipino）舉行。可是，當天還沒結束前，馬可仕便倒台了。晚間十時，一架美軍直升機將總統隨行人員載到克拉克空軍基地，他們在那裡轉搭兩架美軍客機，把他們的親信、家人，和掠奪的財物帶到夏威夷。馬可仕又病又累，必須用擔架運送。示威者突圍闖入總統府，發現伊美黛的三千雙鞋子，後來成為這對夫妻貪贓枉法的象徵。

雖然成為國家英雄，洪納山並不高興。他原本籌畫成立一個軍人政府來進行整肅，並監督在一年後舉行新選舉。但是，要求承諾柯拉蓉宣誓就職及繼續擔任總統的聲浪大到無法忽視。他很憤怒她選在菲律賓俱樂部舉行宣誓儀式，而不是一般人可以進入的地點。

「柯拉蓉沒有出現在桑托斯大道，」他說：「如果她有跟我們在一起，情況或許就會不同，但是她並沒有代表我們需要的改變。其他人決定追隨柯拉蓉，這對我們造成了問題。我們以為全國情緒、不滿的程度、要求真正的改變，將持續下去。相反的，大家都回家去了。」

「可是你沒有給新總統太長的時間，對吧？」我問他：「她犯下什麼滔天大罪？」

「我們期待整個體系改善。」

「當然，可是這無法在幾個月內實現。」

「她釋放了許多被拘留的政治人士，其中很多人又回去搞武裝叛變。她動個筆就簽字了，卻不了解我們士兵將付出性命的代價。我們死了數千人。就像阿拉伯之春。你除掉獨裁者。鐘擺由一端盪到另一端，你製造出更多問題，而不是解決問題。」

幾個月內，洪納山便策畫推翻沒有從政經驗的新總統柯拉蓉。他訓練一支三十人的特種部隊，去進行另一次馬拉坎南宮攻擊行動，新總統住在裡頭。他們在一九八七年八月二十八日行動，當時我和同事在不遠處雷梅迪奧斯圓環（Remedios Circle）波西米亞風格的亞德里雅海餐廳（Café Adriatico）喝酒。

我們趕往馬拉坎南宮，跟在一輛裝甲車後面，一枚迫擊炮或火箭推進手榴彈在前方幾數碼處爆破，裝甲車便緊急剎車。煙霧消散後，我們的車燈照到一個賣香菸的年輕男人陳屍在街上，幾乎斷成兩截，腸破肚流。這輛裝甲車是主流軍方的。所以是洪納山的手下殺了這個香菸小販。雙方小型交火，我們則在一旁觀望。等到增援的火力趕到，洪納山的行動已岌岌可危。

此時，洪納山以武力強行進入馬拉坎南宮，前進到柯拉蓉臥室外的走廊。整個總統府已被她的部隊包圍，他明白想要綁架她的話，將使局面變得難以預測。

「我看著柯拉蓉的臥室，」他說：「我們不怕死，可是我們不想做我們該做的事。也就是殺死自己的同袍。如果我繼續攻擊，我們就必須一路殺出去，而她可能會死。」

「但是你不想殺死她？」

「天啊，不。我不想傷害她。如果我們真的這麼做了，絕對無法承受國際社會的輿論。於是我們撤退到阿奎納多軍營（Camp Aguinaldo）。」

「你何時知道自己失敗了？」

「沒有失敗，而是錯失時機了。政變的時間拖得越久，優勢便會轉移到對方。」

他的談話有一些矛盾和細節上的出入，但那是三十年前的事了，而且洪納山的故事重點並無錯誤。他是個嚐過權力滋味的年輕軍人，對於之後的發展毫無準備。

「你的目的是什麼？」我說：「你想要當總統嗎？」

「不。不。完全沒有。」

「那麼是什麼？是因為你不了解突然獲得的民主空間嗎？」

「沒錯。在獨裁統治之後重建國家需要耐心。全世界各地都有這種證據。我只是一個軍人。我沒有經驗。」

洪納山潛逃被捕，在企圖逃跑時，他被有刺鐵絲網割斷左手無名指，後來被囚禁在馬尼拉灣一艘舊船上，但在這段期間仍不斷製造軍中更多不安。他在一九八九年策動第三次政變，軍方控制了馬尼拉國際機場、數座空軍基地和馬卡蒂（Makati）金融區的數棟高級公寓大樓。情勢極為危急，美國於是派遣戰鬥機到馬尼拉，指示他們在必要時迎戰叛軍飛機。同樣的，主要的傷亡是在街上被兩軍交火波及的香菸小販。

「無辜的人喪命，」我問：「你感到後悔嗎？」

他的臉上布滿警戒的神色。「我願意站到行刑隊前，只要他們叫造成性命傷亡的人負起責任——」他一口氣講出被叛亂者殺死的平民與軍人。

「不，」我打斷他的話：「我們就事論事。你是否後悔自己策動的政變造成人們死亡？」

「我們來看人數：一九八七年一百五十人。一九八九年大約三百人。」

「你後悔嗎？」

「不後悔，但始終謹記在心。」

他變得僵硬，兩手張開撐在桌上，斷掉的手指在油亮的木頭上十分醒目，此時我看見他右手虎口下方一個小小的褪色刺青。那是一個褪色的組織圖案，該組織代表菲國的個性，並且說明為何巔峰時期的馬可仕，與現在的杜特蒂總統如此受到民眾歡迎。

那是支持軍方的右翼組織「守護者兄弟會」（Guardian Brotherhood）的標誌，該團體在一九七六年穆斯林與共黨叛亂最嚴重時設立。創立者是一群士官，他們想要彼此守護。洪納山當時便加入了，此後會員增加至數百萬人，如今以草根服務為主，在村莊及貧民區工作，確保居民獲得基本服務。洪納山是全國主席，另一位知名會員是杜特蒂總統，他的右手虎口下方也有一個相同的刺青。

「守護者在我逃亡時幫了我很多忙。他們把我藏起來，庇護我。沒有他們，我不可能逃亡那麼久。它可能成為一股政治力量，但尚未發揮全部潛能。」

洪納山的逃亡生涯在一九九二年結束，柯拉蓉的繼任者羅慕斯特赦他，交換條件是他承諾不再煽動軍方叛變。柯拉蓉遭遇至少七次政變，羅慕斯則一次也沒有。三年後，洪納山依然人氣不墜，競選參議員，如今是同為守護者兄弟會成員杜特蒂總統的忠誠擁護者。「他有明確的方向感，」洪納山表示：「這是以前沒有看到的。每次發生了一個問題，就有一大堆專家講個沒完沒了。他們什麼人都講，就是不講那些被殺的人，和那些財產性命都被奪走的平民。你不能找個窩囊廢當領袖。你需要一個人們畏懼更甚於愛戴的人。」

美國川普競選、歐洲的暴動示威、英國脫離歐盟、莫迪在印度擴張職權，以及艾爾段（Recep Tayyip Erdogan）在土耳其的鐵腕統治都是類似的情形，專家受到唾棄，「民粹主義」（populism）占上風。

「民粹領袖宣稱他們代表人民，試圖削弱或摧毀立法、司法等機構，還有媒體，」柯根（Jeff D. Colgan）及基歐漢（Robert O. Keohane）二〇一七年在《外交政策》雜誌的文章〈自由秩序受到操弄〉表示：「民粹主義不是某種特定經濟分配的主張，而是對於強大領導人的信仰、憎惡主權與強大機構受到限制。當然，這類機構正是自由秩序的主要特色。」[1]

因此，民主機構越是脆弱，民粹主義構成的挑戰便越強烈，菲律賓在面對中國時也因而更加無力。

*

對許多菲律賓軍方高階軍官來說，杜特蒂及洪納山是英雄楷模。「我們還不是完全民主，」副參謀長莫利納（Guillermo A. Molina Jr.）少將在主要軍事基地阿奎納多軍營接受我的訪問時表示：「強人在這裡仍具吸引力。那種領袖是我們要尋找的。我們不是泰國，可是我們的軍隊具有安定感及可預測性，就我們的紀律與組織而言，我們給人民的印象是，我們是祖國的防衛者。在不確定的時候，軍方成為中流砥柱。」

以中國來看，杜特蒂轄下的菲律賓人可能會改變心意。於是，中國首先攻擊其漁民及經濟杯葛，給菲律賓一個教訓，然後再跟他們交朋友。選民決定讓專制強人執政，對北京可說正中下懷。在這次歷史的突然轉變，投票箱產生了完全符合反民主政府利益的政府型態。

如同數個東南亞國家的武力，菲國軍方向來是在對付內亂，而不是外敵。杜特蒂現在把這種傳統正式化，下令軍隊保護基礎建設不受「國家敵人」破壞，主要是伊斯蘭與共黨激進分子。菲律賓共產黨的新人民軍（NPA）大約有三千名士兵，以前是冷戰時期的民間叛亂組織，是馬克思主義橫掃全世界造成令人畏懼的骨牌效應之一，他們與祕魯的共產黨光明之路（Shining Path），以及卡斯楚（Fidel Castro）時代的古巴具有相同的理念，以及由莫斯科散播到全球的教條。但是那座燈塔早已熄滅。伊斯蘭教叛亂會停火一段時間後又再開火，可是共黨叛亂一直沒有停止，而且時常攻擊警方、軍方和政府官員。

杜特蒂招徠中國投資，希望高鐵與公路可以提振菲國南部的就業與市容，以阻止叛亂。軍方的工作是確保大型計畫、港口、機場、電信、光纖電纜等，在興建時不致遭到破壞。「我們必須成為經濟的先鋒，」莫利納將軍說明：「為了讓我們國家強大，必須要有和平。在上一任政府，我們的重要基建遭到炸毀，事後才派出部隊。現在，保護這些建設是我們的職責之一。」

莫利納形象幹練，穿著深藍色軍裝，短袖上衣別滿了勳章。他的早期軍旅生涯都在對抗民答那峨的摩洛人好戰分子。在阿奎納多軍營，他在桌上攤開地圖與書籍，解說菲律賓所受的威脅。莫利納認為，保護基建的任務是可以達成的，可是對抗中國威脅則是必輸無疑。「現今的海上情勢不允許部署軍隊。菲律賓海巡隊負責這方面，」他用表情暗示他明白其中的反諷。軍方去應付國內的威脅，平民的海巡隊則肩負阻擋核子海上強權的任務，而美國可是派出航母去對付的。

洪納山的參院委員會正在檢討菲律賓所有的多邊及雙邊協議，決定何者可行，何者不可行。「你必須明確界定國家利益，」他說：「現今，我們明白我們無法承受跟中國做對。那是我們必須接受的事實。」

但在同時，菲律賓可以承受拋棄自一八九九年以來亦敵亦友的美國嗎？杜特蒂在北京做出那種宣示後，美國官員強調美菲關係並沒有改變，一切維持現狀。可是菲律賓明白，隨著南海爭議越來越對立，它不能跟美國走得太近，部分原因是中國的反應，部分原因是冷戰的記憶提醒它必須維持自己的獨立尊嚴。

「我們習慣了把自己當成是美國的小黑兄弟，」杜特蒂的第一任外交部長雅賽（Perfecto Yasay）在馬尼拉向我表示：「那對我們不好。我們不斷順從及依賴美國。」

雅賽後來因為他的菲美雙重國籍問題而下台，他指出美國一直向菲律賓施壓，要在巡邏南海採取更加主動的角色，與美國海軍執行聯合巡邏。「我們不認為那樣符合我們的國家利益，基於現實情況，」他解釋：「聯合巡邏是出於以往害怕中國構成威脅，我們不喜歡那樣，因為那是在挑釁。」

「那麼，美國對中國的態度是一項助力或阻力？」我詢問。

「是一項阻力。美國的國際政策試圖把我們捲入他們跟中國的每一項爭吵。我們不值得為了一個漁場島礁，而拿本國經濟去冒險。如果美國認為中國的侵略必須加以阻止，才能保護那些水域的貿易，他們自己去維護他們的國際利益就好了。那是他們的問題。他們必須自己跟中國解決爭端，而不是找菲律賓這種追求其他國家利益的國家。」

跟中國友好的政府在馬辛洛克這個漁村展現成果。漁民又開始出海，馬辛洛克漁業協會小心翼翼地研究中國提議收購村民全部的漁獲。協會主席是奎瑞斯馬（Leonard Cuaresma），五十一歲，瘦小，戴著眼鏡，他被招待去中國親眼見證現代漁業。他的住家位在一條繁忙的小街道，他在家裡向我展示他參訪單位的精美小冊子，包括一艘漁業研究船和一個海上科學中心。他家的客廳沒什麼裝潢，整齊，稱不上富裕或豪華，牆上掛著洛杉磯、自由女神和其他美國地標的相框。為了賺外快，他在窗外的水泥地擺了一個撞球台出租，生意很好。奎瑞斯馬說他很少自己出海，因為他的船在惡劣天氣時損壞，而他買不起別的船。錢永遠不夠用。他的兒子打破數代的傳統，放棄捕魚，改行當機車技工。奎瑞斯馬講著自己的故事，一邊懷疑他應該接受中國的提議嗎？「他們說他們要跟菲律賓人做好朋友，可是他們還想從我們這裡得到什麼？」他問：「他們會趁機建造更多漁場來破壞我們的環境嗎？」

我指著牆上經典美國相框。「未來五或十年，你可能在牆上改掛天安門廣場或毛澤東的相框嗎？」我問。

奎瑞斯馬笑一笑，探身拿出一個他在北京獲贈的紫禁城及天安門模型。「我有這個，」他說：「可是我還沒有把它擺出來。我比較喜歡美國的。」

菲律賓和越南現在是中國在南海的主要對手，但在二〇〇四年，他們和中國擬定了一項計畫，共同進行海上探勘油氣。其主要策畫者，前菲國眾議院議長戴維尼希亞（Jose de Venecia Jr.）說明，三方政府均同意該計畫，卻遭到菲國國會反對。「那就是菲式民主的問題，」戴維尼希亞向我表示：「有太多既得利益在爭食大餅。」

戴維尼希亞在杜特蒂訪問北京時重新提出這項計畫，因為它對中國大有好處。與菲國和越南簽約，便可以拉攏兩大勁敵。在那之後，便可以跟另外兩個宣稱主權國：汶萊和馬來西亞，組成二線集團。中國的大型能源公司，中國海洋石油（CNOO），將獲得該計畫的優先權。「指定一家中國業者及鑽探公司加入跨國集團，亦很合理，」戴維尼希亞在寫給杜特蒂的私人信中表示：「如果發現油氣，最鄰近的買家將是附近的中國煉油廠，可確保該集團最大獲利，同時促進中國的善意。」

亞太地區的油氣數量遠不及拉丁美洲及中東，各方對南海蘊藏量的估計差異頗大。中國的估計偏高，預期達一千二百五十億桶石油及五百兆立方呎天然氣。[2]美國能源資訊署的估計低很多，約為一百一十億桶石油，以沙烏地阿拉伯的二千六百八十億桶及伊拉克的一千四百億桶來看，這種蘊藏量並不算多。[3]天然氣蘊藏量也不大，估計為一百九十兆立方呎，只夠供給中國三十年，實際上在海床可以挖掘到多少也不確定。相較之下，俄羅斯的蘊藏量估計為一六八八兆立方呎，卡達為八百九十兆立方呎。最重要的，也是問題所在的，在爭端最烈的南沙與西沙群島，證實的蘊藏量少之又少，黃岩島也只探測到少量而已。

「總結來說，南海的開採潛力或許相當有限，」美國智庫「國家亞洲研究局」（The National Bureau of Asian Research）能源安全計畫主任賀柏格（Mikkal Herberg）寫道：「然而，中方做出的估計比美國地質調查局高出許多，這顯示中國有很高的意願要建立主權與管轄權。」[4]

正是基於這點，中國在南海西面向越南展現其力量，後者並不像菲律賓經歷民主陣痛。在對抗世界強權的戰爭中，越南證明自己是不好惹的國家。然而，這不代表可以在南海爭端抗衡中國。

---

1 柯根（Jeff D. Colgan）及基歐漢（Robert O. Keohane），〈自由秩序受到操弄〉，《外交政策》雜誌，二〇一七年四月十七日。https://www.foreignaffairs.com/articles/world/2017-04-17/liberal-order-rigged.

2 賀柏格（Mikkal Herberg），〈為什麼南海的石油多過你的預期〉，《富比世》雜誌，二〇一六年五月二十二日，https://www.forbes.com/sites/timdaiss/2016/05/22/why-the-south-china-sea-hasmore-oil-than-you-think/.

3〈能源在南海爭端的角色〉，海上意識計畫（Maritime Awareness Project），二〇一六年六月二十八日，http://maritimeawarenessproject.org/wpcontent/uploads/2016/07/analysis_herberg_062816.pdf, 2.

4 同上。

第八章

越南：我們可不是好惹的

越南是一塊狹長的陸地，像一只手套包裹著南海西面的東南亞陸地板塊。二〇一四年五月，中國跟越南畫清界線，如同兩年前與菲律賓人在黃岩島的爭端。

中越兩國的陸地邊境長達八百英里，一九七九年曾打過邊境戰爭，敵對歷史可回溯至數世紀。由西元前一一一年到西元九三八年，中國統治越南，後代子孫始終無法忘懷。越南自一九三〇年起由越南共產黨統治，建國領導人是胡志明。連同切．格瓦拉（Che Guevara）及毛澤東，胡志明成為一九六〇年代橫掃西方的左派反戰及熱愛自由民粹主義的招牌人物。和中國一樣，越南是一黨專政國家，壓迫自由言論、囚禁異議人士及把持權力，同時接受西方資本主義模式以開發本國。該國人口約一億，人均所得只有六千四百美元，遠不如中國，甚至比菲律賓還少。越南發達的速度慢很多，因為花了半個世紀打仗，之後二十年又被美國與國際社會孤立。

中國開始南沙群島的島礁建設之後不久，便開始畫下記號。中國鎖定西沙群島以西及以南五百海浬的水域，而越南宣稱屬於其二百海浬專屬經濟海域。中國反駁這片海域在其九段線之內。中國海洋石油公司引進一個九千平方公尺的巨大鑽井平台，重達三萬六千噸的「海洋石油九八一」，並且開始探勘石油。若菲國參議院通過中、菲、越協議，這家公司並將取得優先權。雙方在海上爆發公開衝突，牽涉雙方數十艘船隻的漁民與海警，一艘越南船隻並遭擊沉。該鑽井平台之後便離開那片水域，因為中國表示已成功完成任務。不管發掘到多少石油蘊藏量，都跟中越關係破裂沒有多大關係，中國刻意發動敵意挑戰將雙邊關係推升到不同層級。

事情並沒有就此結束。二〇一七年七月，西班牙石油探勘公司睿爍（Repsol）原本與越南簽有合約，卻在證實探勘到一座大型天然氣田之後數日，被突然告知停止鑽油。睿爍主管表示，如果該公司不撤出的話，中國揚言要攻擊越南在南沙群島的一座基地。

中國或許更大、更富裕，也更有力，可是越南具有頑強的戰士特色，之前已多次發揮出來，不僅對抗中國，還對抗法國與美國。越南是唯一跟這三個聯合國安理會常任理事國打過野戰，而且戰勝的國家。在所有東南亞國家中，越南向來把國家尊嚴置於經濟之上。它不是柬埔寨、寮國、泰國，甚或菲律賓。中國越線去招惹這個古老的敵人。北京官員表示，他們遇到越南時就備感壓力，因為在東南亞當中，越南向來是「最難教的國家」。[1]

在越南國內，政府鼓動反中示威燒毀建築物、破壞工廠，直到後來暴動失控，變成抗議越南一黨專政的壓迫。三百家企業與工廠受到攻擊，但其中只有二十多家是中國的。大多是日商、韓商及泰商，顯示民眾壓抑的怒氣。這場衝突亦暴露出一個現代事實：中國如今是個全球強國，對鄰國越南嚴密監視。越南在西沙群島進行大膽的反抗，但卻失敗了。經費短缺之下，越南海巡隊和軍方根本比不上中國。因此，越南必須講和，學乖一點。越南於是向曾經用直升機機關槍恫嚇其人民，並用燒夷彈燒毀村莊和鄉下的國家求援。美國也需要越南的協助。在鑽井平台衝突事件的一年後，美國取消長達十年的武器禁運。美國提供越南一筆一千八百萬美元貸款，購買六艘四十五英尺的美製海巡船。另外還有F—十六戰鬥機、P—三C獵戶座海上巡邏機，以及英國、法國、印度與日本等其他政府的軍火。中國在石油探勘展示武力，直接導致反中的傾西方聯盟團結起來。

就越南的政府體系而言，這個聯盟無關意識型態，越南並且再度捲入糾纏不清的國際外交之中。在一九七〇與八〇年代，越南曾是全世界最封閉的國家。遊客們講起「進入」河內時，就好像講起北韓的平壤一樣，而不是我們說「前往」倫敦或華盛頓那樣。他們需要介紹信、簽證、現金和預訂航班。越南受到嚴厲制裁之故，班機使用的是老舊蘇聯飛機。街道上幾乎沒有車輛。我們新聞記者只能去還劍湖（Hoan Kiem Lake）附近一個瀰漫潮濕、腐朽木頭，和消毒水味道的市區郵局，用電報傳送新聞報導。我們經常在一個破舊大宅院非法經營的家庭餐廳吃晚飯，菜色是鰻魚湯配法國長棍麵包，配著黑市裡買到的難喝保加利亞紅酒大口嚥下去。那個家庭的女兒會在走調的立式鋼琴彈奏蕭邦及德布西，兒子則在窗口把風。

因為戰爭打敗美國，越南受到國際制裁。歸還美軍遺體的問題一直沒有解決，這個情況可能永遠無解。雙方僵持點在於美國要求使用直升機搜查鄉村。「我們怎麼可能那麼做？」一名高級外交部官員向我表示：「我們的人民如果又再看到美國直升機飛過他們村莊時，你可以想像他們的創傷嗎？」

令人費解的是，越南受到制裁的另一項是因為終結鄰國柬埔寨赤柬（Khmer Rouge）政權進行的種族大屠殺，這個悲劇因為一九八四年的電影《殺戮戰場》（*The Killing Fields*）而聞名於世。與越共鬆散結盟的赤柬，於一九七五年四月占據柬埔寨首都金邊，就在西貢失守之前三星期。越共雖然嚴苛但守紀律，而善變的領導人波布（Pol Pot）所控制的赤柬，卻展開大屠殺。當時柬埔寨的人口有七百五十萬，隨後數年間全國四分之一人口慘遭殺害。第一批肅清對象是「知識分子」，像是教師及律師。等這群人都被掃除之後，波布便鎖定高棉族以外的所有人，包括寮國人、泰國人和越南人。之後，為了追殺更多人，他下令緝捕國內的叛亂者，「披著柬埔寨人皮的越南人」，把一切怪罪在別人身上的統治者典型。赤柬部隊攻擊越南邊境的村莊，最終促使越南入侵。一九七八年十二月二十五日，越南十五萬部隊攻入柬埔寨，兩周後便終結種族大屠殺，並拿下金邊。

中國支持赤柬，在柬埔寨失守不到六周，中國便攻打越南，展開懲戒任務，如同十七年前的印度，中國認為越南必須受到教訓。但是，這回中國失算了。

*

越南陸軍數世代以來都在打仗。驍勇善戰的他們，身體裡有著戰鬥的基因。中國上一次跨邊境軍事行動是在韓國，而且是在二十五年以前；越南的猛烈抵抗是中國始料未及的。越南的優勢包括坑道網絡、游擊戰的豐富經驗，以及四年前在南越戰勝所接收的美國現代設備。中國部隊後來確實奪下連串省市，但是傷亡重大，並且時常發生短兵相接的巷戰。及至一九七九年三月六日，中國再也受不了了，便宣布已達成目標。西方軍事分析家立刻指出，越南把中國打到鼻青臉腫。

這場小型戰爭亦反映出中國與蘇聯之間的對立。中國堅信越南對東埔寨的行動是蘇聯想要控制東南亞的計畫一環，中國利益將被犧牲。蘇聯確實有把衛星與訊息情報告知越南，用以攻擊中國的據點。那一年稍後，蘇聯與越南簽署金蘭灣（Cam Ranh Bay）海軍基地二十五年租約，讓蘇聯在冷戰時期取得亞太新的戰略優勢。

一九七九年中越戰爭之後的情勢說明，全球秩序變得極為失衡，類似中東與北非衝突的情況以及那些地區人們所受的波及。非但沒有因為終結赤柬種族大屠殺而受到稱讚，越南反而遭到排擠。儘管暴行被指證歷歷，赤柬仍保有聯合國會員席位，越南於是受到進一步制裁。這就好比柏林於一九四五年淪陷以後，納粹仍被認同為德國合法政府，並獲得國際社會同意管理德國大部分地區一樣。那些柬埔寨大屠殺的主謀者在聯合國紐約總部的走廊昂首闊步，受到外交界的保護，在最高級餐廳享用美食，玩冷戰牌的美國政客對他們大獻殷勤。

其中一人是眾議院外交委員會亞太小組主席索拉茲（Stephen J. Solarz）。他主張運送軍火給企圖推翻越南控制的柬埔寨政權的叛亂團體。索拉茲強調赤柬不會拿到武器，可是敘利亞的情況值得引以為鑑，因此西方裝備及訓練當地叛亂團體，但這些團體互相併吞，後來根本分不清是敵是友。

索拉茲的目標是想在柬埔寨成立一個叛亂團體聯盟，趕走越南人和軍事強人洪森，後者原是赤柬軍人後來投誠越南。英國首相柴契爾（Margaret Thatcher）夫人便是支持這種論調的世界領袖之一。「我們首先需要做的是趕走越南人，」她在一個英國電視節目上表示：「大多數人都同意波布不可以回去……大家對這點很有共識。但一部分的赤柬並不一樣。赤柬可分為兩派。一派支持波布，一派則比較有理性。」當訪問者追問她這點時，柴契爾夫人表示：「消息人士跟我保證這點。因此，赤柬內部較為理性的一派將參與未來的政府。」[2]

差不多那個時期，我採訪了柬越邊境的一個村莊。河良（Neak Leung）在一九七三年舉世聞名，當時一架美軍轟炸機誤炸該地，造成一百三十人死亡，大約二百五十人受傷。那是烽火連天的一場悲戰，但是卻促使大多數柬埔寨人倒向支持反美的赤柬激進分子。

在茅草屋頂的竹棚內，村民們回憶說轟炸粉碎他們平和的生活，整個村子起火，道路滿布火坑，好像地震一般。他們用原本運載米袋的木板車把傷者送到臨時醫院。許多村民都被赤柬殺掉了。一名老婦人談起赤柬衝進屋內，把她還在襁褓中的小孫女扔到半空中，用刺刀刺穿她幼小的身軀。這種屠殺行徑在金邊的波布罪惡館（Tuol Sleng Genocide Museum）展示出來，該地以前是赤柬監獄，死了許多人。如同納粹的集中營，赤柬鉅細靡遺地記載著被殺的人及其死法。

美國及赤柬都給河良造成難以言喻的苦難，而越南則帶給他們和平。雖然算不上完美，可是就像馬辛洛克的漁民歐森，村民們現在可以恢復原先的生活。他們在講述自己的故事時並不流露情緒，眼神無動於衷，彷彿這種殘害是他們生活的一部分。但是，當我詢問他們是否聽說過索拉茲議員，他們的臉色就變了。他們沒有聽說過。我解釋說，索拉茲是一名美國政客，想要提供資金與武器給赤柬和其他叛亂團體。我的傳譯複述我的話之際，村民的臉色凝重。一名女性失聲大叫，然後用手捂住嘴。許多人低頭望著潮濕的地面，雙手顫抖。

「為什麼？」一個人問。

「為了推翻洪森政府，」我說。

「為什麼？」好幾個人異口同聲地說。

我無法解釋。這是一個小村子。每個人都有親朋好友死在赤柬或美國人手中。他們覺得，提供更多武器及戰爭這件事令人無法理解，而且極為令人心痛。

不久之後，我開車到中越邊境，亦即一九七九年中國坦克車開過來的地方。這個邊境是正式關閉的。這裡不時仍會有越境的炮擊，大多是中方打過來的。可是，那一天當地成為巨大的邊境市集，人來人往，賣腳踏車、電扇、機車、鍋子和畜牲的小販，還有成綑的鈔票。來的是中國人、越南人或火星人並不重要，只要可以做買賣就好。有個人架起一套音響，播放著歐洲「波尼M」合唱團（Boney M.）的專輯。在《拉斯普丁》（*Rasputin*）及《巴比倫河》（*Rivers Of Babylon*）的旋律中，幾百個人數著錢做生意——在遙遠首都政客們的世界觀，與人們真正想要的生活完全脫勾。

＊

越南軍事歷史博物館（Vietnam Military History Museum）是一棟宏偉的法國殖民建築，泛黃的牆壁，剝落的木頭百葉窗在陽光下打開著。入口處擺著一架沒收的美軍休伊（Huey）直升機和一輛撞毀的裝甲車，做為勝利的象徵。博物館本身便是說明越南如何對付敵人的微妙指標。

門廳裡有一幅大型壁畫，描繪著越南在遙遠的過去屢次戰勝中國。其中一幅畫是巨大木樁被巧妙地插入海床上，漲潮時中國軍艦接近越南海岸，木樁暗藏在水面下。等到退潮時，中國船隻像是被困在木籠裡，越南人便殺進船上。那是在西元九四八年。其他壁畫描繪一〇七七年及一四二七年的戰爭，一萬明朝大軍遭到越南殲滅。

可是，壁畫沒有提及二十世紀的戰爭：一九五六年丟掉一半的西沙群島，一九七四年又丟掉另一半；一九八八年失去赤瓜礁；一九七九年的邊境戰爭以及持續到一九八七年的炮擊。這就好比英國皇家戰爭博物館遺忘了德國，或者美國忘記了五角大廈附近的硫磺島戰役紀念碑。而且這裡的展示跟我在一九八〇年代所看到的很不一樣，當年入口處陳列三部軍事裝甲車，三輛疊在一起，法國的在最下面，美國中間，中國的最上面，紅星在車身側面清晰可見。那些車都移走了。現在，前庭完全看不到中國被越南打敗的跡象，這是越南用亞洲的細微方式來表達自己已接受中國在亞洲的地位，而且不打擊中國的尊嚴。

展覽集中在法國和美國，他們是遙遠的西方強權，在今日的亞洲局勢已不甚相關：一九六八年南越發動春節攻勢（Tet Offensive），一九七五年四月占領西貢，越南人躲避美國轟炸的複雜坑道。

館內有模型和地圖展示，傳奇將領武元甲（Vo Nguyen Giap）指揮在越南西北部奠邊府（Dien Bien Phu）丘陵地形包圍法國駐軍的戰術。憑藉他領導抗日作戰的經驗，武元甲策畫並擊退法國在亞洲的殖民勢力。一九九〇年代我在河內採訪武元甲，他剛過八十大壽。他在一張大型海圖桌上攤開戰區地圖，低聲說著，陷入沉思，彷彿他又在策畫戰鬥。「我在想著要怎樣才能做得更好，」他說。

武元甲在叢林地形搬運重機槍，並挖掘坑道來藏匿，監視法軍陣地。靠著游擊戰和壕溝戰，武元甲率領部隊前進。死傷慘重，但他們不斷推進，利用高射炮擊落補給部隊的法軍飛機。戰事延續兩個多月，法國在一九五四年五月投降，造成巴黎政府改組，越南宣布獨立，法國並且由印尼撤出。

法國戰敗之際，日內瓦正在舉行國際停戰會議，討論朝鮮半島的命運。越南在會議尾聲進行附加討論，美國堅決要阻止共產主義控制整個國家。會中同意越南沿著北緯十七度線分割，河內成為北越首都，西貢則成為南越首都。兩年後，即一九五六年，預定舉行選舉，但是到了那個時候，美國又指示南越取消選舉。艾森豪總統相信，胡志明將大獲全勝，將共產主義散布到泰國、印尼各地。這項決定導致南越叛亂，一九五九年越共游擊隊殺死最初的兩名美軍顧問。經歷十四年及五萬八千名美國人死亡，美國被迫撤出西貢。

這是二十一世紀初期情勢的一個較早案例，說明民主選舉產生的贏家並不符合西方利益，例如二〇一二年埃及的穆斯林兄弟會（Muslim Brotherhood），以及二〇一〇年親俄的烏克蘭總統亞努科維奇（Viktor Yanukovych）。這些領導人不是因為選舉而下台，而是被西方支持的街頭示威下台。

越南一九五六年的不安，讓中國有機可趁，而在南海採取第一步行動。中國占據西沙群島東部的宣德群島。雙方並未發生戰鬥，可是南越派遣部隊到西部的永樂群島，中國於一九七四年一月以武力爭奪過來。但是，在博物館的展示中並未提到西沙群島。這些失敗的軍事行動從越南歷史被一筆勾銷。

館內的主要展示品之一是一封紙角捲起、褪色的電報，那是一九七五年四月初河內發給戰場上的越南將領，指示他們「迅速」行動，「不能浪費一分一秒」要拿下西貢。他們確實照辦了。四月三十日，越南坦克車開進南越首都，美國遭受冷戰最大失敗。和我一起瀏覽展示品的美國越戰退伍軍人搖搖頭，問說這是怎麼一回事。

「我們叫這些傢伙是怪物、殺人犯，」一位名叫麥可的人跟我攀談：「可是他們是軍人，跟我一樣，被北越政府徵召入伍，聽命行事。我現在知道查理在想什麼（Charlie，譯注：美軍稱越共為查理）。可是我搞不懂這些伊斯蘭組織在想什麼，在鏡頭前處決人，炸死婦孺。」

「當年你了解越共嗎？」我問。

「我毫無頭緒。他們是邪惡的恐怖分子，我只知道這點。現在他們成了我的哥兒們。」

西貢淪陷的展示之後，便沒有任何有關一九七〇年代後期歷時十年，直到一九八八年越共部隊撤出的柬埔寨戰爭，或者是一九七九年的短暫邊境戰爭。

越南人稱對抗法國的戰爭為「殖民戰爭」（Colonial War）。美國人則稱之為「必要戰爭」（Necessary War）。但在柬埔寨及中國，至少在博物館裡，從來不曾發生過現代戰爭。「我們沒有這類的展示，」一名年輕的導覽人員丁氏芳（Dinh Thi Phuong，譯音）表示：「我們不想再有任何戰爭了。不過，我們還是保留一間空展覽室，以防萬一。」

然而，衝突是家常便飯，例如南海的西沙群島便曾爆發危險的武力衝突，越南漁工受到中國海警及海上民兵攻擊，一如菲律賓漁民歐森在黃岩島的情況。

＊

在越南理山（Ly Son）縣長辦公室，我打開一張東南亞地圖，請他畫出九段線。理山由南海的三個島組成，距離越南本土約二十海浬，是許多漁民前往西沙群島的基地營。阮成裕（Tran Ngoc Nguyen，譯音）是個幹練的男人，四十多歲，休閒地穿著黑白條紋襯衫，工作辦公室有一九五〇年代的風格。辦公桌後面的深色玻璃門木櫃擺放用繩子綑起來的文件。其他用黑色鐵夾夾起來的紙張，則散布在兩側。阮成裕的筆電和iPhone整齊地放在他身邊。除此之外，沒有其他對外通訊的方法。

阮成裕檢視著地圖，在桌上清出更多位置，把眼鏡放在iPhone旁邊，然後拿出一支筆。他慢慢地畫出中國宣示的海域，中途還停頓想一下，畫出一條連貫的線，而不是中國講的九段線，由婆羅洲到南沙群島到黃岩島，沿著海岸線經過西沙群島。然後，他使勁把線畫過理山島，亦即我們所在之處。

「你是說中國甚至宣稱你的島也屬於他們的？」我問。

「沒錯。他們未經協商便畫出這條線。沒有人知道那條線到底在哪裡，為了國防目的，我們必須假設我們有危險。」

越南領海自海岸線往外延伸十二海浬，而我們在二十海浬。技術上而言，越南亦控制著我們周遭十二海浬，但這些都有爭議。

黃岩島不過是個環礁，理山島則是個熱鬧的地方，充滿小都會的嘈雜聲音，港口右側蓋了一棟全新的飯店。渡船熙來攘往：大型包裹由碼頭運到船上，人們設法擠進船艙和甲板上，船頭放了一束黃花，悼念溺水的人——但是他們為何淹死則不得而知。深海漁船停泊在這個小港口。孩童們用內胎游泳圈在水裡玩。

岸上停靠著成排黃色計程車，我們搭了其中一輛去地圖博物館；博物館位在一個風大的高地，俯視大海，瀰漫骯髒的氣味，還有很多蟲子。蛾群在天花板飛舞。主要展覽品是美國、英國、法國和共產中國出版的古地圖，全都顯示中國領土僅止於海南島，完全沒有提及九段線。

館內還有長沙島縣（Truong Sa）的相片和地圖，這是越南在南沙群島占有的二十九個島嶼當中最大者。長沙島距離越南本土二百九十海浬，駐軍大約兩百人。一張相片顯示，箭頭型的土地上有一條貫通的跑道。亞洲海事透明倡議的波林藉由衛星圖像來追蹤，越南如何對於中國島礁建設還以顏色。這二十九座島嶼之中有十座都在進行建設，主要是擴大既有的碼頭和防空壕，不過跟中國的規模相形之下是小巫見大巫。越南僅新增一百二十英畝海埔新生地，中國則超過三千英畝。

這座小博物館外頭豎立著一尊高大雕像，向數世紀來在南沙與西沙群島作業的理山島漁民致敬。「古時候，理山島的漁民擔任海巡隊的角色，援救海上遇難的人，並且保衛主權，」碑文上寫著：「這個雕像是為了紀念他們。如今海巡隊守衛這些島嶼，幫助我們的漁民平安捕魚。」

事實上，海巡隊無法負起這個重責大任。畫完九段線之後，阮成裕拿出一個檔案，裡頭詳列中國攻擊理山島漁民的事件。「案件越來越多，」他說：「在我們傳統漁場作業的漁船幾乎半數遭到攻擊，每年至少有二十件。當然，我們擔憂中國的軍力，漁民的安全，和漁船損壞。可是越南漁民不是被嚇大的。」

翌日，我們清晨摸黑搭著一艘理山漁船出海。

越南的漁船比有著竹製穩定器的菲律賓漁船來得堅固。即便如此，漁船一點也不現代化。船上狹窄又雜亂。一面褪色的越南國旗掛在船首的桅杆上，還有一面掛在操舵室。那裡沒有尖端航行設備，只有一部無線電、一個羅盤和老舊生鏽的刻度盤。

「每回我們出海都會受到恫嚇，」六十二歲的船長武文直（Vo Van Chuc，譯音）說。他啟動馬達，操舵室旁邊的煙囪噴出一口黑煙。打從孩童起，他就開始捕魚。直到近年，他才感受到嚴重的危險。和他在一起的是四十二歲的武文饒（Vo Van Giau，譯音。兩人不是親戚）。二〇一五年七月，他被中國海警用他自己漁船上的器具給痛毆一頓。

武文直載著我們離開小港口，破曉在海平面染上一道橘紅光芒，武文饒講起他的故事。他駕著一艘漁船，和我們搭乘的這艘一樣。他們在西沙群島附近作業時，一艘中國海警船衝過來撞他們。中國人登船，他們帶著武器。他們把武文饒拖出操舵室，踹他，叫他趴在甲板上，然後把操舵室砸爛。他們拿鍾子和鐵棍等漁具毆打他的船員。接著把武文饒拖到他們船上。「他們強迫我跪下，雙手抱頭。我看不到身旁的情況。他們打我的肩膀、頸子和背部。他們還不停踹我的側邊。」為了形容，他從一堆漁具中挑出一根大木槌，輕輕地敲打自己的肩膀和側邊。他一邊說著，不時哽咽：「我的父親在這些海上捕魚，我的祖父和曾祖父也是。從古時候起，這些海便屬於越南。現在，中國卻宣稱是屬於他們的，並且違法入侵。」

他拿出手機展示他受傷的相片——嚴重腫脹的淤青和割傷。他們受到的攻擊持續了一小時以上。中國人臨走前威脅他們不要再過來了。武文饒的船嚴重受損，只能被拖回理山島。

回到島上後，我們前往船長武文直一塵不染，但很簡陋的家中，他的鄰居和大家族好幾代人都過來了。他們是越南現今與中國衝突的步兵，他們很倔強，覺得不該屈服。其中一人是八十一歲的潘廷，他仍在武文直的船上工作。他經歷過越南近代史上所有的戰亂，仍然打算要工作下去。「我們習慣了有敵人，」他輕快地說著：「不過我們是聰明人。我在法國殖民者手下工作，擔任他們官員的司機。我載著他們和他們的情婦到海灘，並確保他們的老婆不會發現。所以我才開始變得聰明。如果我們好好想，便可以打敗中國人。」

在談話之中，我明白了兩件事。第一，如同菲律賓的馬辛洛克，年輕世代都不願跟隨父母繼續從事漁業。武文直三十六歲的兒子潘施惠一開始做漁夫，現在則改行做觀光業，他的妻子則經營一家鞋店。武文饒有個十七歲的兒子及兩個女兒，分別是十三歲和八歲。子女以前會跟著去短程的捕魚，但是看到他們受傷後，子女們便都不肯再上船。第二件事是，如果他們要繼續在西沙捕魚，便需要政府的保護，但這是不可能。「捕魚太辛苦了，又賺不到錢，」武文直表示：「而且也變得危險。」

武文饒說他打算繼續捕魚。「可是我們希望中國不要再攻擊我們了。我們必須在不受這種威脅之下去捕魚，我們希望外交磋商能夠很快為我們帶來和平。」

一年後，在中國旋風式外交行動之中，中國和越南試圖和好。越南國防部部長吳春歷（Ngo Xuan Lich）於二〇一七年一月訪問北京，緊接著一周後，越南總理阮春福（Nguyen Xuan Phuc）也去訪問。他的行程長達六天，這種超長的行程令人回想起古時候越南國王要去中國朝拜皇帝及進貢。越南經濟十分依賴與中國貿易。很快地，中國將取代美國成為越南最大出口市場。要達成這個目標，越南必須加大進入中國市場的途徑，如果跟中國為了西沙群島和漁民受攻擊而爭執，很可能被擋在門外。

柬埔寨、寮國和泰國早已在中國的勢力範圍下，越南也加入。如果直接對上中國，越南必輸無疑。如果讓步太多，便可能重回附庸國地位，而先前越南打了那麼多場戰爭才擺脫那種地位。「在我國歷史上，中國企圖動用武力把我們變成中國的一省，」越南國家邊境委員會前主任陳功軸（Tran Cong Truc）向我表示：「以前越南國王要到北京去進貢，好讓我們保持獨立。我們或許又得這麼做。」

在前往理山島的中途，我特地去拜訪鄰近廣義省（Quang Ngai）的海巡辦公室，在正式會議室，身著制服的軍官環列下，指揮官武文金（Vu Van King，譯音）背誦他的單位的使命與成績。「巡邏越南領海是我們的任務重點，」他說：「做為海巡隊，我們向來是使命必達。」他帶我們到一個小碼頭，展示荷蘭建造的二千五百噸巡邏船，並且透露他最大的問題是經費不足。若想對抗中國，他需要更多、裝備更好的船隻。

雖然越南與中國在二〇〇八年簽署所謂「全面戰略合作協定」，越南並不信任中國。數名官員明白表示，他們並不相信該協定理應培養的「好鄰居、好朋友、好同志與好夥伴」精神所帶來的長期未來安定。

「真的有心的話，你就不會把一座鑽井平台拖進你家鄰居的後院，」一名高級外交官跟我說：「你不會用槌子毆打你家鄰居的漁民，還弄沉他們的船。」

當我向中國交外部詢問武文饒被攻擊一事，他們表示不針對個案置評，但強調中國有權對違法擅入領海的船隻採取措施。「中國堅決以和平方式解決爭端，」外交部表示。

這種承諾對越南毫無可信度，後者已對外尋求協助。越南的國防預算已增加到國內生產毛額（GDP）的八％，相當於每年五十億美元，但遠遠比不上中國去年增加七％，達到一千五百億美元。俄羅斯是越南軍火最大供應商，提供了蘇愷－三〇戰鬥機和基洛級潛艇（Kilo-class）。可是，印度由麻六甲海峽對面伸過來友誼之手，供應印度製造「天空」（Akash）地對空飛彈和軍事訓練。印度還跟越南簽下海上石油探勘合約。其中之一是理山島附近富慶盆地（Phu Khanh Basin）一二八號區塊（Block-128），面積二千七百平方英里。越南於二〇一七年七月延長這項合約兩年，而觸怒了中國。由於外交緊張，這個區塊在近期內不太可能創造任何價值。越南及印度均認為這項計畫的戰略意義高於商業意義，顯示印度在南海爭議領域也有發言權。

和日本一樣，印度是美國主導、企圖使崛起的中國遵守國際法規範的聯盟基石。然而，印度是否勝任這個任務仍是個問題。它是否足夠強大可以屹立不搖，抑或像亞洲小國落入中國勢力範圍，而在北京眼中，成為附庸國裡最大的一國？

1　二〇一七年一月與作者的訪談。

2　英國首相柴契爾夫人接受ＢＢＣ訪問，一九八八年十二月。

第三部

南亞

「雖然我們不強大，但我們並不懼怕其他國家。我們這種態度惹惱了其他國家。」

——尼赫魯，印度開國總理

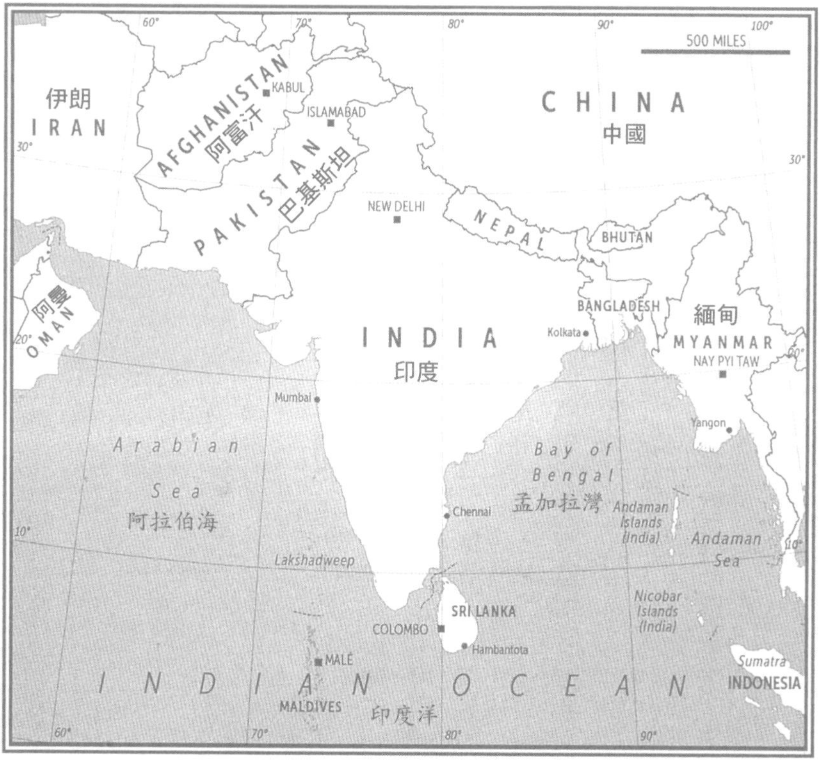

第九章

印度：貧窮的暴力

美國與中國之間因為南海爭議而引發的緊張，蔓延過印度洋，恐將使得南亞再一次捲入全球爭端。南亞包括阿富汗、孟加拉、不丹、印度、馬爾地夫、尼泊爾、巴基斯坦和斯里蘭卡。英國殖民時代還包括緬甸，當時屬於印度的一部分，如今緬甸被歸類在東南亞。因此，南亞東起緬甸與孟加拉、印度邊境，西至阿富汗、巴基斯坦與伊朗的邊境。北至中國及中亞，南至印度洋沿岸，中國資金在這裡建設了連串新港口，從緬甸一路到非洲東岸。

東亞主要勢力為中國和日本，南亞則是印度，但是純就物質發展來看，印度遠遠落後。南亞是全球人口最密集的地區之一，十七億五千萬人口居住在近二百萬平方英里的土地。

我將透過三個面向來討論南亞的脆弱，以及亞洲水域的未來將受到何種衝擊。第一個面向是貧窮與缺乏發展。第二個面向是核武，將在第十章討論：印度與巴基斯坦打破國際協定，爭相成為核武國家。第三個面向是南亞如何接受或拒絕中國的影響，將在第十一章討論。

本章將討論貧窮，印度國父聖雄甘地（Mahatma Gandhi）認為這是最嚴重的暴力形式。印度新生兒在周歲前夭折的比率是中國的三倍以上，比台灣高出九倍。印度的貧窮程度是中國的二倍以上，並且是台灣的七倍。印度自一九四七年獨立以來便是個民主國家。鄰國孟加拉和巴基斯坦則是在民主與專制之間擺盪，但是這三國的貧窮程度則差不多。巴基斯坦比印度窮一點，人均所得為五千一百美元，印度則是六千七百美元，而孟加拉少至三千九百美元，和柬埔寨約略相同。[1]

根據二〇一一年印度人口普查，半數人口沒有適當的住所。三五%的家庭附近沒有水，更別說是家裡。八五%的村莊沒有一所中學。四成村莊沒有道路相通，只有小徑。全球二十個人口最多城市之中，印度便占了十個。如果印度想要蓋房子給所有人民，必須每天蓋三萬五千戶住宅，直到二〇二四年，才能滿足需求。但是印度必然做不到，中國則一直都能解決這個問題。二〇一二至一六年，中國鋪設的鐵路軌道已超過印度一九四七年獨立以來所鋪好的總量。七成印度人沒有廁所。數百萬男女老幼必須在露天便溺，造成疾病叢生。印度自一九五〇年以來的平均成長率為六．三二%，幾乎是美國三．二%的兩倍。可是那些錢都到哪裡去了，都是怎麼分配的？

印度的貪汙情況嚴重。民選機構非但沒有帶來進步，反而時常加以阻撓。許多官員和民選政客都貪汙，而且使用骯髒手段取得官職。二〇一四年聯邦國會當選的五四三名議員有三分之一面臨刑事指控，亦即一八六名。其中的一一二名面臨的指控包括綁架、勒索、造成社群不合和性侵女性。九人被控謀殺，十七人企圖謀殺。[2]

印度的發展、在南亞的領導地位、政府體系和社會文化，對於印度洋、南海和其他海上領土的未來具有關鍵性影響。印度是世上最大民主國家，也是核武大國以及與中國的歷史，使它成為想制衡中國野心的國家拉攏的盟友。美國和印度都極力想要培養更加強勁、緊密的關係，以彌補冷戰時期破裂的關係。雙方可能注定都會失望。儘管動機十足，目前仍不清楚能否勝任這項任務。如果印度做不到的話，美國長久以來想在亞洲保持權力均衡的計畫便岌岌可危。

自於一九九〇年代初期經濟開放以來，印度的企業便創造大量財富，像是Airtel電信、信實集團（Reliance）、塔塔集團（Tata）及威普羅（Wipro）等等。但是，這些財富並未平等分配。外來者只要開車經過任何一個大城市，便可看出悲慘的不平等，令人質疑印度以及大部分的南亞政府是如何對待其人民。

印度和中國相隔兩年成為新國家，印度於一九四七年成為新的民主國家，中國則在一九四九年成為新的專制國家。兩國關係一直很緊繃，部分原因是不理解對方的願景。艾略特（John Elliott）在其二〇一四年著作《崩塌：印度與現實的幽會》（*Implosion: India's Tryst with Reality*）說明，印度總理尼赫魯對世界秩序有著天真的誤解。「尼赫魯理想化地以為印度和中國是可以相互合作的文明，」他寫道：「等他明白這違背中國想要成為區域超級強權的野心時，已經太遲了。」[3]

一九四七年三月，印度脫離英國獨立前，尼赫魯在新德里舉辦亞洲關係會議，試圖打造單一的亞洲認同，他認為殖民主義導致亞洲區域認同分崩離析。他談到全體國家應該合作，以亞洲「心靈」面對共同任務。然而，本書稍早提過，亞洲這個名稱並不是源於形容這個大陸，而是源於希臘字，形容這個地區在歐洲東方，始於愛琴海東岸，涵蓋安納托利亞（Anatolia）與波斯（Persia），一直到我們今日所知道的亞洲。沒有所謂泛亞洲認同可以團結中國人、印度人、日本人或巴布亞新幾內亞人，印度與中國在文化、語言、食物或宗教上更沒有什麼共同立場。相反的，只有對鄰國的不信任。

南亞至今仍然允許許多陋俗，例如強迫結婚、將自由戀愛有辱門風的情侶用石頭砸死[4]；還有朝帕蒂（Chhaupadi）的習俗，經期的女性不能待在家裡、不得碰觸他人或去上學[5]；還有抵債奴工（bonded labor），數百萬赤貧的人活在聯合國認定的奴役情況下[6]。雖然這些陋俗已遭到立法禁止，但是南亞的政府太過軟弱、貪瀆及無效率，根本沒有設法加以阻止。

抵債奴工的情況發生在數千萬印度人身上，原因有二。第一是孩童繼承父母及祖父母的債務，這種體系讓他們永遠無法賺到足夠的錢去還清債務。第二個原因是家裡實在太窮，於是向勞工仲介借錢，去從事棉花收成或燒磚這類產業。這些受害者是貧病交迫、沒有受過教育的人，高利貸的合約讓他們永遠還不完債務。

我第一次遇到抵債奴工家庭是在一九九一年，我到德里報導拉吉夫・甘地（Rajiv Gandhi）遭到暗殺。趁著葬禮前的空檔，我們做了一些報導向觀眾解說印度。摩塔（Mota）家族的丈夫、妻子，和兩個女兒、一個兒子，年紀介於七至十一歲，在距離德里車程不到半小時之處工作，負責把路邊的石頭敲碎。他們營養不良，皮膚滿布傷痕，流鼻水，紅眼睛。印度在一九七六年立法正式禁止抵債奴工，聯合國在此前二十年便視之為奴役。然而今日在印度很容易便可找到生活在這種情況的家庭。

聯合國國際勞工組織估計，全球有二千一百萬人被強迫勞動，至少其中一半在印度。如果孟加拉與巴基斯坦也列入計算，南亞是現代奴役最嚴重的地區。這種勞工黑市的每年營收達一千五百億美元，超過許多開發中國家的GDP。逾四百億美元來自日常產業，例如建築和農業等與全球經濟息息相關的產業。[7]聯合國直到二〇一一年才推出指導原則，要求供應鏈存在違反人權情事的企業負起責任。

在中美洲的甘蔗田和西非可可種植園，我在過去二十年都看到了進步，可是印度仍毫無改變。一次又一次前去訪問時，我都看不到實質的進步或是想要促成進步的政治意願。如果提出質疑，就會遭到否認，甚至在近期，印度還抨擊西方民主國家提及這個議題。

*

由奴役或抵債奴工逃離出來的人所訴說的故事傳聞甚廣，驚悚可怕。這些奴工害怕到不敢聲張，威脅甚至傳回到他們的村子。有一次採訪時，我深入印度鄉間去探訪抵債獲釋的奴工，現在由慈善機構國際正義使命（International Justice Mission）加以照顧。他們接受兩年期的照顧計畫，以消除他們受到的創傷。其中情況最為嚴重的個案是青少年奴工尼爾（Dialu Nial），他試圖逃跑，結果被抓。為了懲罰，他被拖到林中，抓他的人叫他跪下，拿出一把斧頭，問他想要砍脖子、腳或是手。尼爾選擇砍斷右手。他才十七歲，不識字。他所遭遇的一切和他設法重新生活，說明著印度人們的苦難、不健全的體系，以及冷酷的社會。這也令人懷疑印度是否可以抗衡中國，提供足以做為開發中世界燈塔的另一種模式。

尼爾的家人住在恰蒂斯加爾邦（Chhattisgarh）首府賴布爾（Raipur）這個混亂小城市開車半天的地方。車子一路開下去，路況越來越差，其他東西也如此：磚房變成茅廬；小吃攤只有零星的食物；牲畜在泥巴路上閒晃，我們左手邊是一道又一道的山脈，那是左翼叛亂分子占據的「紅色走廊」（red corridor）。不同的叛亂組織控制著印度中部和東部，時常與安全部隊發生戰鬥。過去二十年，孟加拉、尼泊爾、巴基斯坦和斯里蘭卡都有類似的叛亂，不論是打著伊斯蘭教、毛派或種族分離主義的旗幟。中國在幕後鼓動，有時甚至提供武器給這些組織。

我去探視尼爾時，他正試著學習家裡的手工藝。他們只是勉強糊口，生活無以為繼。「我沒有上學，」他透過傳譯表示：「我還小的時候，我養牛和割稻。」他坐在家人居住的木頭與茅草小屋外頭的地上。他的村子納古達（Nauguda）由最近的小鎮巴瓦尼帕特納（Bwanipatna）開車要三小時才能抵達，坐公車則需要一天的時間。村子裡沒有衛生設備、電力、學校、診所或任何政府服務。

住在這種村子裡的人往往成為抵債奴工，因為他們沒辦法養家活口。他們被賣去從事的主要產業，是印度轉型成為經濟強國的關鍵動力，為全球印度品牌和跨國企業賺進利潤。但是，這些財富在納古達完全看不見。

尼爾被騙去磚窯做工，這種苦工要用手揉捏泥巴，放進磚模裡，然後扛著磚斗爬上磚窯，像爬上金字塔似的，磚塊燒好拿出來，再賣給建築業。許多磚窯雇用童工和非法勞工，而他們做出來的磚塊則用來興建印度新的摩天大樓和購物中心。

二〇一三年十二月，隔壁村子的朋友比莫（Bimal）問尼爾要不要到附近磚窯去做工。尼爾可以拿到一萬盧比（一六五美元）的預支工資，等薪水入帳後再償還。另一名鄰人尼蘭伯（Nilamber），三十出頭，也同意一起去，還有那個地區的其他十人。他們搭乘巴士前往最近的鎮上，勞工仲介就住在那裡。

在許多維權人士眼中，印度勞工仲介是現代的奴隸商人。別人則認為他們是提供工作機會的仲介商。他們提供貸款，並利用黑市力量讓工人服從。他們收取的利息和還款的金額總是對不上，因而產生一筆債務，把工人及他們的家人逼為抵債奴工。由於文盲很多，教育程度低落，大多數人不知道自己被騙了。

如果你在十一月到西部奧里薩邦（Odisha）鐵路小鎮坎塔班吉（Kantabanji），便可親眼目睹這種狀況。數萬農民因為收成不好，排隊申請工資貸款，到坦米爾納德邦（Tamil Nadu）和安得拉邦（Andhra Pradesh）這些遙遠大城市郊外的磚窯去做工。

尼爾一眼就認出勞工仲介。「我知道他是個有錢人。他有一輛機車，打領帶，」他說。那名仲介把答應給的錢拿出來給他們看一眼，便立刻收回去。他們沒拿到先前說好的預支工資，而要等到以後。他們不需要用到錢，因為磚窯就在幾英里外，而交通已經安排好了。尼爾與尼蘭伯仍然以為他們會拿到錢，便在勞動合約上蓋了指印。

翌日，他們的朋友比莫帶了這十二個人到賴布爾的火車站，他們搭上一列火車。但是，他們發現那不是短程移動，而是南下五百英里去到海德拉巴（Hyderabad）這個大城，亦即印度新興高科技經濟的支柱城市。那群人之中有人聽說當地強迫勞動的事情，便計畫逃跑。火車在下一站停下來後，他們便跑了。尼爾與尼蘭伯動作太慢，被捉回賴布爾。「那個仲介的手下正等著我們，」尼爾回想：「他們捉住我們，用手捂住我們嘴巴，不讓我們喊叫。」

此時，他的朋友比莫一溜煙跑了。尼爾與尼蘭伯被帶回仲介的家裡當作人質。「他們打電話給我們家裡，叫他們付錢把我們贖回去，」他說：「他們狠狠揍了我們一頓，我弟弟在電話裡都聽到我痛苦的哭喊。」

那個仲介要求二千盧比，大約三百三十美元。尼爾知道他家裡湊不出這筆錢。他和尼蘭伯被關了五天，在仲介的農場做工。他說，他們每天晚上都挨打。

當仲介確定尼爾和尼蘭伯都付不出這筆錢，他們被載到偏僻的林地，懲罰他們試圖逃跑。這是為了殺雞儆猴。首先，他們砍斷尼蘭伯的手，命令尼爾在一旁看著。「他們把尼蘭伯的手放在一塊石頭上。一個人按住他的頸子，兩個人抓住他的手臂。另一個人揮舞斧頭砍掉他的手，就像剁掉雞頭一樣。然後，他們問我要丟掉什麼——我的性命、腳或手。我跟他們說跟尼蘭伯一樣。他們叫我跪下，把我的手放在石頭上。」

他忍住把眼光撇開，用剩下的手死命抓著自己的腳。「血流得好多。痛得要命。我以為我要死了。他們把我的手丟進林子裡。我用左手緊緊捂住傷口。我用力壓著傷口想要止血，可是太痛了，我又放開。接著再用力壓住。」

基本求生本能迸發。尼爾和尼蘭伯找到一條溪流清洗傷口，用塑膠袋包紮。他們沿著溪流走到一個村子，在那裡找到醫院。

尼爾臉上充滿不耐煩的神情。他認真想要重新學習家裡的工作。他身邊是舊塑膠袋，他要把它們拆開，把一條一條的線搓成繩子，家裡會拿出去賣。尼爾笨拙地用腳趾夾住一個木頭線軸。剩下的手握住另一個線軸。他的弟弟拉哈索（Rahaso）坐在他旁邊，做著相同的活。尼爾只剩一隻手，很難把繩索捲起來。拉哈索則做得很快，比他快多了。尼爾的線軸從手中滑了出去，拉哈索撿了回來給他。尼爾的表情充滿失望與憤怒。他馬上發了脾氣。「我這種德性，怎麼會有女孩子肯嫁給我？」他低聲說著，眼睛垂下來，手指用力插進土裡。

＊

尼爾的故事已經夠嚇人了，可是國際正義使命給我一大堆貼有相片的表格，載明他們營救出來的抵債奴工。其中數名年僅三歲，他們稚嫩的臉龐貼在標題為「釋放證明」的官方表格上。上頭還蓋了政府官印，載明一九七六年立法禁止抵債奴工。表格上有相片、年齡、戶籍和他們被迫勞動的地點。大多數是磚窯。這種需要官方用印才能免除兒童被強迫勞動的體系顯然出了嚴重錯誤。

在長途開車去看尼爾的途中，我們偶然遇到邦議會的當地議員杜拉基亞（Rajendra Dhula-kia），他正好在路邊攤喝茶。我們停在他貼了車窗隔熱膜的黑色轎車後面。他穿著政客的傳統白棉寬褲——托蒂（dhoti），起初還很友善，講著當地經濟有多麼好。當我把抵債奴工釋放證明的影本拿給他看，他馬上翻臉。他的表情一半是覺得很乏味，這是我跟德里的人提起人權時常見的反應，一半是很生氣他被問到這種問題。他說那些文件是假造的。

「可是，這裡，」我反駁說，指出一行文字：「清清楚楚寫著『抵債奴工』。」

「我不接受這是抵債奴工。」他揮手趕走臉上的蒼蠅：「抵債奴工在一九七六年便已被立法禁止。」

「這些文件上有政府官印。」我指給他看：「那不可能是假造的。」

他把茶杯遞給一名隨扈，轉身要走。「我不接受這些文件。」

「你承認這分文件，但是不接受？」

「沒錯，我告訴你，我不接受，」一名隨扈打開車門。另一名擋在我和杜拉基亞中間。

「為了求證起見，」我追問：「你說組織犯罪、人們遭毆打以及被抵債奴役，都不是問題。」

「沒錯，如同我剛才告訴你的，先生。」話一說完，轎車輪胎捲起一陣灰塵，國會議員揚長而去。杜拉基亞並不是印度政壇唯一否認的人，悲哀的是，他的回應絲毫不令人訝異。

我們由尼爾的村子開車一小時，來到一群建築物的營地，這是他與另外二百人接受創傷治療的地方。我們看到彷彿《聖經》中的景象。一組一組的獲釋工人剛結束一項課程，他們坐在樹蔭下，綠草山坡一路延伸到營地。他們走下山坡去吃午餐，鮮紅、綠色和藍色的紗麗在風中飄揚。由遠處望去，這裡像是我們在電影看到的印度，溫文爾雅，洋溢人文氣息。等他們走近時，我們變得鴉雀無聲。他們沒有人在講話，目光呆滯，面無表情，看不出驚訝、放心、恐懼、安全、愛、希望等我們腦中隨時閃過的情緒。

「沒有言語可以形容當你看到人類不被當成人類，而是被當成機器的心情，」他們的講師拉詹（Rosean Rajan）表示。對那裡的一百五十人來說，拉詹是他們重新獲得安全的基石，並且協助他們恢復獨立生活。她說明，人類心靈為了避免受到傷害，會封閉起來，摒除日常的情緒。計畫的第一年完全是在於釋放這些人類基本情感。「他們被當作財產交易買賣，他們就是這樣看待自己，」她說：「他們不懂如何展現情感。他們不會微笑、皺眉或表示哀傷，因為他們被奴役，他們靠著肌肉記憶（muscle memory）工作。我們有社會與心理計畫將他們釋放出來，但至少需要兩年。」

他們每個人都有一張釋放證明，證明自己沒有債務，不受任何勞工仲介控制。其中一個三歲男孩，用兩隻手舉著一張右上角貼著他的相片的文件影本。文件說明他在磚窯工作，不得再把他送回那裡。他的旁邊是一名七歲女童，在海德拉巴的磚窯做工。她在二〇一四年二月二十六日被釋放。一旦獲釋，國際正義使命會帶著那些工人的文件去當地政府辦公室，在文件上蓋章。

拉詹跟我們介紹成年人受害者。其中一名懷有身孕的年輕妻子，她的丈夫遭到毆打時，她試圖阻止。結果被人拖走，還狠踢她的腹部，導致她流產。另一人目睹她的丈夫被推出行駛中的火車而身亡。她試圖阻止時，也被踹腹部。可是，她保住了胎兒。

其中一個家庭經歷難以言喻的可怕遭遇。一名女性當著她的丈夫及兩名子女面前，多次遭到強暴。拉詹表示，這是一種常見手段，讓人害怕及服從，所以許多勞工仲介都喜歡招募一整個核心家庭，因為比較好控制。

國際正義使命的工作並非政府服務，即便數百萬印度人活在類似的非法困境之中。該組織的地區主管葛里菲斯（Andy Griffiths）表示，奴役在印度並不被視為嚴重的違反人權。「沒有任何政黨將人權列入黨章，」他說：「即便一名勞工仲介或磚窯老闆遭到起訴，法院要花四到六年審理，通常只判三十美元罰鍰。」因此，整個體系讓所有抵債奴工的加害者覺得可以置身事外。「這裡存在所有權的心態，」葛里菲斯指出：「在我們的工作中，我們看過強暴、各種性侵和謀殺。遺憾的是，如果你認為自己擁有某個人，你就會有這種心態。」

拉詹負責照顧的七歲女童在海德拉巴附近蘭加雷迪縣（Ranga Reddy）的磚窯場做工，我幾個月前才去拍攝過。當時我的嚮導克里什納（Aeshalla Krishna）是勞工權益團體普瑞亞斯勞工研究行動中心（Prayas Center for Labor Research and Action）的成員。在我們第一個採訪的磚窯，入口有一堆煤炭，女人及孩童蹲著用手敲碎煤塊。更遠處，男人攪拌泥巴、黏土和水，再倒入磚模。前面聳立著窯爐，像是一個兩層樓高、悶燒中的巨大方形紀念碑。煙霧由邊緣飄出，空氣極為辛辣，嗆入喉嚨與肺。工人把磚斗扛在肩上，臉上顯露負重的壓力，走上階梯到頂部，把磚塊放進去燒。窯爐外堆放成堆的磚塊，準備運去建築工地。

「這些都是違法的，」克里什納說著，抽出法規清單：「一九四八年最低工資法案。一九七六年抵債奴工法案。一九七九年邦際移工法案。童工。性侵。虐待。每天都在發生。」

孩童到處都是，又病又餓。那裡沒有安全設備。疾病與苛扣薪水的故事屢見不鮮。在一個骯髒的泥巴小屋前，我們看到馬利克（Madhiri Mallik），年僅五歲。她的頭髮纏結汙穢，臉上沾滿泥土，兩眼無神，全然看不到歡笑或童稚。她身上只穿著一條短褲。她來自奧里薩邦，和她的父母及兩歲的弟弟，勞工販子最愛的核心家庭單位，因為比較容易控制。克里什納蹲下去檢查她的眼睛。「她的眼睛因為煙霧有毛病，」他說：「看到她的眼睛泛白嗎？血紅素偏低。她可能因為冒煙的磚頭而頭痛，因為飲水而胃痛。」他是在猜測，因為馬利克和她的父母一樣，依賴拉詹解釋過的肌肉記憶在活動。臉上沒有痛苦、恐懼或希望的表情。

透過安得拉邦勞動部的聯絡，克里什納讓我們採訪到勞動委員阿索克（A. A. Ashok），他在一個大房間辦公，一端擺設著一張寬大的深色木桌，桌前有數排椅子給訪客坐。牆上掛著相片和獎狀，數張是由不同的聯合國機構頒發，表彰安得拉邦改善貧窮與違反人權的問題。阿索克是個魁梧的男人，體形高大，笑容滿面，因為在這個人口五千萬的邦擔任政府高官而志得意滿。他打扮入時，濃厚的黑髮往後梳，淡色的眼鏡，頗有中年搖滾巨星的架式。我開口詢問：「你們在磚窯面對什麼問題，你知道的，童工、抵債奴工、最低工資？」

「不，不，」他馬上回答：「沒有這種事。我很高興告知你，每個人都領到最低工資，而且一切都很好——住房、飲水、健保系統等等。你親自去看看吧。蘭加雷迪縣是我們的模範計畫。那裡沒有抵債奴工。」

我告訴阿索克，我們剛去過蘭加雷迪縣。他說我一定搞錯了。他向我展示牆上一張聯合國發展計畫署的獎狀，表揚他的部門在海德拉巴磚窯的工作。人道援助的機構時常去參觀樣板計畫，然後對外宣稱工作績效良好。「告訴你們的大公司，安得拉邦是適合他們的完美投資環境，」阿索克熱切地說：「我們會帶他們去參觀，他們可以親眼證實我們沒有剝削勞工。我可以百分之百保證。」

跟著普瑞亞斯和其他團體，我看過印度其他地方違反人權的情形。其中包括總理莫迪家鄉的棉花業，當地是印度經濟成長的模範。[8] 我們在棉花工廠輕易便可找到從遠地被販賣過來的孩童。空氣中滿布塵埃，許多人到了十多歲或二十出頭便罹患棉肺症（byssinosis）這種慢性肺病；他們稱之為「可怕的白雲」。我也採訪過印度東北部的茶產業。工人住在茶園裡，在手冊上看起來詩情畫意。其實不然。他們是印度最邊緣化的社群，不識字，患有貧血、營養不良和各種貧窮相關疾病。私人公司由出生到死亡都控制著他們，沿襲英國殖民時代留下來的制度。如同抵債奴工，他們的薪水被伙食、住宿和他們不懂的醫療費用扣光了。從許多方面來看，他們甚至比抵債奴工還弱勢，因為這個制度讓他們與外界隔離。販賣孩童、強迫婚姻、家暴和健康不良等問題，都沒有曝光。

我試圖詢問雀巢、聯合利華（Unilever）等大型國際企業、印度塔塔集團，他們在印度和世界各地都有龐大事業。雀巢拒絕置評，塔塔也是。英國連鎖超市特易購（Tesco）也採購印度產品，該公司表示這種情況「令人震驚」，並表示他們「有機會與責任去協助改善」。

有一次在倫敦與印度實業家們午餐時，我提起抵債奴工的問題，但是大家的眼神顯露不耐煩。「政府應該解決這個。我們只是企業人士，」其中一人表示。我於是反駁說他的公司因為廉價勞工而獲益，可是他已經沒有在聽我講話了。

國際特赦組織（Amnesty International）經濟關係計畫主任法蘭肯托（Peter Frankental）對這種情況做出總結。「企業相關的違反人權在印度是盤根錯節的問題，」他說：「主要原因包括經營事業的方法、政府不願追究公司，以及試圖讓這些問題曝光的維權人士被羅織入罪及不當囚禁。」

---

1 美國中情局，《世界概況》。https://www.cia.gov/library/publications/the-world-factbook/.

2 〈印度新國會議員面臨刑事指控的人數為十年之冠〉，《世界郵報》（*World Post*），二〇一四年五月二十三日。

3 《崩塌：印度與現實的幽會》（*Implosion: India's Tryst with Reality*），作者：艾略特（John Elliott），二〇一四年。

4 〈洗門風殺人案激增：需要新法來拯救年輕情侶〉，《Quint》新聞網站，二〇一七年五月二十七日。

5 〈尼泊爾的女人每月遭到驅逐〉，《紐約時報》，二〇一七年一月五日。

6 〈為何印度磚窯工人活得像奴隸〉，ＢＢＣ，二〇一四年一月二日。

7 聯合國國際勞工組織，〈強迫勞動，現代奴役及人口販賣〉，http://www.ilo.org/global/topics/forced-labour/lang—en/index.htm.

8 〈古吉拉特邦模式〉，《經濟學人》，二〇一五年一月八日。

第十章
印度、巴基斯坦和核彈

總理莫迪在二〇一四年上任後，印度便瀰漫專制氛圍，普瑞亞斯和其他人權團體發現他們越來越難活動。原先捐款的一些西方跨國公司，因為政府施壓而取消捐款。這些慈善機構與非政府組織在開發中世界居於重要地位，因為他們填補醫療、教育和其他需求不足所造成的真空。在印度，由於貪瀆及法規鬆弛，問題嚴重失控。根據二〇〇九年一項統計，印度註冊的此類機構達三百三十萬家，相當於每四百人便有一家。其中四萬三千家登記有收到外國捐款人的資金。儘管如此，印度開發數據仍然比較接近烏干達，而比不上東南亞鄰國。

莫迪打算改變這個局面。想要成功的話，改革必須由政府機構、警政、司法和醫療保健做起，才能讓他們發揮功用。若要做到這點，他不需要以往困住印度發展的和稀泥做法，而必須成為願景明確的強人。

身為一個背負重責大任的民粹領導人，莫迪也是印度人民黨（Bharatiya Janata Party）的黨魁，該黨主要支持者為印度教教徒。有許多年的時間，美國拒絕發給莫迪簽證，因為美國認為這名古吉拉特邦（Gujarat）的首長鼓動了二〇〇二年印度教—穆斯林動亂，當時死了一千多人，大多為穆斯林，二萬間住家和店家被毀，十五萬人無家可歸。印度最高法院在二〇一四年完全清除莫迪的嫌疑，趕在他上任總理的一個月前。

印度長久以來一直存在宗教緊張，尤其是印度教徒與穆斯林之間，莫迪當選總理曝露出更多這條裂縫。「我不知道那是什麼時候發生的，可是這些年來我周遭的人逐漸把我當成穆斯林，」納克維（Saeed Naqvi）在他的著作《異己：印度的穆斯林》（*Being the Other: The Muslim in India*）寫著。納克維表示，以為印度的世俗主義與政治相安無事其實是一種虛偽心態。「身為一個熱愛自己的國家並全心投入的印度穆斯林，我感覺遭到背叛，」他寫著。[1]

印度兩大政黨一直無法擴大他們狹窄的支持群眾。印度國大黨（Indian National Congress）一直在開國總理尼赫魯的政治世家掌控下，他的女兒、孫子、孫媳婦和曾孫子均擔任過黨魁。缺乏創意，又因為貪腐而癱瘓，國大黨在二〇一四年慘敗給莫迪。

*

創立於一九五〇年代，號稱代表全體印度人，莫迪的人民黨過去幾十年來一直被視為支持印度教國家主義，鼓動敵視穆斯林的草根暴力，包括藐視聖牛地位而被殺，以及懲戒相愛的印度教—穆斯林情侶。二〇一七年三月，莫迪任命強硬派印度教祭司阿迪亞娜斯（Yogi Adityanath）擔任北方邦（Uttar Pradesh）首長，此舉等同支持這種舉動；北方邦是印度人口最多的邦，超過二億人，其中二成是穆斯林。阿迪亞娜斯被指控多項刑事罪名，包括企圖謀殺。他也是一個被控唆使反穆斯林暴力的年輕人團體負責人。

這對印度未來在全球事務可能扮演的角色並不是吉兆。自從一九四七年獨立以來，印度一直由政治世家控制的政黨或是宗教極端主義的政黨所統治。與中國的紀律與毅力相較之下，印度貪腐、貧窮、政府無能、違反人權、動亂連連，基建落後，一點機會也沒有。儘管華府強力主張建立美印戰略合作，印度的特性說明它無法勝任地區或全球的重要領導地位。

南海的島礁建設或許是明顯可見的避雷針，但是如同美國在一九七〇年代發現到的，他們不能忽視南亞，即便那裡是模糊不清、缺乏忠誠、混亂衝突之處。

由一個亞洲面向來看，印度、日本和美國加強聯盟，可維持國際法與民主價值觀。因此，中國與印度勁敵巴基斯坦的堅固同盟，對西方利益構成威脅。但由另一個面向來看，中國在巴基斯坦的影響力讓這個被伊斯蘭極端主義與軍事統治撕裂，而近乎崩潰的國家保持穩定。一旦巴基斯坦崩潰，伊斯蘭恐怖主義將傾巢而出，造成一九七〇年代西方擔心蘇聯共產主義造成的骨牌效應。它將形成一塊完整的領土——敘利亞、伊拉克、伊朗、阿富汗、巴基斯坦——直抵印度這個叛亂連連的國家，其中歷時最久的便是巴基斯坦支持的伊斯蘭團體在查謨喀什米爾邦發動的動亂。

印度是全球第三大穆斯林國家，僅次於印尼及巴基斯坦，有逾一億七千五百萬名穆斯林，占人口的一五％。以族群而言，印度穆斯林的生活水平是印度最低。有一派看法認為，美國歡迎，甚至鼓勵中巴聯盟是不是比較好一點？假設如此，那麼還有什麼其他地方是為了安定之故，應該擴大中國的影響力？如果有更多這些地方，那麼為了南海跟中國爭執有何意義？

南亞現今緊張的原因，跟一九七〇年代相同。如今的差異在於印度與巴基斯坦都擁有核武。

如果在其他世界，歐洲或者東亞，印度阿姆利則（Amritsar）與巴基斯坦拉合爾（Lahore）之間的公路將是交通繁忙，路旁並行著高鐵鐵路。可是大幹道（Grand Trunk Road）經過的印巴邊境瓦加（Wagah）則是以每日的降旗典禮而聞名於世，印度邊境安全部隊（BSF）與巴基斯坦遊騎兵全身穿著閱兵正裝，進行馬戲團似的舞蹈動作，雙方站在路上畫著的白線兩邊，踢正步時把靴子抬到距離對方臉上幾吋的高度。夜間關閉大門，沒什麼交通。瓦加邊境以觀光景點而出名。在現實中，這裡證明戰爭的威脅從未遠離。然而，現今南亞的衝突將直接牽扯到五個核子國家：中國、印度、巴基斯坦、俄羅斯及美國。

印度在一九七四年進行第一次核武試爆，利用孟買南方十英里處巴巴（Bhaba）原子研究中心的加拿大製反應爐所取出的鈽。在這之前，印度歷經三場對巴基斯坦戰爭，一場對中國戰爭，以及一九七一年為了孟加拉與美國對峙。聯合國隨即對印度實施國際制裁，這次核試亦促使蘇聯、美國等七國政府組成核子供應國集團，試圖阻止核子擴散。二十四年後，在一九九八年五月，人民黨政府上台還不到兩個月，印度在同一個場地進行一連串五次核試。兩周後，巴基斯坦進行第一次核試，南亞的核武競賽由此展開。在開發核武計畫的同時，巴基斯坦同時違反所有國際協定，將核武技術賣給全球惡棍國家。

*

印度決定發展核武以及拒絕簽署禁止核武擴散條約（NPT），導致被逐出國際社會長達三十年以上。但在九一一恐怖恐擊發生後，面對無可預測的新政治局勢之下，美國做出了改變。美國需要印度的協助，理由有二，一是戰術，二是公關。首先，美國逐漸了解中國及其與巴基斯坦結盟的挑戰。擁核的印度可以發揮制衡作用，這項政策老早在南海構成爭端之前便已制定。其次，印度是一個民主國家，而小布希總統需要在開發中國家宣揚共同的價值觀，並且試圖在阿富汗及伊拉克設立美式民主。

「我們認為印度成為全球強權符合美國利益，」美國駐印度大使布萊克威爾（Robert Blackwill）當時向我表示：「印度是很好的民主國家，擁有相同價值觀。美國與印度的長期關係是亞洲安定的重要力量。」

因此，美國需要消除印度是個核武惡棍國家的形象，宣揚它是個民主國家。為達成這個目標，美國必須修改擁有核武的規定。印度同意了，但有附加條件。美國必須取消核子制裁，而且印度不簽署禁止核武擴散條約。印度同時將持續發展核武，但同意將來不進行試爆。

美國自己的核子擴散政策急轉彎，無異自打嘴巴，但還是有效。二〇〇八年十月，在兩國國會議員反對下，美國和印度簽署了一項協定。就戰略來看，這是有道理的。但這也產生一個不良副作用，感到不安的其他政府開始考慮核武選項。畢竟，假如印度可以擁核並且不受懲罰，為什麼其他國家不能如法炮製？

巴基斯坦開發核武則是以更為危險及不負責任的方式進行。其導火線是在一九七一年丟掉東巴基斯坦，亦即現在的孟加拉。印度為孟加拉一方撐腰，當時的巴基斯坦總統阿里・布托（Zulfikar Ali Bhutto）宣稱這攸關國家存亡，因此巴國應該擁有核彈。巴基斯坦最後不僅擁有核武，同時成為全球最大的核子擴散國。幫助巴國擁有核彈的是巴基斯坦科學家及騙子卡迪爾・汗（A. Q. Khan），他把核武原料賣給任何願意付錢的政府。他的故事說明，為何美國屢次嘗試將巴基斯坦當成可靠的盟友全都失敗。

卡迪爾・汗是位於巴基斯坦卡胡塔（Kahuta）核子研究中心的創辦人，該地在軍事訓練城市拉瓦爾品第（Rawalpindi）東方三十英里處。他有人脈和靠山，可以竊取及購買原料供巴基斯坦打造核武。一九七四年十月，印度第一次核試的六個月後，他開始著手進行。在一家荷蘭公司工作時，他竊取濃縮鈾的離心技術。當他蒐集越來越多的核原料之後，他在全球核子黑市叫賣他的專業知識與資訊。巴基斯坦放任卡迪爾・汗這麼做，直到二〇〇三年，美國與英國情報證實他的交易對象包括伊朗、利比亞、北韓和敘利亞。如果沒有他進行擴散，核子威脅就會減少很多，而防堵這種威脅是近年來美國外交政策的重心。數十個國家都在追求核彈。卡迪爾・汗把開發核彈的技術及原料賣給其中一些國家。但不只是他而已；印度認為中國協助巴基斯坦取得可裂變材料（fissile material）、飛彈生產設施，和鈾濃縮設備。

卡迪爾・汗的國際核子黑市網絡後來崩潰，他在二〇〇四年被軟禁在家，但得到當時巴基斯坦軍事統治者穆沙拉夫（Pervez Musharraf）的特赦。穆沙拉夫於二〇〇八年被迫下台時，卡迪爾・汗宣稱他不是獨自行動，而是配合巴基斯坦政府高層。新聞記者巴蒂亞（Shyam Bhatia）在其二〇〇八年著作《再見，公主》（*Goodbye Shahzadi: A Political Biography of Benazir Bhutto*）中揭露，在被暗殺前，前巴基斯坦總理布托（Benazir Bhutto）告訴他，她曾祕密夾帶濃縮鈾的相關資料入境北韓。[2]

卡迪爾・汗在二〇〇九年由軟禁獲釋，成為舉國愛戴的人物，被尊稱為「核彈之父」。此後任何人叫巴基斯坦放棄核武均被嗤之以鼻。

巴基斯坦後來由全球最大核擴散國變成恐怖主義主要輸出國。在後九一一時期，巴國的治安也受到牽連，一再受到恐怖攻擊，陷入幾近內戰的狀態。巴國並且包庇美國頭號通緝犯賓拉登（Osama bin Laden），他住在巴基斯坦軍事學院所在的阿伯塔巴德（Abbottabad）一棟建物裡。賓拉登住處曝光被擊斃，美國不再支持，巴基斯坦便更加傾向中國。

在檢討軍事聯盟時，印度、巴基斯坦和泰國有著共同立場。美國向來根據政治風向而提供或中止武器供給，反之，中國與俄羅斯數十年來從未中斷過供給。

二〇一〇年之前，中國和美國對巴基斯坦國防產業的供給不相上下，各占四成左右。等到二〇一七年，中國占巴國武器輸入超過六成，美國則降到一九％。[3]

儘管頗多爭議，印度迄今遵守「不率先使用」（no-first-use）核武政策，亦即除非先遭到攻擊，才會還擊。然而，印度一直沒有明確說明這項政策僅適用於非核武國家或者不包括不率先使用戰術戰地武器。[4]巴基斯坦明白表示會率先攻擊，因為在全面傳統戰爭中，其武力遠遠不如印度。不過，巴國的核武數量可能遠多於印度。

斯德哥爾摩國際和平研究所（SIPRI）二〇一六年估計，巴基斯坦擁有一一〇至一三〇顆核子彈頭，而印度約為一〇〇至一二〇顆，兩國均在擴充他們的軍備及改善發射的機制。[5]巴基斯坦有六座鈽反應爐，印度只有一座，所以巴國可以用更快速度生產更多核彈——一年可生產二十枚，相較於印度一年五枚。[6]有個報告估計，及至二〇二五年，巴基斯坦最多可能擁有三五〇顆彈頭，使之成為全球第三大核武軍火庫，僅次於俄羅斯與美國各自擁有七千顆。法國有三〇〇顆，中國有二六〇顆，英國則有二一五顆。[7]全球共有一萬五千四百顆核子彈頭，由九國政府擁有：中國、法國、印度、以色列、北韓、巴基斯坦、俄羅斯、英國、美國。超過九〇%持有在俄羅斯與美國手中，但他們是實際上正在縮減核武的唯二國家。其餘的都保持既有的或在生產更多核子彈頭。

只有英國、法國、俄羅斯和美國擁有已配備核子彈頭的飛彈，或是部署在隨時可以行動的基地。印度與巴基斯坦將彈頭，以及發射及運送機制分開放置在不同地點，意味要耗時數小時才能發射。

印度可能存放地點之一，是孟買附近巴巴原子研究中心（BARC）被茂密熱帶植物掩蓋的營區裡。我在二〇〇三年受邀前去採訪，那時印度開始與美國和解，政府急切地想要證明自己是個負責的核武國家。印度有兩座核子反應爐，一座是英國製，一座是加拿大，在山、海的屏蔽下，反應爐底下開鑿出巨大實驗室。五千名核子科學家和一萬名技術人員在那裡工作。印度在那裡蒐集到方法得以挑戰世界秩序，亦即唯有二戰獲勝的五大國家得以擁有核武。他們同時成為聯合國安理會五個常任理事國，也就是國際法的終極仲裁者，因而讓印度有一種脆弱感。

BARC的主任巴塔查爾吉（B. Bhattacharjee）是一名鈾濃縮的氣體離心技術專家，我採訪他的時候，他毫不隱瞞地表示，他正在建構一個核武工場。「政府無時無刻都在問：『你可以幫忙嗎？』我們必須回答：『可以』，」他說：「任何軍種都可能提出要求，海軍或陸軍或空軍。我們隨時都準備好滿足祖國的任何要求。」

「武器呢，」我問：「現在在這裡嗎？」

「是的。核武在這裡設計，在這裡製造，我們並且在這裡儲藏。」

核彈本身被稱為「果核」（pit）。必須從這個核武設施或印度其他地方運送到飛機、飛彈或潛艇，才能發射。準備發射核武的過程需要六到八小時，之後還要十一分鐘才會炸到巴基斯坦。如果印度遵守不率先使用政策，並且承受第一波攻擊，犧牲一個城市，之後必然會全力反擊。在二十四小時內，兩國的城市都將夷為平地。

1《異己：印度的穆斯林》（*Being the Other: The Muslim in India*），作者：納克維（Saeed Naqvi），二〇一六年。

2《再見，公主》（*Goodbye Shahzadi: A Political Biography of Benazir Bhutto*），作者：巴蒂亞（Shyam Bhatia），二〇〇八年。

3〈中國為巴國撐腰，提供六三%所需軍火〉，《印度斯坦時報》（*Hindustan Times*），二〇一六年九月。

4〈印度並未改變不率先使用核武的政策〉，作者：Abhijnan Rej，War on the Rocks網站，二〇一七年三月二十九日。

5〈全球核武：規模縮減但現代化〉，斯德哥爾摩國際和平研究所，二〇一六年六月。

6〈巴基斯坦是否不久之後將擁有全球第三大核武軍火庫？〉，《外交家》雜誌（*The Diplomat*），二〇一五年八月。

7〈一個普通的核子巴基斯坦〉，史汀生中心與卡內基國際和平基金會，二〇一五年。

第十一章

印度的門羅主義在哪裡？

中國宣示南海主權，在歷史上足堪比擬的就是美國十九世紀的「門羅主義」（The Monroe Doctrine），旨在嚇阻歐洲強權干預加勒比海和拉丁美洲。美國當時才開始扮演地區強權的角色，主張其現代化和治理的方式更有效率、更公平，勝過落後、殖民心態的歐洲政府。他們已是過去的強權，美國則是未來強權。一八二三年，門羅（James Monroe）總統宣布美國將把歐洲企圖影響西半球，看作是「危及我們的和平與安全」。

中國用類似但較不激進的態度，宣稱南海是他們的後院，並表明絕不容忍外國勢力的干預。印度沒有此類教義，即便在印度洋有著相同的利益，而印度的利益早已因為中國存在而遭到稀釋。

美國援引一八九八年對西班牙戰爭的門羅主義，平定佛羅里達海岸線外僅一百海浬的古巴發生的一場叛亂。以印度來說，對應的位置便是斯里蘭卡，距離印度南部海岸線不過五十海浬。古巴與斯里蘭卡都是小型島國，前者人口一千兩百萬，後者二千兩百萬，兩國都位於策略性貿易路線上。多年來，這兩國均分別對美國和印度等區域大國構成威脅。美國於一九六一年再度干預古巴，發動推翻卡斯楚的行動但以失敗坐收，一九六二年則是古巴飛彈危機。一直到二〇一五年七月才恢復外交關係，可是直到二〇一八年，對古巴的經濟制裁都沒有取消。印度對斯里蘭卡的政策模糊不清，選擇不干預及干預的理由都不透露。其結果是，如今中國的勢力深入許多斯里蘭卡的機構。

最具爭議的計畫是港都漢班托塔（Hambantota），位於首府可倫坡（Colombo）東南方一百三十英里，中國企業正在當地設立一個新貿易區，除了一座大型現代港口，還有一座機場、發電廠和煉油廠。為了償還債務，斯里蘭卡將八五%的控制權賣回給中國企業。漢班托塔靠近印度洋主要航道，適合做為煉油中樞，將中東的原油經由南海運送到東亞。這是中國在印度洋的關鍵立足點。斯里蘭卡政府堅稱中國軍艦不得駛入，但沒有國防分析師認為該國可以堅守這項承諾。

中國亦控制可倫坡港，附近成排的起重機指向一大塊建築工地，公寓大樓、辦公室、飯店、碼頭，和一座高爾夫球場，所有現代亞洲城市的標誌。在斯里蘭卡的眾多中國建設計畫當中，還有一項二億七千萬美元的鐵路，這是該國一百多年來首度鋪設的新鐵道。[1]

二〇一四年九月，中國刻意展現其軍事力量，在其亞洲勁敵日本首相安倍晉三（Shinzo

Abe）到訪的當天，將一艘潛艇停靠在當地。這是第一次有潛艇停靠在可倫坡港，而這艘「長征二號」，〇九一型漢級核子潛艇，意外到訪，打破了斯里蘭卡與印度之間的一項長期協議，斯里蘭卡同意會在外國軍艦到訪時通知印度。印度把自己的意見明確告知斯里蘭卡，官員表示，中國潛艇停靠港口是對印度國家安全的威脅。

可是，印度抗議無效。數周後，另一艘中國潛艇又造訪斯里蘭卡，這回是正巧碰上印度高級代表團訪問越南，也就是中國南海擴張的主要反對者。在這兩次，中國潛艇均打破約定，停靠在中國擁有的碼頭，而不是斯里蘭卡港務局控制的碼頭。斯里蘭卡輕描淡寫表示，中國碼頭的泊船水位較深，而且潛艇是在執行打擊海盜的任務。

「任何軍艦只要獲得許可，都可以來斯里蘭卡港口，」斯里蘭卡港務局局長威克拉馬（Priyath B. Wickrama）表示：「很多軍艦都有來。美國軍艦也來，沒有人擔心那些軍艦。」[2]

潛艇到訪象徵著冷戰時期的分裂又再上演，當時印度與斯里蘭卡各站一邊，印度傾向蘇聯，而斯里蘭卡被美國拉攏。這次，斯里蘭卡倒向中國陣營，印度則是美國陣營。印度與斯里蘭卡彼此不信任的根源可回溯到印度鼓動斯里蘭卡與坦米爾（Tamil）少數民族長達四分之一世紀、舉國癱瘓的戰爭，直到二〇〇九年在中國援助下，斯里蘭卡才打贏。

大多為印度教的坦米爾族群占斯里蘭卡人口的一二%，聚集在該國北部。內戰的訴求是斯里蘭卡坦米爾獲得獨立自治區。主要的佛教錫蘭人（Sinhalese）占人口的七五%以上。在一九七〇及八〇年代，錫蘭人主導的政府壓迫並歧視坦米爾人，造成騷動，終究爆發武裝叛亂。印度起初擔憂動亂可能蔓延到坦米爾納德邦（Tamil Nadu）的龐大坦米爾人口。其中還摻雜著擔憂斯里蘭卡過度成為美國的冷戰盟友。印度於是介入，為斯里蘭卡與坦米爾叛亂分子提供武器及訓練。

這項計畫發生意外。坦米爾族群之間發生內訌，坦米爾伊拉姆猛虎解放組織（Liberation Tigers of Tamil Eelam）成為唯一的主要勢力，而後變成最幹練、最令人畏懼的恐怖組織。坦米爾之虎發明自殺式背心，孩童也要當兵，在斯里蘭卡北部專制統治一個邦，屠殺平民婦孺，領導人普拉巴卡蘭（Velupillai Prabhakaran）被奉為神祇。印度的政策由尼赫魯的女兒英迪拉·甘地（Indira Gandhi）發起，並由她的兒子拉吉夫（Rajiv）繼承，可是他在一九八七年改弦更張。他派遣維和部隊，可是他們對付不了坦米爾之虎的游擊戰。印度兩年後認輸撤退，可是戰爭仍如火如荼進行中。一九九一年五月，坦米爾之虎甚至趁著拉吉夫在坦米爾納德邦進行競選活動時，把他暗殺掉。

印度的反應，或者是沒有反應，充分顯露該國的性格。印度並未追緝下令暗殺甘地的坦米爾之虎領導人普拉巴卡蘭。印度沒有展現決心要終結斯里蘭卡及其內戰所構成的國家安全威脅。印度只是正式要求引渡普拉巴卡蘭，及追捕執行暗殺而潛入印度的坦米爾之虎步兵。這不是一個區域強權替前總理在自己國內遭到暗殺所應有的復仇行為。戰爭持續到二〇〇九年中國介入，協助斯里蘭卡打敗坦米爾之虎。[3]最終的結果並不漂亮，但至少成功了。中國提供需要的武器，發動一次決定性的行動打敗坦米爾之虎，並救下許多被當作人質或人肉盾牌的平民。憑著聯合國安理會席位，中國得以保護斯里蘭卡不被國際間譴責戰爭罪行。這場戰爭如同掛在斯里蘭卡頸子上的枷鎖。雙方行為慘無人道。如今政府打贏了，斯里蘭卡可以前進，中國則可以進來。中國滿懷自信、神氣十足，帶著一大堆貸款、基建計畫和新企業來到。

在戰後建設潮，斯里蘭卡的債務累計到無法償還的程度，只得在二〇一六年向國際貨幣基金（IMF）申請十五億美元的紓困貸款，才能應付償債時程。該國總計欠債六百五十億美元，其中八十億美元是欠中國的。該國九五%的政府收入都用來償債。中國的金援外交跟隨著歷史悠久的貿易援助，以建立影響力。這類似於在中國登場之前，貧窮國家，尤其是非洲，背負西方債權人的債務，進而要求勾銷債務好讓他們可以發展。

由一個層面來看，中國在斯里蘭卡的行動跟先前在其他地方略有不同。由另一個層面來看，斯里蘭卡的戰略位置使之足以改變印度洋權力平衡。印度再一次有機會宣示地盤，卻沒有這麼做。「中國即將霸占整個亞洲大陸，唯有印度能夠加以阻止，」艾佛瑞（William H. Avery）在《中國的惡夢、美國的美夢：下一個全球大國印度》（*China's Nightmare, America's Dream: India as the next Global Power*）一書寫道：「中國在亞洲長驅直入，而印度卻還在場邊觀望。」[4]

美國外交關係協會（Council on Foreign Relations）公布的地圖，標示出中國在印度洋的勢力地盤。由伊朗往北到俄羅斯遠東，穿越朝鮮半島，往南到印尼。在這個區域內，印度是被形容為「力抗中國影響」的唯一國家。[5]

二〇一五年一月，親中的斯里蘭卡總統拉賈帕克薩（Mahinda Rajapaksa）敗選失勢，疑中的西里塞納（Maithripala Sirisena）上台，他在競選時指責斯里蘭卡變成了中國附庸國。數個印度評論家宣稱這是他們情治單位的勝利，因為他們介入選舉及印度的外交政策。[6]

但是沒多久，西里塞納便飛往北京去重談許多中止的計畫。二〇一七年五月，他確實阻止一艘中國潛艇到訪，這是印度畫下的紅線，而斯里蘭卡也遵守了。

*

即便如此，斯里蘭卡給中國一個橋頭堡，就在印度門前。就軍事而言，其後果很明顯，而單純就防禦策略而言，可以說很難想像印度竟然讓中國侵門踏戶。可是現今的軍事、政治、經濟局勢是一個泥淖。中國也在中美洲尼加拉瓜修建一條一七三英里長的運河，連接大西洋與太平洋。其經費高達四百億美元，運河深九十英尺，寬一七〇六英尺，比巴拿馬運河更寬更深。話說回來，巴拿馬運河現在由與中國關係密切的香港和記黃埔集團營運。

尼加拉瓜突顯了一塊歷史。美國的冷戰衝突包括干預尼加拉瓜，推翻左派總統奧蒂嘉

（Daniel Ortega）。奧蒂嘉在二〇〇七年再度成為總統，並且准許中國企業修建新運河。那麼，為何有人要對中國在斯里蘭卡的勢力有意見，或者對中國在其他任何地方的勢力說閒話？

中國在斯里蘭卡的成就，複製在印度洋地區的整個海岸線。中國建設港口的地點包括緬甸皎漂港（Kyaukpyu）；坦尚尼亞巴加莫約港（Bagamoyo）；孟加拉吉大港（Chittagong）；馬爾地夫瓦度島（Vaadhoo Island），中國與沙烏地阿拉伯在當地密切合作；巴基斯坦瓜達爾港（Gwadar）；肯亞拉穆島（Lamu）；模里西斯盧卡斯港（Port Lucas）；緬甸西部若開邦（Rakhine State）；馬達加斯加塔馬塔夫港（Tamatave）；莫三比克特克巴奈港（Techobanine）等。

二〇一一年，中國新華社發布中國政府計畫在塞席爾（Seychelles）設立一個永久海軍基地，這個印度洋群島以豪華渡假村、海灘和雨林而聞名。及至二〇一八年，這個消息仍未獲得證實，但在二〇一五年塞席爾政府畫出一塊土地供印度興建基地，顯示印度企圖稍微平衡中國在印度洋的軍事勢力。[7]

當時，中國正在非洲之角（Horn of Africa）的吉布地（Djibouti）建設其第一個海外永久軍事基地，這個小小的前法國殖民地與伊索比亞、厄立垂亞（Eritrea）和索馬利亞接壤。美國也在九一一恐怖攻擊後進駐。四千名美國軍方人員駐紮在萊蒙尼爾軍營（Camp Lemonnier），執行中東與北非的機密反恐任務。美國和中國軍艦將併排停靠，是全球所有基地距離最近的。

「中國在印度洋只有兩個目的，」人民解放軍軍事科學院周博（譯音）解釋：「經濟利益和海路交通的安全。第一個目標是透過與沿海國家的商業互動而達成。至於第二個目標，中國海軍自二〇〇八年底以來便加入國際軍事行動，打擊索馬利亞海盜……（中國是）屹立在世界中心的國家，強大但良善，對所有人友善。」[8]

這種論調有其可信度。中國一直與歐盟、北約組織（NATO）和美國，就打擊海盜任務密切合作。中國派遣二千五百名部隊參加六項非洲的聯合國維和任務，近年來中國空軍和海軍出動去拯救平民，包括二〇一一年去利比亞，以及二〇一五年赴葉門。據估計，五百萬中國公民在海外居住，為大約三萬家中國企業工作，每年還有一億人以上赴海外旅遊。現代中國海軍的的任務是要在保護中國公民與供給路線扮演核心角色。[9]

中國駐吉布地的海軍人員，同時可以保護狹窄的曼德海峽（Bab el-Mandeb）通行無阻，這是吉布地與葉門之間的咽喉點（choke point），中國一半的原油供給經由這裡通行。

美國海軍戰爭學院中國海事研究所所長達頓（Peter Dutton）向我表示，吉布地基地是一項巨大的戰略性發展。「這是海權擴張以維護商業和中國在非洲之角的區域利益，」他解釋：「這是擴張的大國的行為。」

類似的海權擴張發生在巴基斯坦南部，中國承租四十三年，並斥資十六億二千萬美元將鄰近波斯灣的瓜達爾港（Gwadar）進行現代化。中國軍艦停靠在瓜達爾港，不僅為了保護印度洋供給線，也可以守衛規模逾五百億美元的中巴經濟走廊，該項計畫旨在連結中亞、中國和南亞。中國計畫由瓜達爾港修建一條公路到新疆喀什，這是中國「一帶一路」計畫鐵公路網的一環，要讓巴基斯坦及鄰國現代化，但不包括印度。由瓜達爾港通到中國的油管預定於二〇二一年啟用，每日可運送一百萬桶原油，供給中國八%的需求，並可抵銷敵國干擾海運所造成的部分風險。

印度洋是跟南海、東海不同的戰區，卻有類似的重要性。在南海，中國在違背鄰國意願下爭奪領土。在印度洋，中國則受到所有國家歡迎，唯獨印度例外。在短短數年間，中國便成功在南海建立軍事警戒線，在亞洲貧窮地區建立貿易路徑。在推動瓜達爾港通到新疆的油管之後，中國於二〇一七年啟用緬甸油管，由緬甸皎漂港通到中國西南雲南省，讓中國有更多管道可以繞過麻六甲海峽與南海。當然，「一帶一路」計畫也有問題：失敗的項目，被指為中國帝國主義。如同《經濟學人》雜誌所說：「一帶一路快車已駛離車站。中國只是想改進車上服務。」[10]

印度拒絕加入「一帶一路」計畫，但幾乎所有的基礎設施都有包含此計畫。習近平二〇一七年五月在北京召開「一帶一路」國際合作高峰論壇時，印度外交部發表強硬的聲明：「沒有國家可以接受忽視其主權與領土完整的計畫。」[11]

果真如此的話，世界上大多數國家都會處於敵對狀態，如同印度與巴基斯坦，但其實不然。

印度試圖追趕中國的野心，但其計畫鮮為人知，例如孟加拉、不丹、印度和尼泊爾計畫，以及印度、緬甸和泰國三邊高速公路計畫，印度並不解釋這些計畫要如何運作，抑或勾起大家的想像。「一帶一路」計畫現已吸收印度洋港口建設的前導計畫，名為「珍珠鏈」（String of Pearls），給予中國在南海的充實存在感。印度在經濟上無法匹敵，現在又被包圍，看似逐漸成為中國的下屬。

重要的是，相較於中國一心一意進行軍事擴張，印度則是隨便打混，如同其總體發展，已遠遠落後。印度國防工業和政府運作一樣受到國會掣肘，保障既得利益、缺乏決策，和高層貪汙。過去三十年來，德國潛艇、以色列飛彈、義大利直升機、新加坡小型軍火，和瑞典炮彈採購案均傳出收賄及貪瀆醜聞。與美國和俄羅斯的大型合約則較為順利。美國實施嚴格反賄賂法律，而且大多數國防合約均經由外國軍售案進行，買家不直接與國防承包商交易。對俄羅斯採購的系統運作順暢，比較不會爆出醜聞。

其結果是，中國在傳統戰爭的每個領域幾乎都勝過印度。二〇一六年中，印度有十九架攻擊型直升機，中國有兩百架；印度十四艘潛艇，中國六十八艘；印度有十四艘驅逐艦，中國四十八艘；印度有一四八八架戰鬥機，中國二六一五架等等。國防分析家認為，印度支出必須加倍，至少占國內生產毛額的三％，才足以開始追趕。即便如此仍然不夠，因為在全面衝突中，印度可能面對中國與巴基斯坦的同步攻擊。

印度與中國經濟關係或許好一些，但不足以提供政治槓桿。印度已加入總部設於北京的亞洲基礎設施投資銀行和上海的新開發銀行，後者由巴西、俄羅斯、印度、中國和南非等金磚五國（BRICS）主導。擔任總裁的是一名印度銀行家。中國與印度的貿易急速成長，可是仍然是對中國有利。二〇〇〇年，中印貿易規模僅二十億美元。二〇一六年已超過一千億美元，可是對中國順差四百六十億美元，中國成為印度最大出口市場。直到今日，北京與德里這兩大亞洲國家首都之間仍很少直航班機。

作者艾略特認為中國在玩弄印度，交替運用衝突與友好。[12] 一個顯著的例子是在二〇一四年九月，中國部隊進入印度控制的拉達克（Ladakh）並設立陣地，當時習近平正在訪問印度，表面上為了促進商業往來。不到三年後，在二〇一七年七月，中國與印度再度在洞朗（Doklam）高原互相挑釁，中國與向來在印度勢力範圍內的不丹小國均宣稱擁有主權。就像潛艇造訪斯里蘭卡，這些事件提醒大家誰才是亞洲大國：中國。

印度優柔寡斷和缺乏主動讓自己陷入兩難。要不袖手旁觀，看著自己的勢力不斷流失，抑或與中國競爭，但無論在經濟上或軍事上都無法獨力辦到。不然，印度可以支持中國的計畫，但是這麼做的話，就必須承認自己是資淺夥伴，而中國將成功扶植一連串附庸國，印度則是其中最大者。

*

二十一世紀初葉明朗化的亞洲聯盟，早在一九六〇年代便已成形，那時美國支持印度對抗中國入侵，並利用印度做為集結地，支持西藏的地下獨立運動。中國長期和巴基斯坦維持親近。巴基斯坦在一九六二年的衝突支持中國，此後便協助中國進入伊斯蘭世界。為了回報，中國寬恕巴基斯坦支持喀什米爾的動亂。長久以來，喀什米爾衝突升高與中國軍隊在中印爭議邊境的行動之間一直有著某種關聯。一九八〇及九〇年代大多時候，巴基斯坦協助中國控制新疆回族地區的穆斯林動亂，阻止恐怖分子從巴基斯坦進入新疆。這種安排一直持續著，直到社群媒體和伊斯蘭國等跨國組織改變了情況。新疆如今又面臨威脅，不斷遭到武裝攻擊。

莫迪二〇一四年當選，是在中國開始南海島礁建設的一年之後。巧合的是，莫迪尋求與美國更為積極的關係，這無可避免的會談到中國崛起。二〇一六年時，印度與中國討論在南海進行聯合巡邏。二〇一六年五月，印度派遣四艘軍艦赴南海與太平洋西北部進行為期兩個半月的任務，表示這是為了證明其「任務領域及政府實施『東進』（Act East）政策的決心。」[13]軍艦造訪南韓釜山，越南金蘭灣（Cam Ranh Bay）海軍基地，馬來西亞巴生港（Port Klang），日本佐世保（Sasebo），菲律賓蘇比克灣，俄羅斯海參崴（Vladivostok）。六月底，他們參加日本與美國聯合軍演，在沖繩美國大型基地進行反潛與防空訓練。二〇一五年也有類似演習，那是日本首度參加，宣示新的亞洲防禦聯盟成形。[14]

中印關係起起伏伏。二〇一六年六月達到低點，當時印度想要加入核供應國集團（Nuclear Suppliers Group），這個禁止核擴張的組織正於印度一九七四年核試後成立的。該組織目前有四十八個會員，全體承諾只有在不製造核武之下，才會提供核燃料給其他會員國。美國和大多數會員都贊成印度加入，可是中國反對印度申請入會，堅稱巴基斯坦也應該獲准加入。就巴基斯坦核擴張的歷史來看，這是無法接受的。中國亦阻止印度要求將武裝組織「穆罕默德大軍」（Jaish-e-Mohammed）的頭目列入聯合國安理會黑名單。阿茲哈（Masood Azhar）被控發動二〇〇一年印度國會攻擊案件及許多其他案件。印度亦反對中巴經濟走廊在巴基斯坦控制喀什米爾地區的建設工程。由於緊張升高，印度國內抵制中國貨的運動也加速進行。

達賴喇嘛與西藏始終是中國領導人與印度之間的一個衝突點，因為許多西方民主國家將西藏視為中國高壓統治與違反人權的負面教材。現在八十幾歲的達賴喇嘛在流亡時期，看著漢人湧入西藏成為殖民者，壓迫佛教生活方式，實施中國共產主義，修築基礎設施，並且禁止任何人提到他。

中國和印度不斷在爭議邊界測試彼此的防禦，例如一九六二年。如同前任者尼赫魯，莫迪總理試圖增進印度與美國關係，談論全球兩大民主國家的象徵意義與共同的價值觀。

「在美國企圖與印度建立新的戰略夥伴關係時，一個最大的挑戰是克服印度依然懷疑美國可以做為可靠的盟友，」美國外交政策協會（American Foreign Policy Council）的史密斯（Jeff M. Smith）解釋：「美國不需要迴避以往在最黑暗時刻為印度防禦的紀錄。印度和中國都不清楚美國在未來發生中印敵對事件時將採取何種立場。先前的案例發生在一九六二年，即便大家都忘得差不多了。」15

如今，在那個喜馬拉雅的紛爭地帶，印度軍隊面對中國與巴基斯坦兩國的部隊。印度與巴基斯坦之間有一個實際上的邊境，稱為「控制線」（Line of Control）。炮擊與跨境小規模戰爭導致人員喪生，是常有的事。喀什米爾已成為伊斯蘭激進分子的溫床，他們與基地組織及伊斯蘭國等全球分支組織都有聯繫。邊境紛爭、西藏和一九六二年中印戰爭，阻撓了中國與印度試圖藉由貿易來彌補關係。歷經半個多世紀，同樣的問題仍不斷出現。

二〇一六年十月，為了展現與印度的團結，美國駐印度大使維馬（Richard Verma）訪問阿魯納恰爾邦（Arunachal Pradesh）紛爭邊境地區的達旺（Tawang），中國在一九六二年打仗時占據這個地方，之後又交還給印度。中國仍然宣稱達旺屬於西藏南部。二〇一七年四月，印度允許達賴喇嘛訪問達旺，更加激怒了中國。群眾揮舞著哈達及紅藍條紋的雪山獅子旗歡迎達賴喇嘛。

二〇一七年七月，中印部隊再度劍拔弩張，這回是為了內陸小國不丹，中國在洞朗高原修築一條公路通往印度。不丹這個高山國家，僅七十五萬人口，向來受印度保護，而這條公路可讓中國長驅直入印度錫金邦（Sikkim）。在最緊張的時候，雙方數千名部隊對峙，中國官方《環球時報》（*Global Times*）發表令人回想起一九六二年的社評，警告印度面臨「全面衝突的後果」。[16]

這篇得到中國當局全力支持的社評，猛烈公開抨擊印度，從印度在陸上的軍事無力到海上的脆弱：「如果印度夢想可以在印度洋打戰略牌，就太天真不過了。中國可以打的牌比印度多得多，而且會打擊印度的痛腳，印度則完全無法跟中國攤牌。」[17]

經過十周的對峙後，中國撤退，儘管外交圈保持沉默，印度國防分析師宣稱勝利，直接將中國入侵洞朗高原與南海島礁建設畫上連結。「自從中國成功擴張在南海控制權，人工建設七座島礁並將它們軍事後以來，首度有敵對力量阻止中國的建設活動，改變在紛爭領土的現狀，」印度新德里政策研究中心教授切拉尼（Brahma Chellaney）寫著：「印度拒絕低頭及談和，為其他亞太國家立下如何管理中國威嚇的一個範例。洞朗亦引起一個更大的問題：假如美國歐巴馬總統的政府在南海議題上反對中國，這七座業已軍事化的島礁一開始是否蓋得起來？」[18]

然而，中國入侵亦構成另一個方面的問題。中國公然挑戰印度的區域影響力，要求不丹做出抉擇：未來跟中國在一起比較好，還是跟印度比較好？這又是中國慣用的切臘腸招式。

印度則是與日本加強合作。二〇一六年十一月，莫迪訪問東京，與日本簽署民間核能協定，讓印度可以取得尖端核子技術。他和日本首相安倍晉三首度就中國在南海的行動發表聯合聲明。他們警告，相關的各方不得訴諸「威脅及動武」，日本和印度堅決「尊重航海自由及依據聯合國海洋法公約（UN Convention of the Law of the Sea）的暢通合法商業。」經過多災多難的一年，印度橫渡馬六甲海峽，重申及鞏固其公開支持亞洲的親西方聯盟。

中國的憤怒可想而知。「印度應當提防，捲入紛爭之後，可能成為美國的棋子，而損失重大，尤其是對中國的商業與貿易，」中國向來鷹派的《環球時報》警告：「印度似乎高估其區域地位。雖然中國在南海爭議的主要敵對國家，例如美國和日本，一直想要把印度拉進他們陣營，印度可能只被當成籌碼利用。」[19]

印度不理會這種警告，派遣空軍人員與潛艇去訓練越南軍方操作新購買的基洛級潛艇及蘇愷─三〇戰鬥機。

如同中國在西方包圍印度，印度如今成為在東方的中國防禦警戒線的一環。美國成功與共同民主價值觀的兩大國家樹立其亞洲防禦政策。雖然外交圈長久以來使用「印太」（Indo-Pacific）一詞，但直到川普二〇一七年十一月訪問亞洲才流行起來。他不斷提到「自由及開放的印太」區域，各國獨立國家可以在「自由與和平中繁榮茁壯」。

這表示，印度已經和日本與美國一起把牌丟出去，「自由及開放」意味著不受中國控制或過度影響的印太。它同時顯示，中國三千年來利用賞罰分明手段建立附庸國的做法，可能對印度不管用。印度與美國合作或許可以被中國接受，假如沒有因此而拉進印度與日本的關係的話。但是，在對中國的區域摩擦，日本有其自己的立場。中國既不能也不願原諒中國在百年恥辱時期施加的暴行。中國也不允許日本挑戰其在中國的優勢。儘管如此，中國明白自己正處於日本以前的地位——全新而且自信的工業大國，與美國在亞洲對峙。

中國決心在敵人跌倒的地方站起來。問題是要如何才能做到。

---

1 〈珍珠鏈與海上絲路〉，《中美聚焦》（*China-U.S. Focus*），二〇一四年二月。

2 〈中國核子潛艇又來了，印度擔憂〉，《星期日時報》（印度），二〇一四年十月。

3 〈斯里蘭卡如何打贏戰爭〉，《外交家》，二〇一五年四月九日。

4 《中國的惡夢、美國的美夢：下一個全球大國印度》（*China's Nightmare, America's Dream: India as the next Global Power*），作者：艾佛瑞（William H. Avery），二〇一二年。

5 〈中國與斯里蘭卡：美夢與惡夢之間〉，《外交家》，二〇一六年十一月。

6 〈印度間諜在斯里蘭卡總統敗選所扮演的角色〉，路透社，二〇一五年一月十七日。

7 〈塞席爾支持印度海軍基地〉，《印度報》（*The Hindu*），二〇一六年三月。

8 〈珍珠鏈與海上絲路〉，《中美聚焦》（*China-U.S. Focus*），二〇一四年二月十二。

9 〈保護海外工作中國公民利益〉，《中國日報》，二〇一四年五月五日。

10〈一帶一路快車：中國外交政策的珍貴主題面對抗拒〉，《經濟學人》，二〇一七年五月

11 印度外交部發言人對印度缺席一帶一路峰會的回應，二〇一七年五月十三日。

12《崩塌：印度與現實的幽會》，作者：艾略特（John Elliott），二〇一四年。

13〈印度東進政策：對印度洋區域的戰略意義〉，《印度洋區域期刊》，二〇一六年十月。

14〈印度派遣驅逐艦赴南海〉，《外交家》，二〇一六年五月。

15《冷和平：21世紀的中印對抗》（*Cold Peace: Sino-Indian Rivalry in the 21st Century*），作者：史密斯（Jeff M. Smith）。

16〈中國可以打的牌比印度多得多〉，《環球時報》，二〇一七年七月。

17 同上。

18〈印度拒絕低頭向世界證明如何因應中國威嚇〉，《印度每日郵報》，二〇一七年九月一日。http://www.dailymail.co.uk/indiahome/indianews/article-4845618/India-s-refusal-bend-Doklam-standoff-China.html.

19〈印度高估其南海地位〉，《環球時報》，二〇一六年十一月八日。

第四部

東亞

「回顧歷史，我衷心希望戰爭苦難不再重演。」

——日本明仁天皇

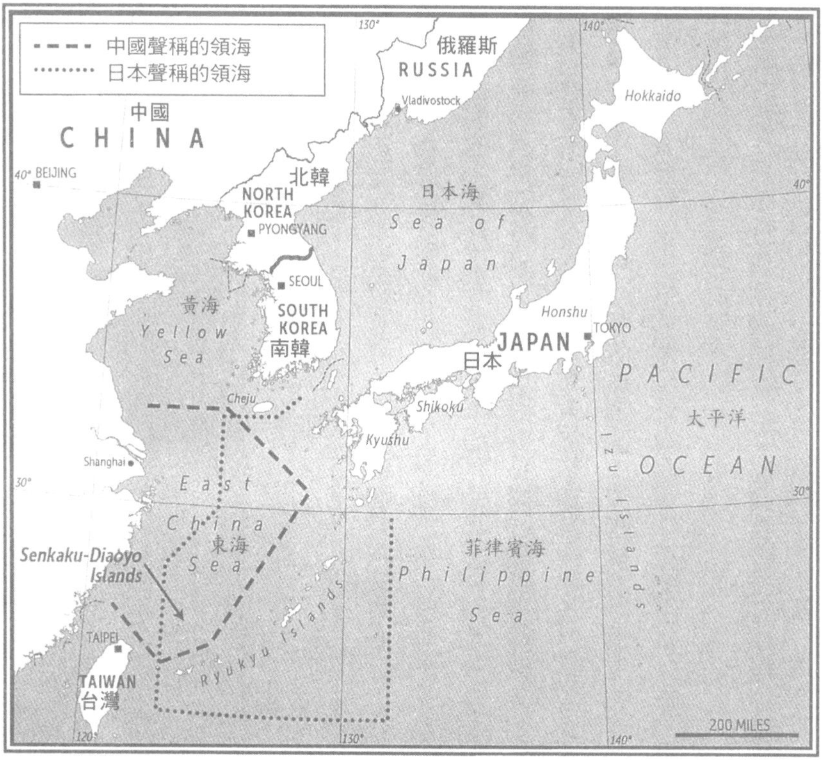

第十二章
日本：亞洲頭號工業強權

和南海諸島的主權爭議一樣，東亞的衝突引爆點也在幾個鞭長莫及且妾身未明的小島身上，總共有八座。其中三座幾乎隱沒在海面下，其他露出水面的不過也是一堆礁岩，非但不適合人居，而且寸草不生。美國人在二次大戰末期發現這群島嶼的最大用處，就是充作轟炸練習場。與這群列嶼距離最近的是台灣北海岸及日本觀光勝地石垣島，兩處陸地和列嶼相距一百英里，中國海岸線與列嶼最近的距離超過二百英里。中國稱這群島嶼為釣魚台列嶼（Diaoyu Islands），在日本則叫作尖閣諸島（Senkaku），多年來釣魚台列嶼大多落入私人之手，在不同家族間轉手買賣。中國聲稱對釣魚台擁有主權，但自上個世紀以來，先是國共內戰，再來是印度、朝鮮半島、台灣、西藏等問題，讓中共政權根本無暇顧及釣魚台這個彈丸之地，姑且擱置一旁無所作為。

但這種情況在二〇一二年出現轉折，日本政壇的鷹派代表人物東京都知事石原慎太郎

（Shintaro Ishihara），宣稱要向一九七〇年代起便是釣魚台島主的栗原家族（Kurihara）收購釣魚台。被貼上民粹主義政客標籤的石原慎太郎，從不怯於挑釁中國，隨著日本民族主義情緒高漲，獲得社會普遍共鳴，他更加有恃無恐。日本首相安倍晉三也是搭上這種愛國情緒的順風車，在二〇一二年底順利回鍋執政。中國和日本的商業成就再怎麼輝煌，都掩蓋不了兩國長久以來的區域性對峙，石原慎太郎掀起的釣魚台爭議，正好暴露出中日關係的裂痕。

後來日本政府索性親自介入，花了二千萬美元買回釣魚台收歸國有，中國方面憤而回擊，引發一連串連鎖反應，釣魚台列嶼（尖閣諸島）因而成為全球另一個衝突引爆點。這讓人腦海不禁浮現一幅畫面，兩位超有錢的億萬富豪竟然在爭搶垃圾桶裡的煙蒂。幾個鳥不生蛋又沒什麼經濟價值的海島，成了全球兩大經濟強權鬧不合的導火線，這種想法乍聽之下不足為信，但事情就這麼發生了。即便中國與日本已是世界數一數二的富強國家，但深植在雙方內心的焦慮不安，重燃彼此始終未化解的歷史情仇。

日本宣稱取得釣魚台所有權，在中國掀起鋪天蓋地的抗議浪潮。北京政府聲稱國內激憤的情緒屬自發性，雖出言呼籲社會冷靜，卻未見積極遏止示威暴動蔓延。中國抗議民眾衝破日本駐北京大使館的安全封鎖線，大肆搗毀及縱火焚燒日本企業旗下的工廠，包括本田（Honda）、Panasonic、豐田（Toyota）等知名大廠都遭殃，這波蔓燒全中國的反日活動一直持續到二〇一二年九月底。

暴民狂呼「還我島嶼！日本鬼子滾出去！」的口號，還有一個標語牌寫著：「為了祖國的尊嚴，我們必須和日本一戰」。

日本在公開場合試圖淡化破裂的中日關係，但一位資深官員直言不諱地告訴我：「中國濫用日本人民的善意，為了將共產主義轉化為民族主義，它需要把日本當敵人。」

中日關係潛在的隱憂於二〇一二年浮現後，也讓外界開始聚焦其他地方，就像地殼震動一樣，裂縫會一條接著一條冒出。種種問題糾結在一起，接下來就是對亞洲前途打上問號：中國崛起有什麼意涵？亞洲與以保護者自居的美國該如何應付？中日兩國的經貿關係緊密且深，究竟有何理由去破壞它？倘若北京當局為了釣魚台，甘冒犧牲中日經貿關係的風險，還會有什麼其他動作？中國的自信從何而來？

一九七八年中國新一代改革派領導人鄧小平親赴日本，簽署《中日和平友好條約》，這是大膽務實的舉動。中國忘不掉也無法原諒日本侵華，包括一九三七年殘殺三十萬中國人的南京大屠殺。中國乃至整個東亞，與日本之間有難解的歷史仇恨，但鄧小平需要與日本發展貿易關係及引進日資，他參觀全球消費電子巨擘Panasonic，探詢是否願助中國現代化一臂之力，該公司欣然允諾，開始前進中國設廠，其他日本企業也陸續跟進。時至今日，約莫二萬家日資企業在中國設廠，雇用一千萬勞工。[1]

日本官員秀出Panasonic當年在中國開設第一家工廠的老照片，與另一張Panasonic中國廠遭搗毀的照片做對比，他對我說：「鄧小平找上我們，懇請日本企業到他的國家投資，我們基於友好精神照做了，卻是得到這樣的回報。」中國爆發反日暴動之後，日本對中國的投資額大減四〇％以上。

中日兩國的經濟關係緊密且深，直至今日仍是如此，實在沒有道理破壞它。在過去半個世紀，中日關係的裂痕一直被包紮隱藏起來，傷口需要癒合，否則只能重新包紮，直到發現治癒方法。

對照中國的十四億人口，日本人口數僅一點二八億。二〇一六年日本的經濟產值四點四一兆美元，反觀中國高達十一點三兆美元。地圖上的日本群島，形狀就像細長彎曲的手指，比菲律賓略大一點，但比印尼還小，中國的國土面積更是比日本大上好幾倍。不過日本有別於亞洲多數國家的是，他國不論什麼，一切權力都來自北京授予，因為中國是大國，其他國家是小國，或為了求生存，非得卑躬屈膝向中國朝貢，但日本不吃這一套。中國與日本有過思想文化交流，日本就算不自認高人一等，至少也認為可以和中國平起平坐，這個棘手問題至今尚未化解。

日本是第一個國力和經濟實力可與西方並駕齊驅的亞洲國家，也是亞洲唯一遭受過核子攻擊的國家。一名日本外交官告訴我：「我們太強大才會遭到摧毀，我們控制不了自己的力量。中國積弱不振所以被打垮，但中國總認為自己是泱泱大國，是世界的中心，其他的充其量只是它的邊陲國。中國從上而下的封建式政治制度，造就它封閉又難容異己，領導人與世隔絕，漠視現實世界的潮流變化。現在的中國讓我們彷彿回到一九三〇年代，歷史殷鑑告訴我們，中國最終會被自己的強權力量摧毀。大家總以為中國大到不能倒，回溯至一九三〇年代我們也是這樣看待日本，但相信我，中國並非大到不能倒，若真到了這一天，一切將灰飛煙滅。」

*

廣島和平紀念資料館（Hiroshima Peace Memorial Museum）建於二戰原爆原址，一九四五年八月六日早上八時十五分，世界上第一顆用於戰爭的原子彈就在此引爆。該紀念館成立目的，並非控訴美國如何讓廣島成為恐怖煉獄，對於日本為何活該遭此可怕攻擊也未多作解釋。廣島和平紀念資料館的成立宗旨，在於「持續呼籲去除核武，實現世界永久和平」。館內毫無保留地如實陳列原爆遺物，包括皺巴巴且破損焦黑的女學生制服，制服主人不幸死於這場浩劫。

根據展示牌的銘文：「庄田信子（Nobuko Shoda，當時十四歲）是廣島女子高校附屬山中女子中學的二年級學生，她全身上下都有燒傷……臉部和雙腿腫脹，雙手脫皮……八月十日過世。」銘文旁展示的正是信子破損焦黑的校服，還注明她在事發當時，距離爆炸中心有一千二百公尺遠。

紀念館的銘文告訴我們：「原爆波及方圓好幾公尺的民眾，無數的玻璃碎片刺進受難者的身體。直到今天，原爆倖存者還是會抱怨身體疼痛，從他們身上清出不少玻璃碎片。」原爆紀念館用審慎斟酌但又令人戰慄的文字還原實況：「周遭的空氣大幅膨脹，形成大爆炸，爆炸產生巨大的風壓，從原爆中心地到五百公尺外的地方，風壓達每平方公尺十九噸。建築物幾乎全夷為平地，人被爆炸威力拋上半空中。」

美軍在廣島投下第一顆原子彈，三天後在長崎投下第二顆原子彈後，日本宣告戰敗無條件投降，被美國為首盟軍占領長達七年，期間促成日本建立民主體制，和平憲法也於焉誕生，這部戰後憲法要求日本放棄宣戰，也不得發展具備「戰爭能力」的國防武力。

不過到了二〇一二年十二月情勢丕變，在爆發釣魚台主權爭議及中國反日暴動之後，有張開麥拉臉但發言直率的日本自民黨總裁安倍晉三，在國會大選贏得壓倒性勝利，二度當上首相回鍋執政。安倍是日本政壇出了名的右翼鷹派，他推出的政綱主打經濟改革與強化民族主義。當日本的戰爭罪行及殖民紀錄再度被聚焦敵視，安倍出言反擊。關於二次大戰期間占領地婦女被強拉當慰安婦，提供日軍性服務的指控，安倍質疑是否真有其事，引發中國、南韓等國人民同仇敵愾。安倍還前往有爭議性的靖國神社參拜，此處供奉日本陣亡將士，但其中包括二戰甲級戰犯。安倍迴避用自己的話為日本戰爭罪行道歉，而是這麼說：「我們不該讓子孫後代背負謝罪的宿命，他們與那場戰爭無關。」被逼急的時候，他只是重申支持歷任內閣的道歉立場，再次承認他的國家造成「難以估計的傷害和苦難」。2

日本與中國原本就艱困的外交關係雪上加霜，這回又再度為釣魚台列嶼（尖閣諸島）槓上。二〇一三年十二月，北京政府宣布劃設「東海防空識別區」，範圍涵蓋有主權爭議的釣魚台列嶼，要求所有進入識別區的航空器須向中國通報。劃設防空識別區不是什麼新鮮事，自二次大戰後東亞地區就出現好幾個，只不過中國未與鄰國商量或事先通知就逕自劃設，而且和日韓的防空識別區重疊，在此同時，中國戰艦頻頻駛進釣魚台附近的爭議水域。更早之前，中國軍艦的導彈雷達甚至鎖定日本船艦，此被視為挑釁的舉動急速升高兩國對峙危機。3

日本唯一可仰賴的外部軍事保護，來自一九五二年的《美日安保條約》，北京甚至直接向五角大廈嗆聲，要以反艦導彈對付日本，將美國捲進和中國的衝突是危險之舉。日相安倍的看法是，日本必須自立自強，才能應付中國的威脅，要達此目的就得修改和平憲法。不過安倍領導的是聯合內閣，自民黨的執政夥伴是佛教色彩濃厚且反戰的公明黨，這意味兩黨勢必經過一番討價還價後，才能達成修憲共識。自民黨與公明黨多番協商後，安倍內閣終於在二〇一四年七月一致同意修憲。修憲後日本的「集體自衛權」將可解禁，如此便能在盟邦遭受武力攻擊時參與協防，日本自衛隊也可出兵海外，但僅限於維和任務。

對此安倍辯解說：「日本周遭的國際情勢日益嚴峻，做好萬全的準備，才能遏阻任何想對日本發動戰爭的企圖。內閣今日做此決定，更能減少日本捲入戰爭的機會，那是我的信念。」4

美國與西方盟友支持日本修憲，北京當局則嚴詞回應。中國官媒新華社譴責安倍「將他的國家帶往危險道路……無論安倍如何粉飾，說穿了他是利用卑鄙的騙局玩弄戰爭的幽靈。」[5]

二〇一四年十一月，安倍首相在一片仇視論調中，飛往北京出席亞太經合會（APEC）領袖峰會，與東道主中國國家主席習近平會晤。兩位元首舉行閉門會議密談，日本官員描述這場氣氛祥和的正式會談持續三十分鐘，但之後曝光的照片說明了一切。兩人尷尬握手，表情陰沉全無笑容，幾乎無法正眼看對方，眼神只能勉強交接。這些擺明中日關係凍結的照片發送到全世界，一周後安倍突然宣布解散眾議院提前改選，他領導的自民黨仍輕鬆大勝，進一步鞏固他的執政地位。

這兩個亞洲主要的專制政府和民主政府，若仍以頑固僵化的思維對待彼此，恐怕都不能有效運作，果然三年後，安倍與習近平採取更務實更成熟的做法來經營雙邊關係，彷彿是認同這樣的理念。二〇一七年十一月越南峴港召開的APEC峰會上，安倍與習近平高呼中日有「全新的開始」。安倍聲稱，中日關係穩定符合兩國利益；習近平堅定表示，中日「須採取建設性措施，妥善處理控管糾紛」。

中國和日本一致承認，川普政府難以捉摸引發區域不安，是促成兩國關係融冰的主因。日本懷疑美國總統川普過分吹捧習近平的動機，覺得事有蹊蹺，不知川普葫蘆裡賣什麼藥。中國深知若欲牢牢擴張自己的影響力，就該開始把日本當成盟友而非敵手，那絕非在區域峰會場邊殷勤握手就行得通，但中日因爭執釣魚台列嶼（尖閣諸島）主權而緊張的關係，確實很快就冷卻下來。

峴港APEC峰會落幕後不久，美國智庫機構亞洲海事透明倡議（AMTI）公布照片顯示，中國漁船不再大舉闖入釣魚台周遭爭議水域挑釁生事，與一年前形成強烈對比。二〇一六年八月，也就是中國年度捕魚禁令解禁後沒幾天，多達三百艘中國漁船在十六艘中國海警船護航下，進入釣魚台附近海域作業，其中不少船隻甚至頻頻闖進所謂的十二海浬領海，與日本海上保安廳對峙衝突。不過隨著二〇一七年中日元首在APEC峰會宣布，兩國關係將有「全新的開始」，中國漁船不再越雷池一步，不敢貿然挑戰日本聲稱的領海主權。

AMTI報告的結論是：「十月下旬中共召開第十九次全國代表大會（簡稱十九大），日本也舉行國會改選，兩國值此政治敏感時機，擔心觸及釣魚台列嶼（尖閣諸島）議題會引起社會反感，出現難以控制的場面，北京與東京當局看來是有意試著和解。」

插個題外話，美國宣布退出「跨太平洋夥伴關係協定」（TPP）後，日本帶頭與另外十個太平洋國家繼續推動TPP，已於二〇一八年三月完成簽署。當年主導TPP的歐巴馬政府，耗費多時協商出這個以規範為基礎的貿易體系，功能目標不單單侷限於貿易。該區域貿易協定涵蓋五億人口，生效後將取消區內九五%農工產品的關稅，可是把中國排除在外。

美國的亞洲分析師建立一套模擬情勢發展的情境，要記得川普的總統任期有限，而中日關係可回溯好幾個世紀。加拿大海事糾紛專家馬尼康（James Manicom），在二〇一四年出版的著作《惡水上架橋：中國、日本及東海海洋秩序》（*Bridging Troubled Waters: China, Japan, and Maritime Order in the East China Sea*）中主張，儘管中日關係不睦，但過往紀錄顯示，兩國總能睿智地做好危機管理。中國必須仰賴區域穩定，才能推進自己的經濟成長；日本與美國簽訂的軍事條約，始終具備強大的威懾力量。

美國智庫蘭德亞洲政策中心（Rand Center for Asia Policy）研究員哈洛德（Scott Warren Harold），不到二年後撰文指出，他認為經濟或許不是中國首要的考量因素。他寫道：「中國決策者可能會問自己三道問題：我們需要作戰嗎？如果開戰我們會贏嗎？第三是，代價是什麼？令人不安的是，目前看來這些問題的答案，沒有一個是朝正面方向發展……更何況，中日兩國的經濟關係正在向下沉淪，這意味經濟對戰爭的約束力恐進一步受到侵蝕。」[6]

美國海軍戰爭學院中國海事研究所教授金來爾（Lyle J. Goldstein），進一步將東海形容成「全地球最危險之地」，敵對兩國船艦的「碰撞事件」恐怕是導火線，這在南海老早成了例行公事。在此情況下，可能一步步從雙方槍戰、兩軍艦隊反艦導彈互射、戲劇化大規模攻擊重要基地，演變成全球全面開戰，讓人猝不及防。[7]

金來爾的同僚、前航空母艦指揮官凱利（James Kelly），現任海軍戰爭學院院長，他擔心會錯估形勢，因為中國、日本和美國海軍可是全在同一處演習。凱利告訴我：「一旦情勢變得錯綜複雜，即便你只是一個小小的出海水手，連遛狗都得格外小心，遑論你身為大炮軍艦的艦長。倘若兩軍在海上短兵相接，雙方領袖未使盡一切必要手段做船橋間通信，可能會發生讓人不樂見的憾事。」

中日關係陷入緊張，全東亞又有這樣的感受，即便日本一而再再而三道歉，還是看不出有悔意。同為二戰戰敗國，日本與德國的做法存在微妙的差異，而且幾乎無法計量，那就像是德國政客為了拉抬民調，常常跑到納粹戰犯墓前憑弔一樣。亞洲普遍的感想是，日本還不了解它的殖民統治有多殘忍，也不懂該怎麼做才能往前邁進。如同當今釣魚台列嶼（尖閣諸島）之爭是中日權力遊戲的象徵，靖國神社把戰犯當英雄供奉，代表日本參不透自己的過去。

*

日本在二戰原爆地廣島成立和平紀念館，中國也在南京蓋了大屠殺紀念館，悼念一九三七年十二月慘遭侵華日軍屠殺的受難同胞。有別於美軍的核子攻擊，日軍的屠殺暴行是個人式的，至少二萬中國婦女遭到凌辱姦淫，日軍拿中國囚犯開刀，大玩百人斬的殺人競賽，燒殺擄掠樣樣來，到處是曝屍荒野的血腥景象，超過三十萬人喪命。紀念館鉅細靡遺記述那段慘絕人寰的歷史，利用燈光照明極盡營造展示物的震撼衝擊感。一張放大的巨幅照片顯示，日本皇軍騎馬入城，南京居民被迫夾道歡迎，另一張是名老者即將遭到日軍斬首，還有屍橫遍野的照片，這些畫面道盡征服者的殘酷。戶外設置刻劃民眾驚恐逃難的雕像，還有靜謐的景觀水池，入口處高掛中國領導人習近平的肖像。二〇一四年十二月日本眾議院改選，日本首相安倍晉三蟬聯執政，同月習近平主持南京大屠殺紀念儀式，他對群眾演說表示：「歷史不會隨時間更迭改變，事實不會因任何強辯或否認而消失。」8

中日激烈對抗的心態讓我們深刻體悟到，縱使東亞看似靠貿易團結起來，迄今尚未形成集體未來感，也未勾勒出共同價值體系。歐洲是到一九四五年德國戰敗後才有未來感，一九九一年歐盟成立後，將過去被蘇聯控制的東歐國家吸納過來是第二次。不過即便是在歐洲，民族主義情緒又見高漲，亞洲則是經濟整合顯然不夠徹底，欠缺到位的機制來推動，以致宿敵國家又重演不堪回首的歷史，日本天照大神對抗中國天命說。雖說現今中國的開發速度超越印度，但回顧歷史，日本的發展程度在中國之上。日本的開發成就多少歸功於它採取微妙且結果導向的做法，來面對十九世紀西方列強入侵，結果日本成為亞洲第一個現代工業化國家。

菲律賓馬尼拉雅典耀大學（Ateneo de Manila University）教授海德里恩（Richard Javad Heydarian）表示：「北京企圖說服世人相信，日本昔日的軍國主義又將復辟。不過只要是冷靜一點的分析皆暗示，真正的爭議點在於，崛起的中國與日本在爭奪區域領導權。」

中日過往的競爭歷史中，至少有三次贏家都是日本。

長達好幾個世紀，中日兩國人民可自由往來，但他們幾近遺世獨立，與亞洲以外的寬廣世界隔絕。日本被外國干涉的初體驗發生在一五五〇年代，葡萄牙耶穌會傳教士跨海來日本熱切宣教，上至大名、武士，下至販夫走卒，皈依天主教的信徒日多，結果忌憚天主教勢力的幕府鐵腕禁教，最終引發民眾起義反叛幕府統治，暴亂落幕後，日本徹底鎖國。一六三九年葡萄牙傳教士被逐出日本，天主教信徒遭到處決。只有荷蘭因不熱衷傳教而享特殊待遇，獲准在長崎設貿易據點，此後日本接觸到西方著作和科學發明，得以一窺西方現代化的堂奧。

到了十九世紀初，西方列強強迫中國與日本開放通商貿易，這兩個國家都對外來勢力反感，中國清朝只准西洋貿易商在廣東港口做生意，日本也僅開放荷蘭人進來經商。一八二五年，歐洲列強威逼日本廣開通商港口，歐美船艦前仆後繼入侵日本水域，日本幕府下令「不計一切代價驅逐外國人」。

一八四二年來到歷史轉捩點。英國在第一次鴉片戰爭打敗中國，日本紀錄凶猛殘酷的英國，是如何靠他們的船堅炮利、精良的科技、訓練有素的兵力戰勝中國。十二年後，美國海軍准將培里（Commodore Matthew Perry）率領艦隊浩浩蕩蕩抵達日本，威脅日本開放港口讓美國捕鯨船停靠補給，否則就要開火動武，日本很快就遵照要求，培里得寸進尺，進而要求日本開港與美國通商（這正是史上著名促成日本開國的「黑船事件」）。一八五四年三月，培里與江戶幕府簽定《神奈川條約》（Kanagawa Treaty），終結日本鎖國時代，開放少數港口對外貿易。

但此不平等條約也引爆日本擁幕派與倒幕派的內戰，擁幕派支持自十二世紀末起就統治日本的幕府體制，倒幕派高呼要改革。直至今日，英國和法國仍亦步亦趨跟在美國後頭，想從日本貿易中分一杯羹，英法在日本內部衝突中還選邊站，英國提供軍援給高舉改革大旗的倒幕派，法國則當擁幕派的靠山。日本內戰斷斷續續維持十五年之久，一八六九年幕府統治被推翻，開啟日本明治維新時代。

明治（Meiji）有「啟蒙」（enlightened）之意，明治時代是日本邁向現代化的關鍵，日本全面西化，大量引進西方先進科技與思想，卻保有傳統亞洲式的生活方式。同一時間，中國苟延殘喘的封建政權仍試圖抵抗西方入侵，但仍無法將其擊退。一八五〇年代，中國境內爆發第二次鴉片戰爭，令中國難堪的是，這回英法聯軍攻入京畿重地北京，還燒毀清朝皇家園林圓明園，此後中國沿岸地帶落入西方列強的掌控中，淪為西方的殖民地，被西方勢力割據占領。

另一方面，日本自一八五四年與美國簽了《神奈川條約》之後，只要是西方產物都照單全收。洋式餐廳少不了水晶吊燈和管絃樂隊，供應的是歐式料理及美酒。男性穿著福爾摩斯斗篷，頂著西式髮型，在東京鹿鳴館（Rokumeikam）大跳華爾滋與方舞，品嚐法國主廚精心準備的法國菜，還會打打撞球，連在西方國家都很罕見的汽車，首次出現在東京街頭。舉凡西方的科學、工程、政治和生活方式，日本都全盤接受，這個國家看起來不像是被刀架著脖子，才服膺在西方學說之下，倒像是主動採納西方的國際法、貿易、知識乃至政治辯論等觀念，日本說服的理由是，與西方強權合作，才會讓自己壯大。

日本人拚命培植國力並向西方取經，讓來訪的外國人見識到他們無懈可擊的禮貌、秩序及效率，日本商人的足跡遍及整個東亞建立據點。日本勢力外擴的第一場考驗，出現在《神奈川條約》簽訂四十年後的一八九四年，中日爆發甲午戰爭，清軍與日軍在傳統上為中國附庸國的韓國交戰，結果清軍潰敗，打了勝仗的日本，從中國手中奪下朝鮮半島的控制權，取得主宰東亞區域的地位。

日本的擴張野心並不僅止於朝鮮半島，進犯中國的意圖也未就此打住。西化的日軍對台灣進行殖民統治，中國縱有絲毫抵抗，也遭日軍殘酷地迅速平定瓦解，這之後還演變成日本正式的南進政策（Nanshin-ron）。日本認為朝東南亞和西太平洋擴張符合國家利益，與向美國借鏡的門羅主義有異曲同工之妙。日本另提出北進論（Hokushin-ron），儘管在當時還只是紙上談兵，日本仍舊與另一個歐洲強權俄國正面衝突。日本贏得甲午戰爭占領朝鮮半島後，開始瞄準中國東北，劍指大清帝國的發源地滿州，然俄國取得東北港口旅順（Port Arthur）的租借權後，老早將自家戰艦部署於此。

日本對旅順港發動先發制人的閃電奇襲，旅順港陷入日軍包圍，同樣的作戰模式在三十七年後日軍偷襲珍珠港重演。日俄兩國在中國東北多次交戰，俄國於一九〇五年九月投降，在美國的調停下與日本議和，美國總統老羅斯福（Theodore Roosevelt）還因此獲頒諾貝爾和平獎。

日本在決定性戰役大敗歐洲國家，不僅震驚國際防禦體系，日本也從一方之霸一躍而成世界強權。但日本國內有種被欺騙愚弄的感覺，即使是現在，日本並未獲平等對待，而是被當成地位次等的亞洲強權，美國一旦介入斡旋，還會否認日本戰利品的正當性。

就連時任中華民國臨時大總統的孫中山也敲了警鐘，他於一九二四年在日本神戶演說時，推崇日本戰勝俄國形同東方擊敗西方。他說：「我們將日本的勝利視為自己的勝利，那確實是令人欣慰的事情。」但他提到：「現在的問題仍在於，日本究竟是做西方霸道的鷹犬，或是做東方王道的干城，就在你們日本國民去詳審慎擇。」[9]

當時日本殖民韓國，實行慘無人道的高壓統治，數千韓國人民因日本鎮壓起義而死於非命，數十萬人被送進勞改營，婦女遭強行徵召當「慰安婦」，這時至今日依然是日韓關係緊張的引爆點。日本占領期間，試圖消滅韓國的語言與文化認同，搗毀藝術品，破壞歷史建物，韓國讓全世界窺見日本的狼子野心。之後歐洲強國也捲入他們自身的權力鬥爭，第一次世界大戰爆發後，協約國英法對日本的加入只有心懷感激，感謝它對抗德國在亞洲的利益。

此時美國體認到，當年逼迫日本開國助其工業化，反倒造就現代化又強大的敵人，替自己惹禍上身。在老羅斯福總統的指示下，海軍戰爭學院的軍事分析師開始擘劃藍圖，用以對抗日本這個威脅美國利益的亞洲新興強權，該項計畫稱為橘色戰爭計畫（War Plan Orange）。

1〈超過二萬家日本企業在中國投資〉，新華網，二〇一七年四月十一日。

2 日本首相安倍晉三發表二戰終結七十周年談話，二〇一五年八月十四日。

3〈中國戰艦準備對日本海軍二度開火〉，《商業內幕》（*Business Insider*），二〇一三年二月。

4〈日本和平憲法：終戰七十年後，日本修法以利參戰〉，《獨立報》，二〇一四年七月。

5〈安倍與魔鬼交易，玩弄戰爭幽靈〉，《中國日報》，二〇一四年七月一日。

6〈經濟關係限制衝突的可能性？〉，《蘭德部落格》（*The Rand Bolg*），二〇一六年八月。

7〈全世界最危險的對峙：中國與日本〉，《國家利益》（*The National Interest*），二〇一四年九月。

8〈習近平高調舉行南京大屠殺紀念儀式，痛斥日本戰爭暴行〉，《南華早報》（*South China Morning Post*），二〇一四年十二月三日。

9 孫中山在神戶發表「大亞洲主義」演講，一九二四年十一月二十八日。

第十三章
美國：戰爭遊戲和黑天鵝

一八九〇年美國領悟到，如果要保護祖國及自身國家利益，就必須稱霸太平洋。八年後美西戰爭引爆，菲律賓脫離殖民國西班牙卻落入美國手中，美國因而有了立足亞洲的據點。一九一七年，原本在一次大戰堅持中立的美國，還是出兵橫跨大西洋，正式投入歐洲戰場。美國與歐洲有共同的價值，就是奉行西方式民主，大西洋扮演連結歐美的橋樑角色，很多美國人——尤其是住在東岸的——透過稜鏡來看自己的國家，藉北約組織來牽制俄羅斯，承襲大量歐洲傳統。從美國西岸新開發城市可遠眺太平洋，洛杉磯、舊金山、西雅圖等美西城市因亞洲移民眾多，交織著中國及日韓文化遺跡，正如同美東城市波士頓、紐約，有不少愛爾蘭裔、義大利裔移民，而與都柏林、拿坡里結下不解之緣。

一八九〇年來自太平洋國家的威脅開始擴散，日本船艦在夏威夷群島附近出沒，當時夏威夷還不是美國的領土，但早有美國商人進駐。美國是在一八九八年的美西戰爭（Spanish-

American War）獲勝後，正式吞併夏威夷，然日本的威脅並未就此結束，美國戰爭專家著手研究如何遏阻崛起中的日本。五年後的日俄戰爭，日本在中國東北旅順港擊垮俄國震驚全世界。之後美國海軍戰爭學院首次提出橘色戰爭計畫，仔細斟酌兩套圍堵日本的劇本，還有必要之時打垮日本的戰略。1

僅僅五十年時間，這個昔日落後的亞洲國家聆聽觀察學習西方，將自己型塑成歐洲式的工業及軍事強權，與俄國正面交鋒就一戰成名，下一個對手是美國，難怪老羅斯福總統坐立難安。

美國海軍戰爭學院自十九世紀末創立以來，一直擔任戰爭顧問角色，幫美國謀劃各項戰役的長期軍事戰略，模擬兩軍對峙的假想情境。模擬結果會回報五角大廈，美國國防部再據此擬定海軍應變計畫與戰略。

海軍戰爭學院的學員為朝晉升之路邁進的現役軍官，大多是美國自家人，也有數十位來自其他國家，與美軍一同受訓和操演。新生集會時，一身深藍色制服還留有濃密鬢角的演員，扮演海軍戰爭學院創辦人魯斯（Stephen B. Luce）准將，以粗啞的聲音當眾朗誦一遍魯斯的經典名言，道出一個令人不快的事實。魯斯形容戰爭是「可怕的禍患」，接著又說：「但事過境遷後，有過戰爭經歷只是體會不深的學員都不會否認，一切總會否極泰來。」他闡明戰爭如何避免，以此替自己的論述做結尾：「方法只有一個，就是做好萬全準備，戰爭學院存在的意義正在於此。」2

日本艦隊指揮官山本五十六（Isoroku Yamamoto），一九二四年造訪海軍戰爭學院，之後擔任日本駐華府大使館的海軍武官，二〇〇六年中國海軍司令員吳勝利作客海軍戰爭學院，這都佐證了上世紀的日美關係與本世紀的中美關係是如何鋪陳。一九四一年日軍偷襲美國在夏威夷的海軍基地珍珠港，就是出自山本的傑作；吳勝利負責監督將中國海軍發展成海上強權，如今果真讓美國海軍將領徹夜難眠，不過吳勝利已於二〇一六年落馬下台。

美國在一九〇〇年代初，制定所謂顏色戰爭計畫，幫每個國家標記不同的顏色。美國本土是藍色，英國是紅色，中國是黃色，德國是黑色，朝鮮半島是棕色，墨西哥是綠色，日本是橘色，橘色戰爭計畫即是由此而來。這項牽涉到日本的作戰計畫，在美國軍事史上堪稱最複雜而且曠日持久，但對於確保美國在亞太地區的勢力至關重要。

橘色戰爭計畫最初的版本，是在日俄戰爭爆發的背景下發展出來，對美國海軍如何在太平洋作戰，有詳盡的沙盤推演，包括假想日軍會先攻占菲律賓，若美國選擇對日本開戰，至少要花兩年時間才能奪回菲律賓。

由此看來，早在一百多年前美國就面臨抉擇，是要與意志堅強的亞洲國家兵戎相見，還是完全撤出亞太地區。今天中國決意要成為區域強權，在此同時美國也堅決要保住它在亞洲的主宰地位。多方面顯示出，想當亞太強權的渴望，老早就深植在美國人內心深處，遠比想成為歐洲強權的心態還長久。

和在其之前的日本一樣，中國聲稱自己理所當然在亞洲具主宰地位。美國仍強調自己涉足亞洲是出於利他動機，就像十九世紀末美西戰爭期間，美國總統麥金利第一次面對菲律賓這個燙手山芋所做的決定，一部分是基於國家利益，另一部分是為維護國際法，防止大國霸權橫行。

第一次世界大戰期間，日本就不斷擴張領土，將一座又一座太平洋島嶼納入版圖，奪下卡羅林群島（Caroline）、馬里亞納群島（Mariana）、馬紹爾群島（Marshall Islands）、帛琉（Palau）等德國屬地。一九二〇年代期間，日本仗著只須固守亞洲的優勢，持續厚植自己的國力，不像美國得兼顧大西洋與太平洋戰場而分身乏術。再對照當今的國際局勢，美國的戰略布局遍及非洲、歐洲和拉丁美洲，還要聚焦伊斯蘭恐怖主義與中東問題，中國卻是選擇性布局和投入資源。

日本崛起後還有一明顯的變化，任何戰爭只要牽扯到這個亞洲強國，十之八九都在海上衝突。而歐洲戰場只要有德國或俄國捲入，多半是在鄉間和壕溝短兵交接。戰爭擘劃者面對的戰場從歐洲轉到太平洋，他們的思維也須隨之改變，丟掉刺刀改部署戰艦魚雷。而回到今日，另一個可兩相對照而且還是進行式的變化是，武器技術由路邊土製炸彈，發展到可精準擊沉船艦的導彈。

橘色戰爭計畫考量到一點，美國不似歐洲海軍，從來沒有與現代艦艇作戰的經驗，這意味必須針對日本會朝美國採取何種攻略做足演練。

海軍學院院長庫洛拉（Tom Culora）向我解釋說：「所以他們的任務是，從作戰面和戰略面模擬太平洋戰事。倘若你眼看日本崛起，開始在太平洋地區攻城掠地，美國赫然發現自己與日本衝突對立，你該怎麼辦？」

除了軍事計畫鎖定日本外，美國國內也出現和日本有關的政治問題。數千名日本人移居加州落地生根，激起種族主義分子強烈反彈，這股反日情緒外溢擴散到地方與國會政壇，反日組織如雨後春筍般紛紛冒出，極力要求採取措施遏阻日本移民，包括嚴禁「黃禍」購買美國房產。幾年下來排日情緒愈演愈烈，到一九三一年日本侵略中國東北達到高峰，一九三七年日軍在南京大屠殺的暴行傳至美國後，美國對日本的憤怒更演變為驚恐，但美國等到一九四〇年才採取直接行動。當時日軍長驅直入法屬中南半島，目的在阻止燃料及其他物資補給運送到中國手中，二戰期間法國被德國納粹占領，而中南半島還在法國維琪政府控制之下，日本遂與親納粹的維琪政府簽訂協議，封鎖中國的補給路線。另一方面美國總統羅斯福有所動作，凍結日本在美國的資產，對日本下了石油禁運令，在東南亞有殖民地的同盟國盟友英國與荷蘭也跟進，切斷日本四分之三的石油補給。如此一來日本有兩個選擇，是要放棄成為太平洋霸主的野心，還是與美國決一死戰，日本選擇放手一搏。催化美日戰爭的，不是競爭意識形態這類抽象的高尚情操，而是日本必須保護能源補給管道，確保原物料取得無虞，中國今日的戰略布局也是出自同樣的動機。

十七年前就造訪過美國海軍戰爭學院的山本五十六，謀劃攻擊珍珠港時腦海浮現兩個念頭，一是成功與否取決航空母艦，二是如果日本不能在一年內撂倒美國，恐怕難逃戰敗命運，他兩項考量都正確無誤。

日軍最初的構想是，鎖定整個東南亞發動大規模攻擊，已淪為美國殖民地的菲律賓自然涵蓋在內。但山本主張，除了取道菲律賓與美國對決，還要直接襲擊美國在夏威夷的海軍艦隊，一旦令其癱瘓，日本在亞洲就能呼風喚雨。一九四一年十二月七日，山本下令出動六架航母上的三百五十三架戰機，對珍珠港發動奇襲，美軍因此折損八艘戰艦、三艘巡洋艦、三艘驅逐艦及一艘訓練艦。這場戰役有二千四百零三名美軍陣亡，一百八十八架美軍戰機被摧毀，相形之下日本這方損失輕微，僅六十四名官兵喪生，二十九架戰機報銷。幾乎同一時間日本揮軍東南亞，接連進攻香港、馬來西亞、菲律賓、新加坡，美國的橘色戰爭計畫也從紙上談兵化為實際行動。

米勒（Edward Miller）在他二〇〇七年出版的《橘色戰爭計畫》，乾淨俐落地鋪陳美日兵戎相見的原因，在閱讀下面段落時，不妨將提到日本的地方換成中國：

這項計畫的地緣政治前提是，儘管歷史上兩國關係曾經友好，美國與日本有天終須一戰，而且這場戰爭誰都不能靠盟友幫忙。興戰的根本原因是，日本企圖支配遠東地區的土地、人民及資源，以此來彰顯國家的偉大。美國則以西方在東方勢力的捍衛者自居，它廣為流傳的信念是，支持人民自決和開放的國際貿易。日本為實現自己的目標，認為有必要拔除美國這根芒刺。[3]

自一九〇五到四一年，橘色戰爭計畫進行過無數次修正與情境推演，幫美國勾勒出戰勝日本的藍圖，可說是功不可沒。當然這項計畫沒有算到日軍會偷襲珍珠港，因此珍珠港遇襲被歸類為黑天鵝事件，指的是難以預測、出乎意料的罕見事件，無論做多少次沙盤推演還是發生。第二個被疏忽的是促成日本投降的核武，這項毀滅性武器在一九四一年還沒問世。第三個料想不到的是，二戰末期已是窮途末路的日本，竟組織執行自殺任務的神風特攻隊，要飛行員駕機自撞美國戰艦，來個同歸於盡。

美國海軍五星上將尼米茲（Chester William Nimitz），一九六〇年在戰爭學院客座演講時提到：「戰略室有那麼多人從那麼多不同角度，針對對日戰爭反覆模擬演練，照理說戰爭期間發生什麼都不足為奇，絕對沒有意料之外的事，除了戰爭尾聲日本瘋狂使出的神風特攻隊自殺戰術。」[4]

美國尼米茲號航空母艦，正是以這位二戰海軍名將的名字命名，尼米茲一九二三年到海軍戰爭學院進修，當年他交了篇論文，題目僅簡單冠上《政策》（*Policy*）。他論文中的評述今日再拜讀，同樣可將提到日本的字眼換成中國。「政策想發揮效果，必須建立在正義的基礎上，獲得輿論的背書支持，尤其是在像美國這樣的民主國家。在日本這類高度集權、軍國主義色彩濃厚的政府統治下，大眾輿論相對無足輕重，因為政府藉由控制媒體，輕易就能形塑輿論。」5

二〇一六年美國智庫蘭德公司（RAND Corporation）發表題為〈對中國開戰：想不敢想之事〉（War with China—Thinking Through the Unthinkable）的報告，對尼米茲的觀點有更詳盡地闡述。報告中聲稱一旦涉及美中衝突的議題，國內的反對力量恐危及美國的作戰能力：「總統身為三軍統帥的統御能力，因政治化而大打折扣，杯葛抵制的聲音來自主和派，或者主戰派，也可能兩者皆是。除非國家安全受到直接威脅，期待普羅大眾或社會菁英掏心掏肺支持開戰，想都不要想。」報告提到，如此一來反而讓中國占了上風：「在中國儘管輿論是一大壓力來源，是醞釀異議聲音的搖籃，卻不是中共政權存亡的關鍵：中產階級是愛國情緒的主要搧動者，農村貧民是無聲的一群，外來移工是一盤散沙，異議分子只占極少數，且比起外交政策，他們更在意的是政治或宗教自由。」6

海軍學院院長庫洛拉解釋說，不管是政治壓力、經濟衝擊，或與海上民兵遭遇的法律問題，這種種因素都得設想各式不同情境反覆模擬測試，以免黑天鵝再現，確保無論情勢如何開展，與什麼樣的敵人對峙，美國都能穩操勝算。庫洛拉告訴我：「舉例來說在戰間期（一戰結束到二戰爆發期間），我們看到飛機科技突飛猛進，你會如何利用此新科技進行部署？太平洋地區會爆發什麼樣的戰役，又該如何將新科技應用其中？如果時間快轉到今天，精準打擊導彈（precision strike missile）興起，能絲毫不差瞄準長程目標，連網路戰與電子戰都來參一腳，這些科技用於太平洋戰役會呈現什麼樣貌？那與我們在戰爭期間所做的戰略思考如出一轍。」

亞洲的面貌已略顯不同，攸關這個區域未來發展的科技迥異於以往，但總的來說是大同小異。日本廣島和長崎被美軍投下原子彈，蕈菇雲籠罩這兩座城市上空，美國海軍瓦解日軍的死守抵抗，登上硫磺島升起美國星條旗，這兩幕都成了一九四〇年代太平洋戰爭的決定性畫面。至於核武與偏遠小島，仍是引爆亞洲區域緊張的引信。[7]

1《一八九七—一九四五年橘色戰爭計畫：美國擊敗日本戰略》（*War Plan Orange: The U.S. Strategy to Defeat Japan, 1897-1945*），作者：米勒（Edward S. Miller），二〇〇七年。

2《史蒂芬．魯斯手札》（*The writings of Stephen B. Luce*），附錄海斯（John D. Hayes）和哈頓道夫（John B. Hattendorf）評論，羅德島新港，一九七五年。

3 同注1。

4《開戰：戰爭遊戲暨美國海軍備戰二次大戰》（*Playing War: Wargaming and U.S. Navy Preparations for World War II*），作者：里拉德（John W. Lillard），二〇一六年。

5 指揮官尼米茲（Chester William Nimitz），《政策》（*Policy*），美國海軍戰爭學院，一九二三年班。

6〈對中國開戰：想不敢想之事〉（War with China—Thinking Through the Unthinkable），蘭德公司，二〇一六年。

7 同上。

第十四章
北韓：登陸月球與披頭四

二〇一七年，擁有核武的北韓公開威脅其他亞洲國家，甚至美國本土，赤裸裸地說明著美國需要維持做為太平洋強權。根據軍事條約，美國必須共同防禦日本、菲律賓和南韓，而為了防範美國本土的危險，最好的方法是追究根源。北韓危機捲入了中國、日本、俄羅斯、南韓和美國。二〇一七年，北韓進行多次長程導彈試射，並宣稱目的是為了用核彈攻擊美國本土。美國派遣三個航母群到太平洋。聯合國對北韓實施更多制裁，並獲得中國和俄羅斯等傳統盟友支持，顯示北韓進一步受到孤立。

沒錯，這一切都是在恫嚇。北韓危機不能跟一九六二年古巴飛彈危機相提並論，因為古巴只距離佛羅里達州一百英里，而北韓距離美國西岸五千五百英里，距離美國設在太平洋的軍事基地關島約二千英里。截至目前，北韓僅證明他擁有某種核武，以及一枚導彈在二〇一七年八月飛行四十五分鐘、達到二千三百英里的高度，並且飛行六百多英里的距離。無疑地，北韓正使出全力要提升軍力。可是他也明白，一旦直接威脅日本、南韓或美國，金家政權便將不保。

「人們擔憂北韓危機可能由互相恫嚇變為現實，」華府智庫戰略與國際研究中心的柯德斯曼（Anthony H. Cordesman）寫道：「真正的風險不在於今日潛在的北韓核武威脅，而是未來十年很可能演變的情況：東北亞一場無止境的核武競賽，任何一次危機的參與者行動與克制能力，都比冷戰的相互保證毀滅衝擊更難預測。」

北韓控制在一個落伍、孤立、史達林式的家族王朝，現今由金正恩統治，年僅三十幾歲。他由父親金正日手中繼承統治權，後者則是北韓建國領導人金日成之子，老謀深算的金日成也是發動韓戰的人。以其奇特風格，北韓在二〇一七年四月慶祝金日成一〇五歲冥誕，這位「偉大領導人」在死後被奉為「永恆主席」，意味著他一直活在北韓人民心中。

北韓北方有盟國中國，南方則是敵國南韓，隔著一九五三年停戰設定的非軍事區。技術上，南北韓仍處於交戰狀態。北韓東方與俄羅斯有一小段邊界。在地圖上，北韓像是一個顛倒過來的腳踝和鞋子。金氏家族高明地控制著北韓二千五百萬人口，藉由壓迫、威脅和隔離。邊境始終封閉。人民自出生便活在軍樂、口號和崇拜領導人之下。電視、廣播，和網路受到高度限制。大約十五萬人活在蘇聯勞改營系統，面對飢饉、苦刑、性侵和處決，每個人都面臨被送到這種勞改營的威脅。無人得以倖免。為了鞏固政權，金正恩於二〇一四年處決了他的姑丈，還有一名嬸嬸和許多其他親戚。一九九四年訪問時，我採訪一名負責能源與核子事務的副部長。我後來試著聯繫他，但被告知他「換工作了」。日後我獲悉他已被行刑隊處決。

藉由鎖國及灌輸人民他們生活美滿，金氏家族建立了一座詭異的社會實驗室。北韓人充滿活力、聰明、守紀律。他們必須靠著智取才能活下去。我所遇到的人都風趣、聰明、腦筋動得很快。我在一九九〇年代中期——美國正計畫空襲及飛彈攻擊以阻止北韓發展核武——兩度訪問時所分配到的看管者，在北京與莫斯科一流大學受過教育。我們聊天、講笑話、喝啤酒、談起瘋狂時候、夫妻失和及婚外情的故事。我們好像無話不談，當然，除了政府監視之外。

我首次訪問時，是用觀光客的身分，我們拍攝午飯時間防空演習，警報聲響起，群眾跑向車站。那天晚上，我們被帶去參觀主體思想塔（Juche Tower）；塔的頂端會發射紅色火焰光芒，象徵團結全國的自立自強。這座塔是由金日成設計，象徵絕對忠誠，在偉大領袖領導下充滿幸福的國家。我們在傍晚時抵達，晴朗的天空掛著一輪滿月，沒有城市光害，因為那時的平壤沒有很多燈光。

一名導遊說：「月亮又大又美，看起來好近，我覺得好像可以摸到它。」

「沒錯，」我回答：「人們還上了月球呢。」

那名導遊臉色一變，並說：「你錯了。沒有人登陸月球。在我們偉大領導人金日成的領導下，朝鮮民主主義人民共和國將成為第一個派人登陸月球的國家。」

氣氛尷尬到不行，於是我說：「喔，可能是我錯了吧。我以為有人登陸月球了。」翌日，我們參觀平壤主要的婦產科醫院，只看到一名孕婦和一名嬰兒，還有一個殘障中心，但裡頭一個殘障人士也沒有。

我第二次訪問北韓是在數月後，一九九四年夏天，金日成逝世後。我帶領一支正式的BBC拍攝小組，或者是他們所稱的代表團，帶著董事長的禮物，上頭有BBC的徽章，以及「這國要向那國傳講和平」（Nation shall speak peace unto Nation）的銘文，並且再度經歷一次令人尷尬的對話。這次我們住宿在單調陰鬱的高麗飯店（Koryo Hotel），裡頭每樣東西都是灰色或髒髒的栗子色。我們喝著啤酒談笑，背景音樂是北韓版的華格納式愛國歌曲。我們有另一個部門派來的另一組導遊，他們同樣機智過人，這次是嘲諷南韓男人又醜又無能，所以漂亮女人都在北韓尋求庇護。後來，在嘈雜聲中傳來披頭四的《嘿，朱德》（*Hey Jude*）。一個匈牙利工程師團體，聽膩了愛國歌曲，便用CD播放器放音樂。

我們的兩名導遊都姓金。他們知道這首歌曲，甚至在北京卡拉OK唱過。我說：「如果披頭四沒有解散，不知道現在會做出什麼音樂。」

突然間，我們又陷入登陸月球的氣氛了。一片沉默當中，他們無比嚴肅地看待我說的話，並且思索著該怎麼辦。皺眉，緊張，雷射般的目光，低聲交談。最後，其中一人站了起來；他瘦小，戴著眼鏡，三十出頭，穿著緊到不合身的深藍色西裝。「賀斯理先生，我可以私下跟你談一下嗎？」

我們走到酒吧區的角落，經過匈牙利人那一桌，他們正跟著歌詞踩著節拍，「所以啊，讓你的愛自由來去，嘿朱德！開始吧……」。我們在往下通到門廳的階梯上站住。「賀斯理先生，我必須糾正你。披頭四並沒有解散。他們正要到這裡為我們偉大領導人金日成表演——」他停頓了一下，扶了扶眼鏡，臉上因為他剛才的胡說八道而皺了起來。這個國家正在哀悼剛過世的偉大領導人，可是一個早已解散的搖滾樂團卻要過來為他表演。那個男人惡狠狠地瞪著我。可是他的語調完全改變。「聽好了，我們不知道哪個混蛋正在監視我們。你得幫我們，好嗎？我們讓你進來，是一項測試，如果測試失敗，我們就完了。」

「登陸月球，披頭四，還有其他的嗎？」我悄悄問。

「那些混蛋管太多。太多了。你永遠不會知道。沒有人知道。」他用顫抖的手扶著我的手肘，帶我走回去。

二〇一七年中，金正恩緊鑼密鼓地進行飛彈試射，美國總統川普宣稱他已失去耐心，唯一的好結果是北韓投降。空襲將導致核戰。從另一個方面來看，西方許多人主張讓北韓政府倒台，但這可能造成一場災難。類似的局勢發生在二十一世紀初的埃及、伊拉克、利比亞和烏克蘭：西方總是空歡喜一場，之後回歸現實，然後發生流血分裂。北韓以前也曾讓世界瀕臨戰爭，尤其是在一九九四年，柯林頓總統曾擬定詳細的空襲計畫。但在那之後，主要區域大國都無法就如何處理北韓政權倒台達成共識。

在二〇〇三年攻打伊拉克之前，很多人都認為英國、美國和其他國家已經想好如何重建伊拉克的計畫，並且預設過情境以免驚慌失措。可是，他們並沒有計畫，而且沒有證據顯示他們已學到教訓，假設川普真的將他要摧毀北韓政權的威脅付諸行動的話。北韓不僅威脅到美國在亞太的利益，而且公開警告要用洲際飛彈攻擊美國本土。那個國家太過危險，我們必須想好對策才行。

經過二〇〇六年以來的無數次試射，北韓已經逐漸有能力將一枚核武彈道發射到長距離。美國像被頭燈照到的兔子，不知該如何阻止北韓。雖然美國可以干預阿富汗、伊拉克、伊朗和敘利亞，對北韓採取類似行動將充滿危險，很可能讓南韓首都首爾遭到攻擊。北韓一旦遭到空襲，很可能用存放在邊界的數百具榴彈炮對首爾展開炮擊。北韓炮擊的火力預估差異頗大，由一小時發射五十萬枚炮彈、將首爾夷為平地，到僅能射到北方郊區的區域。北韓的炮彈也很有可能填裝化學神經毒劑VX和沙林，北韓囤積大量此類神經毒劑。北韓裝備大多不堪使用；事實上，軍方估計北韓近四分之一的武器都派不上用場。但仍足以造成大量的平民傷亡。

「北韓是一個失敗的國家，」倡導對北韓擬定詳細計畫的班奈特（Bruce W. Bennett）對我表示：「其政府未來數月或數年便可能崩潰，導致立即的人道災難，甚至其他更嚴重的後果。那不是一個穩定的政府。我研究的越多，便越覺得害怕。」

班奈特在他撰寫的二〇一四年蘭德公司報告：〈防範北韓崩潰的可能性〉（Preparing for

the Possibility of a North Korean Collapse）指出，金正恩遭敵對派系暗殺，可能造成北韓陷入內戰。在事件爆發數小時，國際社會必須因應四項緊急因素。

第一，班奈特預期難民將往北及往南遷徙。為了預防難民潮，人道援助必須儘快且大量供給到北韓全國。第二項緊急措施是要中和北韓防空系統；這需要中國、南韓及美國達成共識的軍事干預。每浪費一小時去做安排，都會加劇人道危機。第三項措施是中國堅持在北韓北方邊境境內設立緩衝區，或許需深達三十英里，俾以部署中國部隊。將北韓視為領土的南韓，將必須同意這點。最後，北韓的大規模毀滅武器必須儘快取得，避免落入恐怖組織或可能動用武器的北韓派系手中。

二〇一三年四月，美國海軍戰爭學院對北韓做過軍事演習，其中一部分結果已被解密。這場演習是在模擬朝鮮半島的戰場進行，敵對雙方代碼為北方及南方褐地（North and South Brown Lands）。三百人模擬北韓崩潰，原因可能是外部干預（例如二〇〇三年的伊拉克）或是內部政權推翻（例如二〇一一年的埃及）。參與人員有陸軍參謀奧迪耶諾（Ray Odierno）與副參謀長約翰·坎貝爾（John Campbell），他們兩人都曾參與過阿富汗及伊拉克戰爭，熟悉敵軍占領及叛亂暴動。這種情境馬上讓對立的亞洲國家正面交鋒，因為北韓地理位置與中國、俄羅斯和南韓接壤，而美國在東方的日本設有基地。令人擔心的是，這四國政府對於如何控制北韓崩潰毫無對策。

「大家對於這方面沒有什麼計畫，」海軍戰爭學院的北韓專家羅里格（Terence Roehrig）向我表示：「這是一個棘手的議題，因為規劃北韓崩潰意味著你或許有意策動，但這可能構成外交問題。」

那次戰爭演習的結果令人坐立難安。九萬人的部隊需要花上五十六天才能取得北韓的核原料。在那段時間，北韓分裂的政權可能將武器級核原料輸送給全球的恐怖組織與惡棍國家。北韓軍方預料將負嵎頑抗，以控制他們的地盤、身分、薪水和退休金，因為軍政高層明白美國對伊拉克軍隊的懲罰措施，就是基本上加以解散。北韓的敵對將是區域性的，因為它沒有像伊拉克的種族及宗教分裂，而南韓可能最有可能成為主導的軍力，而不是美國。

華府的普遍看法是，中國可被允許取得核武，因為寧邊的主要北韓核子設施距離中國邊境僅八十英里。即便如此，這也需要達成協議。美國政治派系將趨於分裂，日本將緊張猜疑，南韓則將覺得脆弱無助。

西方民主國家將出現情緒性反應，當二十四小時的新聞網播放集中營、饑饉和政府的殘暴行徑，便會造成利益衝突，一方面是要求穩定，另一方面則是民粹要求立即行動。做為北韓盟友，中國也無法全身而退，將會有人要求中國應該為支持這種野蠻政權負起責任。這種反應將外溢到援助及唆使北韓的其他政府，例如巴基斯坦和俄羅斯。

即使眼前的危機儘可能妥善解決了，中國、南韓和美國將必須聯合在朝鮮半島成立一個新的政府架構。中國和美國將為了國家利益針鋒相對，南韓則將決定是否進行德國式的統一，如果是的話，要如何支付費用。還有一個問題是，北韓有哪些人應該受到懲罰，哪些官員應該留任以維持政府機構的完整，誰應該領導過渡時期？中國及美國在這方面的紀錄都不好。中國有柬埔寨波布及北韓政權的汙點；美國有伊拉克的傷痕。歐盟則已經虛弱到無法造成影響。

一種臨時性的安排是分割北韓，由南韓控制北韓的南部，而中國控制靠近其邊境的地區。平壤將成為一個共同管理中心，並設定中國撤出的時程表。政府官員人選將由北韓方面選出，他們將為新政府扮演識途老馬的角色，而南韓方面則將提供良善治理與貿易的知識。雖不完美，但這種分割將展開一個過渡時期，讓各界習慣新的局面。

班奈特在二〇一七年公布另一個蘭德公司報告指出，假如韓國統一想要順利進行，就必須拉攏到一定關鍵數量的北韓軍政高層。「北韓高層必須覺得統一對他們有利，至少不是那麼糟，」他解釋。[1]相應的措施包括維持他們的地位、財富和家人安全——這些正是美國在伊拉克沒有做到的，解散軍隊以及排除執政的阿拉伯復興社會黨（Baath Party）高層，均加劇了叛亂。

這種想法本身便極具挑戰性，接管深植北韓意識型態的人們，並扭轉他們的看法，去了解及信任南韓與美國。這種方法在中國或許比較可行，中國將這種手段稱為「非和平方式」（nonpeaceful measures），當地因為懲處或災禍，導致高層叛逃。因此，北京最後在一九四九年落入毛澤東共產軍隊手中，並且被當成統一台灣的手段。

朝鮮半島的情境比中國在南海的行動造成更大的危險，並引起一個類似的問題：當中國與美國需要就朝鮮半島和許多其他議題合作時，為什麼美國要反對中國軍方占據一些遼遠的無人島？二〇一七年一月卸任時，歐巴馬總統警告川普說，北韓及其飛彈將是美國的首要國家安全威脅。北韓飛彈計畫最早在一九九〇年代構成威脅，甚至有報導（從未獲得證實）指出北韓飛彈是由一組惡棍蘇聯科學家設計，他們在蘇聯共產主義解體後便丟了飯碗。[2]巴基斯坦參與其中亦被指證歷歷。[3]

在二〇一七年的二十多次飛彈試射，北韓宣稱已成功設計可以射到華府的飛彈與核子彈頭。北韓甚至暗示，在太平洋進行高空核彈試射。美國企圖壓迫中國去阻止北韓，但在這段高度緊張的時期，並沒有什麼成果。北韓似乎決定繼續下去，直到擁有它認為足夠的核威懾武器（nuclear deterrent）。北韓官員經常用伊拉克、利比亞和烏克蘭等國家舉例說明，他們放棄核武計畫後，卻遭到外國入侵。

*

二〇一八年初，由於外交談判受阻，美國被激怒之餘，擬定了詳細計畫，鎖定北韓核子設施展開特種部隊任務。在核戰及（或）一旦開戰的前幾個小時，首爾便遭到毀滅的反烏托邦選項下，五角大廈逐漸接受針對式攻擊或許是最不糟的選項。如果行動快速，或許也可以說服金正恩繳出核武。

二〇一七年九月，北韓頻頻試射飛彈，南韓部署美國薩德反飛彈防禦系統（THAAD）。這項武器系統的目的是要在飛彈落到目標之前加以攔截並摧毀。雖然它有助於緩和南韓對於北韓飛彈攻擊的擔憂，卻引起中國不滿，認為這是一項不必要的敵意舉動。

更重要的是，國防分析家認為，這個方法很可能行不通。歐巴馬政府的結論是，傳統防禦系統無法提供安全保障，亦即發射一枚飛彈在空中攔截另一枚飛彈，好比一顆子彈擊中另一顆子彈。[4] 一些測試證實，失敗率超過五〇%，而且那還是在非戰鬥情況下。[5] 三年前，歐巴馬下令加速利用網路攻擊，做為北韓飛彈計畫的反擊措施，目的是在飛彈發射的前幾秒便造成其發射失敗。[6]

二〇一七年四月，一項大肆宣傳的北韓飛彈試射失敗。當時的場合是金日成一〇五歲冥誕，在華麗的武器展示及軍機表演結束後。如果北韓無論如何必須成功試射，那就是這一次。

一個美國航母群就在外海三百海浬處，而中國亦警告隨時可能發生衝突。這枚飛彈在離開基地數秒鐘之後便爆炸，據猜測是美國網路攻擊所造成。一些國防分析家認為，縱使是威脅用網攻癱瘓北韓飛彈與核計畫，便足以讓北韓坐上談判桌。

現代戰爭的兩項軍事威脅是飛彈攻擊和網攻，將亞洲海域的爭端超越島礁，進入未知領域。網路戰爭是一個很好的平衡器，而北韓，還有中國、伊朗和俄羅斯，擁有一些最熟練的軍事單位在進行。

「網路是我們必須研究及思考的新領域，我們試著假設各種效果的情境，以及長程精準襲擊飛彈，」庫洛拉向我表示：「我們不確定如何因應，不過它還稍微容易一些，因為基於動力學，你可以判斷一枚飛彈由哪裡發射過來。但網路攻擊以及它的出處就比較難以判斷。」

1〈讓北韓高層迎接統一〉，蘭德公司，二〇一七年。
2〈爆炸理論顯示，北韓飛彈源於俄羅斯〉，《洛杉磯時報》，二〇〇〇年九月。
3〈巴基斯坦及北韓關係的長遠歷史〉，《外交家》，二〇一六年八月。
4〈川普繼承對北韓飛彈的祕密網戰〉，《紐約時報》，二〇一七年三月四日。
5〈彈道飛彈防禦攔截飛行測試紀錄〉，美國國防部飛彈防禦局，二〇一七年二月二十八日。
6〈歐巴馬警告川普北韓的威脅〉，《華爾街日報》，二〇一六年十一月二十二日。

第十五章

科技競賽：網路戰爭與太空戰爭

第一場重大的網戰攻擊是在二〇〇九年由以色列與美國發動，目標是伊朗德黑蘭南方一百五十英里納坦茲（Natanz）營區的核武計畫。電腦工程師開發惡意軟體，名為「震網」（Stuxnet）[1]，入侵納坦茲電腦系統。用做鈾濃縮的離心機損壞，電腦當機，證明即便沒有直接軍事攻擊，伊朗核武計畫仍然易於遭受襲擊。Stuxnet可能對伊朗造成十足困擾，促使它坐上談判桌，在二〇一五年與美國及其他政府達成協議。原本以為類似的策略對北韓也行得通。金正恩下令調查美國對他展開的網攻行動範圍，分析家認為他的一些官員可能因此而遭到處決。

網攻及反網攻演變成一場追逐戰。憑藉Stuxnet，以色列及美國保持領先，可是中國、伊朗、北韓和俄羅斯隨即跟上。伊朗行動的重點是納坦茲地下濃縮工場的已知靜止目標。演習是在模擬的裝置進行，其細節是經由地下情報蒐集而取得。這需要時間、高度專業和長久實驗才能做好。北韓的難度較高，因為該政權的控制更加嚴密，而且飛彈不是靜止的位置，而是由行動發射器、在全國不同地點發射。

網路戰爭與太空戰爭糾纏不清，因為衛星控制許多我們的連網與電子生活，而中國與美國密切注意彼此的太空計畫。中國計畫在二〇二三年運行第一座載人太空站，並已開發重型運載火箭系列，長征五號系列，將原料運載到太空站。二〇一六年首度發射時，中國打破向來對航太保密的政策。北京當局邀請大批觀眾及貴賓參觀盛大典禮，觀看五十七公尺高的火箭由繪有中國國旗的平台點火升空，在中國南方夜空留下一道黃色火焰。

中國誇口說長征五號最大有效載荷能力為二十五噸，趕超美國的三角洲四號重型運載火箭（Delta 4），而且除了服務太空站之外，它還可攜帶月球探測器，進行採樣返回任務。

*

美國向來對於太空很敏感。蘇聯意外在一九五七年推出人造衛星史普尼克計畫（Sputnik），促使美國成立美國國家航空暨太空總署、進行自己的太空計畫，還有美國國防高等研究計畫署（DARPA），後者的任務是確保美國軍事科技領先敵人。自此之後，ＤＡＲＰＡ為我們帶來電子郵件、衛星導航、同步翻譯和許多其他高科技裝置。

中國一年花費六十億美元在太空計畫，只是美國一年四百億美元預算的一部分而已。可是中國以驚人的決心與速度追趕，中國禁止科學家加入任何合作，中國亦被排除在美國主導，由加拿大、日本、俄羅斯、美國，和歐洲太空署合作的國際太空站。自一九九八年開始運作以來，已有大約二十國的數十名太空人造訪國際太空站，但沒有一人來自中國。太空探索的長期敵對出於兩項因素。其一是打破疆界，例如登陸月球或火星，被視為國家尊嚴的表徵。其二是尖端太空科技可以投入在更加精密的武器。

早在中國成為全球玩家之前，美國便測試太空做為與蘇聯的戰場。俄羅斯實驗可以摧毀衛星的飛彈，美國則開發戰略防禦計畫（Strategic Defense Initiative）以對抗蘇聯的洲際彈道飛彈，亦稱為「星戰計畫」（Star Wars project）。在冷戰結束後的蜜月關係中，俄羅斯與美國在國際太空站等計畫合作，儘管日後美俄關係起起伏伏，這項計畫一直在進行。

中國在二〇〇七年成為太空競爭對手，使用一枚飛彈摧毀了一枚天氣衛星，證明衛星的脆弱以及容易遭受攻擊。接下來的那一年，美國還以顏色，擊落自家一枚早已故障的軍事衛星。這兩次的攻擊證明全面太空戰爭的可能後果。衛星導航、實況電視、即時電話、視訊通話、作物與市場價格、氣候變遷監測、海嘯、颶風和旱災預測等等，都是在太空中協調運作。太空敵對加上地球網戰，將比核子攻擊更加徹底地改變這個世界，甚至更具毀滅性。

近年來，中國軍事網戰部隊一再攻擊美國公司和政府部門。葛茲（Bill Gertz）在他的著作《網戰：資訊時代的戰爭與和平》（*iWar: War and Peace in the Information Age*），列出多項中國的滲透，包括竊取二百七十萬名聯邦員工的個人資訊，從一個醫療保健業者偷走八百萬分紀錄，以及駭入美國鋁業（Alcoa）、西屋（Westinghouse）等公司與服務勞工國際工會（Service Workers International Union）。被竊取的敏感性資訊包括美國太平洋司令部的空中加油時間表，這讓中國取得飛機性能的詳細資料；三萬三千名軍官的紀錄與三十萬美國海軍使用者身分和密碼；飛彈導航和追蹤系統資訊；以及核子潛艦與地對空飛彈設計。[2]

二〇一〇年，中國在東南亞展開一次閃電戰式的網攻。中國人民解放軍成都軍區七八〇二〇網戰部隊，使用八個不同國家二十六個城市的一二三六個IP位址，攻擊柬埔寨、印尼、寮國、馬來西亞、緬甸、尼泊爾、菲律賓、新加坡、泰國和越南的網路。[3]

葛茲寫道，中國被指總計竊取五十兆位元組的數據，相當於美國國會圖書館典藏的一億六千一百萬本書及其他書面資料所含有的資訊的五倍。華府的回應是，二〇〇三年在美國國土安全部轄下成立美國電腦緊急應變小組（US-CERT），以及二〇〇九年在馬里蘭州米德堡美國國家安全局轄下成立新單位——美國網路司令部（US Cyber Command），還有其他的政府與軍方單位。英國則在二〇一六年設立國家網路安全中心，負責商業與政府保護，隸屬於契頓漢（Cheltenham）的英國政府通訊總部，相當於美國國家安全局。[4]

二〇一四年，一個大陪審團起訴五名中國人民解放軍上海六一三九八部隊的駭客。雖然將他們繩之以法的機率微乎其微，網攻暫時減少了一段時間，隨後更加猛烈的恢復，並造成更大損害。隔年，美國人事管理局（OPM）二千兩百萬名現職與離職的聯邦員工紀錄遭竊，包括指紋、背景審核與其他個資。許多員工在安全與國防部門任職。美國情治單位追蹤到這起網路竊盜是由六一三九八部隊發動，亦即被起訴的五名駭客所屬的單位。

「中國早已大規模滲透美國資訊網路，」葛茲寫道：「據信正在準備未來戰爭，包括足以關閉美國電網的電腦攻擊，或者摧毀金融機構使用的網路，因而癱瘓一個國家的功能運作，並且以我們無法充分理解的方式擾亂文明社會。」[5]

二〇一四年，索尼（Sony）影業一部嘲諷金正恩的影片即將發行前夕，其資料庫遭到駭客入侵，中國盟友北韓的電腦專家被指為犯人。《名嘴出任務》（*The Interview*）是一部喜劇片，劇情是金正恩遭刺殺，北韓放棄核武並成為民主國家。在正式發行前，北韓便提出抗議，索尼於是重新編輯結局，試圖讓北韓更能接受這部電影。「如果有人因為這部影片而受傷害，我會嚇壞了，」這部電影的編劇史特林（Dan Sterling）向《創意劇本寫作》雜誌（*Creative Screenwriting*）表示。[6] 但那並不足夠。自稱是「和平衛士」（Guardians of Peace）的駭客入侵索尼系統，公布員工個資，包括他們與家人的合照，並威脅要攻擊播放這部影片的電影院。發行的戲院縮減到少數幾家，但線上發行創造四千萬美元的收入，締造索尼影業的新紀錄。

引述情報與公開消息來源，葛茲說明北韓網戰指導局的一二一部隊如何策畫進行這項攻擊。這個單位設於平壤，但他們是在泰國一家飯店執行這次攻擊。這個單位亦被指於二〇一三年攻擊南韓三家電視台和一家銀行。南韓和美國情報認為，一二一部隊有一千二百名網戰專家，駭客大軍總數達到六千人。7

北韓亦被懷疑在二〇一七年五月發動一次國際網攻，並要求贖金。那次網攻凍結了一百五十國大約三十萬部電腦，波及聯邦快遞（FedEx）、俄羅斯內政部，英國國家衛生服務體系（NHS）被迫取消醫療作業，救護車服務也受到干擾。值得一提的是，這次網攻發生在二〇一七年四月北韓飛彈試射失敗之後，美國拒絕證實或否認他們是否發動網戰去滲透軟體並造成飛彈發射失敗。

歷任美國總統，包括柯林頓、小布希及歐巴馬，均曾與北韓簽署協議，分別是在一九九四年、二〇〇七及一二年。但全部無效。其中最重大的是一九九四年「框架協議」（Agreed Framework），之所以有這項協議是因為北韓即將打造出核武。美國已擬定軍事攻擊的詳盡計畫，戰爭一觸即發。對於「框架協議」為何失敗，以及美國是否應該更加努力維持該協議，各界有諸多討論。根據協議，北韓將關閉用來製造武器原料的兩座核子反應爐。美國與盟國將興建兩座無法製造武器原料的新核子反應爐，並在這段期間，供給石油做為能源。協議順利進行了一段時間，直到布希政府撕毀協議，而不是北韓政權。當時美國正打算入侵伊拉克，卻宣布北韓違反協議。二〇〇二年十月，美國負責東亞及太平洋事務的助理國務卿凱利（James Kelly）曾訪問平壤，並指責北韓進行鈾濃縮計畫。美國切斷先前答應的石油供給，北韓隨即移除聯合國核子監測設備，重啟寧邊核子反應爐。北韓並且將八千條可用以生產武器級鈽的廢燃料棒拆封。框架協議就此作廢。

「北韓膽子大了起來，因為全世界對伊拉克的關注，」國防部長倫斯斐（Donald Rumsfeld）二〇〇二年表示，當時五角大廈正在規劃攻打伊拉克：「假如他們真是這樣，那就錯了……我們將可在一場戰爭獲得決定性勝利，同時迅速打敗另一國，假如有必要的話。大家切莫懷疑。」[8]

可是美國既沒有解決北韓問題，亦未摧毀其核武工廠。相反的，美國在伊拉克被絆住，而北韓則打造出核彈。在美國政策搖擺不定的這段時期，北韓利用蘇聯、中國和巴基斯坦的技術，並且出售給利比亞及敘利亞，或者還把一些原料賣回給巴基斯坦。二〇一七年時，北韓據估計擁有大約十枚基本核彈，每枚相當於五千噸黃色炸藥。二〇一七年的核試宣稱是氫彈，相當於一百千噸黃色炸藥，是一年前另一次試射的三倍以上威力。

二〇〇二年美國指責北韓的同時，還做出錯誤宣布，指稱伊拉克擁有大規模毀滅武器。因此，現今人們質疑，指控北韓的證據有多少是被誇大、羅織及政治化。

亞洲專家、已故的哈里森（Selig Harrison），曾詳盡地提出對於布希政府北韓政策的指責，他對於報導北韓有豐富經驗。哈里森在《外交事務》雜誌撰文表示：「依據零星資料，布希政府將最壞的情況當成無可爭論的事實，並曲解有關北韓的情報（與美國對伊拉克如出一轍），嚴重渲染北韓正在祕密生產鈾材料核武的危險。」[9]

哈里森說明其中的複雜性，包括需要穩定的電力、技術精密的離心機，和一長串的相關設備。他結論指出：「華府絕不能再度基於局部、沒有結論的情報而做出最壞情況評估，便捲入軍事衝突。為了外交進程受阻而對北韓施加軍事及其他壓力，很有可能惡化成為一場北韓鄰國都不會支持的全面戰爭。」[10]

一些核子專家駁斥哈里森的看法，認為北韓一直違反框架協議，而且早在一九九八年前便已擁有一枚或兩枚粗糙的核武。[11]

即便如此，在那個階段，北韓的威脅遠比二〇一七年來得輕微。早在二〇〇六年北韓進行首次核武試射之前，哈里森便指出：「美國面對令人不安的眼前現實，亦即打破一九九四年凍核協議使得美國更不安全。」[12]

二〇一七年一月川普入主白宮時，北韓是外交政策首要挑戰，他隨即宣布他將改變政策。可是，北韓的野心與逐步推進核武並非新鮮事。二〇一〇年，首度核試的四年後，雙邊關係變得極為緊繃。三月時，南韓軍艦「天安艦」在朝鮮半島西岸被擊沉，造成四十六名海軍人員喪生。一組國際專家發現，天安艦係遭一枚北韓魚雷攻擊。八個月後，十一月時，北韓不滿南韓軍演而炮擊南韓延坪島，在這場一九五三年停戰以來最危險的衝突中，四名平民死亡及十九人受傷。在緊張升高之際，當時北韓領導人金正日正在鞏固權力，以便交棒給兒子金正恩。分析家認為，金正恩涉入天安艦與延坪島事件。金正日於二〇一一年死亡。金正恩接班，殘酷地清除異己，並且繼續製造飛彈與核武。

「外交磋商失敗，因為北韓決心製造核武，」北韓專家史丹頓（Joshua Stanton）、李晟允和克林諾（Bruce Klingner）共同在二〇一七年五／六月號《外交事務》撰文指出：「和平地讓北韓去核化的唯一剩餘希望是讓北韓相信，若不解除武裝及改革，便將滅亡。」[13]

他們三人說明自一九九〇年代初期以來與北韓協議失敗的歷史，並且指出以往政策只是讓資金湧入北韓，但北韓卻沒有做出任何回報，而不斷開發核武。他們明確解釋了何以北韓可以成功躲避制裁，利用美國金融體系做為資金來源。相較於其他惡棍政府所受的對待，北韓制裁算是從輕發落。

「二〇一四年七月時，美國財政部僅凍結四十三名北韓人員（大多為低階）及機構的資產，」他們寫道：「相較之下，白俄羅斯五十人（包括總統與內閣）、辛巴威一百六十一人，緬甸一百六十四人（包括軍政府及主要銀行），古巴將近四百人，伊朗超過八百人。為古巴、伊朗或緬甸處理交易的外國銀行，都有可能被施加次級制裁與數百萬美元的罰鍰。其結果是許多銀行完全迴避跟這些國家做生意，可是與北韓做生意便沒有這種風險。」[14]

美國國會最終於二〇一七年二月禁止這種做法，可是這三名作者指出，美國必須明白表示他們寧可讓北韓混亂地崩潰，也不要一個擁有核武的北韓：「美國必須威脅到北韓比核武還要重視的一件事：生存。」[15]

二〇一七年中，川普改變長期以來的北韓政策。他在佛州自家別墅招待中國國家主席習近平，將一個航母群開進北韓戰場，威脅要採取軍事行動，誓言終結北韓核武計畫。他亦稱讚金正恩是個「聰明人」，並表示在合適環境下他會樂意會見他。16

中國也對北韓失去耐心並被激怒，尤其是在金正恩上台後，北韓便與中國疏遠。中國官方評論不再說兩國是「脣齒相依」，北韓也不再宣稱他們與中國是「在解放祖國的勝戰中用鮮血凝成」的關係。17

《金融時報》記者安德利尼（Jamil Anderlini）二〇一六年訪問北韓時發現，即便在看管者的陪同下，人們亦表達出對中國的敵意。「這使得他們對中國的憤怒更加顯眼，」他寫著：「因為這表示這種態度獲得某種程度的官方許可。」安德利尼指出，在他們譴責日本和南韓時，北韓人似乎只是裝裝樣子：「可是談到中國時，他們的辱罵更加自發性，情緒更加激動。」18

一年後，那種情緒變成公開化，北韓官方媒體朝中社發表對中國的嚴厲評論。簡言之，北韓告訴中國退開，不要再干預。「中國不應再測試朝鮮的耐性限度，」該篇評論表示：「中國的鹵莽行徑破壞中、朝關係的支柱，中方最好仔細想一想這樣做會帶來甚麼嚴重後果。」19

這種言詞激起中國新的想法，中國自己可以探討如何策動北韓政權改變。不僅中國需要轉變心態，南韓、日本和美國也需要，其過程中將充滿意見不和。其目標是在北韓建立一個親中的領導班子，確保中國維持影響力和取得核武。中國之後可以磋商南北韓締結和約，進而消弭

越南八十一歲的潘廷（Phan Din），仍然過著他的討海人生。
（Photo: Poulomi Basu）

二〇一二年十二月，衛星拍攝的西沙群島的永興島。
（Credit: CSIS/AMTI/DigitalGlobe）

二〇一七年一月，衛星拍攝到西沙群島的永興島已有軍事設施。
（Credit: CSIS/AMTI/DigitalGlobe）

二〇一七年三月，衛星拍攝到西沙群島的永興島已有現代化的飛行基地。
（Credit: CSIS/AMTI/DigitalGlobe）

本書作者與台灣海巡署人員合影。
（Photo: Simon Smith）

菲律賓漁夫歐森（Jurrick Oson）剛從黃岩島歸來。
（Photo: Humphrey Hawksley）

二〇一四年，前中共海軍司令吳勝利出席美國海軍戰爭學院活動。
（Credit: USNWC）

一架被沒收的美軍直升機，擺在越南軍事歷史博物館入口處。
（Photo: Humphrey Hawksley）

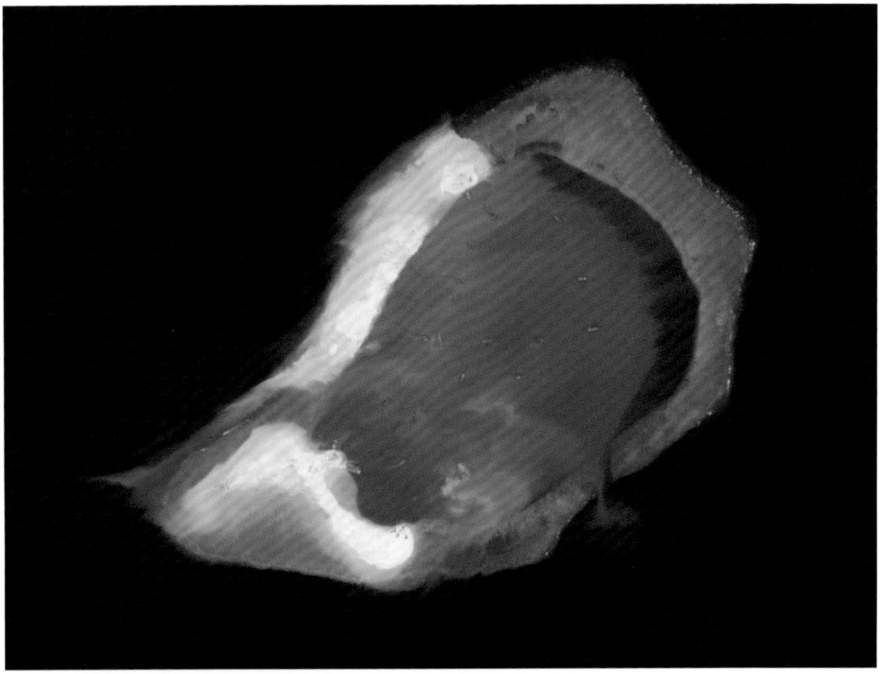

二〇一五年三月，衛星拍攝的渚碧礁，當時沒有飛機跑道。
（Credit: CSIS/AMTI/DigitalGlobe）

二〇一六年六月，衛星拍攝的渚碧礁，已經有飛機跑道。
（Credit: CSIS/AMTI/DigitalGlobe）

越南漁船從理山島出航。
（Photo: Poulomi Basu）

戰爭威脅。最後步驟將是說服南韓，他們不再需要美國駐軍。如果成功關閉美軍基地，中國將不費一兵一卒便贏得重大的戰略勝利。

「基本上，中國的行動不是為了協助美國，而是為了確定統一的韓國不再有美國部隊，」喬治城大學助理教授梅惠琳（Oriana Skylar Mastro）寫道：「如此一來，終結美國在朝鮮半島永久駐軍將是確保二次韓戰獲得最好的結局，所必須付出的合理代價。」[20]

二〇一八年一月，川普總統在推特自誇說他有很大一顆「核按鈕」可用來對付北韓，但在同時，南北韓正展開友善磋商，討論北韓參加南韓平昌冬奧，這再度顯示美國名聲敗壞。又一次證明美國影響力減弱，而中國影響力增強。

在某些層面，中國與北韓關係可以跟美國與沙烏地阿拉伯的關係相比：他們或許不喜歡彼此，卻需要對方，任何一方垮台都會產生災難性的全球衝擊。正如同美國認為自己無法承受拋棄中東的沙國，中國若放棄在北韓的勢力，將不利於其在亞太的野心。

1 〈全球首項數位武器Stuxnet首度公開露面〉，《連線》雜誌（*Wired*），二〇一三年三月十一日。

2 《網戰：資訊時代的戰爭與和平》（*iWar: War and Peace in the Information Age*），作者：葛茲（Bill Gertz）。

3 同上。
4 同上。
5 同上。
6〈《名嘴出任務》編劇史特林如何成為《讓索尼垮台的人》〉，南加州電台節目《*The Frame*》，二〇一四年十二月十五日。
7 同注2。
8 路透報導，二〇〇二年十二月二十二日。
9〈北韓有做假嗎？〉，《外交事務》，二〇〇五年一／二月號。
10 同上。
11〈問答：核武專家理查．賈溫〉，《IEEE綜覽》（*IEEE Spectrum*），二〇〇六年十月。
12〈北韓有做假嗎？〉，《外交事務》，二〇〇五年一／二月號。
13〈對北韓硬起來：如何打擊北韓的弱點〉，《外交事務》，二〇一七年五／六月號。
14 同上。
15 同上。
16〈川普表示他將在合適環境下會晤金正恩〉，彭博社，二〇一七年五月一日。
17〈北韓公開表達對中國的偏執〉，《金融時報》，二〇一六年五月十八日。
18〈北韓公開表達對中國的偏執〉，《金融時報》，二〇一六年五月十八日。
19〈北韓媒體罕見批評中國，表示將繼續核計畫〉，《紐約時報》，二〇一七年五月四日。
20〈為何中國不會拯救北韓〉，《外交事務》，二〇一八年一／二月號。

第十六章
台灣：分裂的家庭

東海由朝鮮半島往南延伸至台灣控制的一個紛爭島嶼。東沙島位於南方中國廣東省與北方菲律賓呂宋島之間，亦即南海的北端。它是南海諸島最具戰略地位的島嶼，因為東沙的飛機或飛彈的射程可以輕易鎖定往來華北、日本與南韓的所有船隻。

「這是它們當中最重要的島嶼，」台北一名高層官員向我表示：「這是我們真正擔心中國可能試圖搶奪的島。」

東沙偏遠、炎熱又不適合居住，以前駐守在那裡的台灣士兵稱之為「死島」。二〇〇〇年海巡署取代駐軍，二〇〇七年政府宣布成立東沙環礁國家公園，並設立海洋研究中心。目前並無常住人口，技術上而言，東沙是一個民間管理的島。

由空中鳥瞰，東沙像是百萬富翁的私人熱帶島嶼，淡黃色砂灘，深綠色樹叢，環礁內外深藍或淡藍海水。歐洲人稱它為Pratas，葡萄牙語「銀盤」的意思。中文稱為東沙，為了與西沙群島區隔。島上最顯著的是長長的跑道，原先是日本為了軍事基地所興建。

從某方面來看，南海與東海爭端是兩回事。南海是中國與東南亞鄰國之間的紛爭。東海則是中國與日本長期以來的敵對。可是，這兩個海域都具有美國利益，日本與東南亞均尋求美國軍事支援。它們是東亞緊張的兩座避雷針，台灣介入其中時，又產生另一項曲折，因為中國宣稱擁有釣魚台列嶼（尖閣諸島）以及南海主權。多年來，台灣曾提議將東沙非軍事化，成立國際海洋環境科學中心。但中國宣稱擁有主權，台灣亦宣稱擁有主權，而且萬一發生正面衝突，台灣明白表示將與美國結盟，而不是中國。

「我們決心保衛這些島，」台灣總統府國策顧問陳錫蕃向我表示：「美國要求我們不要部署飛彈以免加劇緊張。可是假如美國要求，我們很樂意部署。」

我在二〇一三年底搭乘台灣軍方運輸機前往東沙，機上是給當地兩百名人員的補給品：海巡署官兵、政府官員和研究珊瑚復育的海洋科學家。東沙指揮部指揮官李甦清皮膚黝黑、瘦小精幹，出身特種部隊，島上大多數弟兄也是。他們騎乘腳踏車和電動高球車，混凝土小徑通往低矮、粉刷建築物。屋頂放著用綠色防水布覆蓋的重型武器。東沙島上，既有熱帶小島的寧靜，也能感受到這些官兵駐守當地的潛在威脅。我一個人騎著腳踏車，騎到一棟沒有窗戶的橢圓形建築前。兩名高度戒備的人跳了出來，全副武裝，堅定地叫我離開。島上最高的建築是雷達站，追蹤廣大半徑範圍內的飛機與船隻。華南沿岸至少在兩百海浬遠，而菲律賓則在反方向距離約五百海浬。

指揮官李甦清的主要威脅來自中國漁民，他們要不測試他的防禦，要不請求協助及上岸。其中不乏美國國防分析家所說的中國海上民兵，亦即直接跟軍方指揮層報告的漁民。中國多次利用這些民兵來主張海上主權。近年來最引人注意的一次是二〇一四年與越南就石油鑽井平台對峙，以及多次與菲律賓在黃岩島衝突。

「這是中國繼海軍、海警之後的第三支海上部隊，由航海業專業人士組成，」美國海軍戰爭學院戰略教授艾立信（Andrew Erickson）向我表示：「它由軍方控制，國家提供經費，是非正規的準軍事組織，可以動員參加特定行動以實現中國政治目標。出動海上民兵旨在偽裝及混淆視聽。」

海上民兵的規模並不清楚。中國漁業的從業者超過一千五百萬人，占全球漁業生產的一八%。因此，可做為海上民兵的人數高達數百萬，可用的船隻則有數千艘。

平均來說，指揮官李甦清每兩天便處理一起中國漁船入侵，主要是海上民兵。大多來自海南島，多年來參與中國軍事行動，抑或騷擾海上船隻，及駛近東沙以蒐集情資。

艾立信追蹤第一次二〇一二年黃岩島衝突時參與其中的中國海上民兵船隻，當時菲律賓海巡隊發現八艘中國漁船滿載巨蚌漁獲，便企圖阻止他們離開。菲國海巡隊馬上被中國準軍事船隻包圍。艾立信發現其中兩艘是海上民兵連班長陳則波及許德譚，他們來自海南省瓊海市潭門鎮，習近平還曾在二〇一三年視察過這個漁村。潭門海上民兵連是在一九九五年成立，以支援在美濟礁建造竹筏平台；中國宣稱這些平台是供漁民在天候不好時避難使用。「瓊海〇二〇九六船」上的一名民兵郁寧，發送簡訊警告中國軍方說菲律賓派出一艘軍艦。在後來的簡訊，郁寧準確地辯認出那是「皮拉爾號」巡防艦（BRP Gregorio del Pilar）。雖然是菲律賓海軍噸位最大的軍艦，但不過是美國海岸警衛隊的舊巡防艦，根本比不上中國軍艦。但是當時有一個颱風正在接近，菲中政府同意雙方都撤退。但是，只有菲律賓人撤退，中國人留下來占據黃岩島，巨蚌漁獲則一路運回中國大陸去處理。這起事件證明，中國海警、海上民兵和挖掘海床捕捉蚌類的投機分子之間，存在幾乎隱形的分工。

另一個民兵連，儋州民兵連，是一九七四年中國武力奪取越南控制的西沙群島的關鍵要素。它的姐妹連，三亞市民兵連，則是參與二〇〇九年美國海軍監測船「無瑕號」（USNS Impeccable）事件。五艘中國漁船包圍無瑕號，試圖切斷其拖曳聲納。這起衝突發生在歐巴馬總統就職後不久，除了給新總統下馬威，也警告美國停止在中國海岸線附近監視。[1] 駐在西沙群島的三亞市民兵，亦負有恫嚇越南漁船的任務。這些民兵船員很可能也參與理山島漁民武文饒被攻擊的事件（參見第八章）。[2]

截至目前，中國漁民一直避免與東沙李甦清訓練有素的部隊發生衝突，一旦發生衝突將使局面改觀，因為東沙島具有戰略重要性。中國想要的話，只須半小時便可拿下東沙；最靠近的台灣戰鬥機需飛行一小時。目前，中國海上民兵受到指示要避免滋生事端，除非北京當局另有指示。

李甦清的海巡署東沙指揮部牆上有一面地圖，標示著東沙的距離：與南沙群島相距七百四十海浬；與最接近的中國陸地相距一百六十海浬；與海南島相距四百一十六海浬；與菲律賓相距七百四十海浬。李甦清帶著我們出去巡邏，但令人失望地安靜。東沙沒入海平面之下，我們身在波浪不大的深藍色南海上。看不到中國漁船，雷達上一艘也沒有——或者李甦清想給我們看的一艘都沒有。

「我們隨時做好準備，但是絕對不會挑釁，」他扶著中央船艙的橫桿保持平衡：「如果這艘船不夠，我們可以叫來更大的船，我們只會把動武當成最後手段。可是我們會動武，因為我們決心保衛這個島。」

李甦清也會檢查漁民的作業。中國和其他國家的船員使用炸藥一次炸死魚群。他們還會帶著氰化物噴罐潛水，直接對著魚噴或是噴灑在珊瑚等魚群棲息地。毒藥讓魚群昏迷，他們便可以輕易捕撈。

近年來有證據顯示，中國海警、海上民兵和中國黑幫合作，破壞南海海洋環境以牟利。二〇一四年把菲律賓漁民趕出黃岩島之後，中國開放潟湖養殖巨蚌，賣給亞洲食品黑市。外殼寬約四英尺，這些有著黑、黃色複雜花紋的巨蚌，是昂貴的珍饈。蚌肉賣給餐廳，蚌殼則可做成裝飾品。一些巨蚌可能上百歲，一枚巨蚌可能賣到一千美元以上，整個產業全年規模達五十億美元。在沿海被捕撈一空之後，中國政府補貼盜採者到外海去；黃岩島與中國其他新近取得的海上領土成為完美的捕撈場地。在挖出巨蚌時，附近的珊瑚也遭到破壞，生態學家估計，這整個區域將近一〇%遭到巨蚌盜採者摧毀。

BBC亞洲通訊記者傅東飛（Rupert Wingfield-Hayes），二〇一五年十二月曾潛水拍攝巨蚌盜採者在南沙群島作業。他目擊一個至少三英尺寬的巨蚌從海底斜坡被挖出，丟進一艘船，而船上還有另外兩個巨蚌。傅東飛形容那個景象：「海床鋪滿厚厚一層碎屑，數百萬珊瑚碎片，像碎骨般慘白。這種破壞向四面八方延伸數百公尺，一堆又一堆殘破的白色珊瑚枝。」他後來看到母船甲板上堆積數百個巨蚌。[3]

二〇一五年一月二十九日的一幀黃岩島衛星影像顯示，附近有兩艘中國海警和數艘海上民兵船，潟湖內則有四十多艘不明船隻，幾乎可確定是巨蚌盜採者。潟湖入口處沒有海警船看守。如果中國計畫在黃岩島潟湖建立一個前哨，先行採集巨蚌是有道理的，因為填海造地無論如何都會毀掉海洋環境。十個月後，十一月時，盜採者都已離去，中國海警又回來看守入口處。

台灣在東沙成立一個海洋研究中心，目的是追蹤環境破壞及修復受損的珊瑚。徐韶良參與創辦這個中心，他戴著金邊眼鏡，是個活潑有趣的人，在二〇〇七年參與成立東沙環礁國家公園。他的實驗室水缸裡養殖著一簇一簇的珊瑚。珊瑚礁時常被稱為水底雨林，這些五顏六色、令我們讚不絕口的枝狀物，很容易被認為是海洋植物。可是，珊瑚屬於動物，像是無脊椎動物，只是沒有四肢與腦袋。牠們提供四分之一海洋物種的棲息處，並在東沙等島嶼四周形成堡礁，可減輕風暴及波浪的損害。中國填海造地、盜採巨蚌、全球暖化與海洋汙染，都造成珊瑚死亡。珊瑚的滅亡成為全球氣候變遷的一個標記。在澳洲北方的大堡礁（Great Barrier Reef），海水暖化已造成七成珊瑚死亡。一些科學家認為，九成的海洋珊瑚將在二〇五〇年前滅亡。[4]

徐韶良的任務是改變這一切，養殖珊瑚，把牠們重新種回東沙四周的海底。「這個長得很快，」他指著砂層上一簇如手指般張開、灰棕色的珊瑚說：「一年大概能長十公分。」

「這個呢？」我指著另外一缸更小、紅黃色的一簇珊瑚問他。

「這個長得非常慢，」徐韶良搖搖頭說：「跟烏龜一樣慢。一年只長一公分。」

他告訴我，漁民們以前為了炸魚把珊瑚也炸開了：「我們現在已經阻止他們那麼做了。我們很堅決。」

「氰化物呢？」

他做了個鬼臉。「是的，他們還在使用氰化物。這比較難阻止。可是我們逮到了一些。」

「人們真的會吃用氰化物毒死的魚？」一想到亞洲各地擁擠的攤販和高檔餐廳，這種景象令人不寒而慄。

「當然了，」徐韶良對於我的不可置信感到意外：「他們怎麼會知道？又吃不出來。中國和香港的許多餐廳都有供應以氰化物捕抓的魚。」

徐韶良所屬的東沙環礁國家公園計畫是為了淡化南海的軍事色彩，強調海洋科學，將焦點由主權紛爭轉移到共同保育環境與資源永續。在眼鏡後面，他的眼睛閃爍著興奮，他訴說著他的最終目標是要把東沙變成一個國際生態觀光景點，像是太平洋的迷你版厄瓜多加拉巴哥群島。他的專長是把軍事據點改建為觀光勝地。他的上一個工作是在與中國只有一浬之遙，仍屬於前線的金門島參與成立金門國家公園。

「你覺得那種方法在這兒也有用嗎？」他問說：「比如，停止政府間的爭吵。」

「如果你在金門做得成，我相信你在這兒也做得成，」我說。

「沒錯。我是戰地旅遊專家。」

「你有請中國科學家來和你共事嗎？」

「還沒有，」徐韶良沉思片刻後回答說：「是啊，那挺不錯的。可是目前我們政府不會准許。那才是問題。」他伸出手撥弄珊瑚上的水。但是又恢復笑容：「但是將來可以。我們的東沙國家公園，不久之後會歡迎來自全世界各地的科學家。我們稱之為珊瑚外交。」

在搭機離開東沙時，我就坐在李甦清旁邊。半途中，他拍拍我的肩膀，指著下頭的大海。

「那是『遼寧號』，」他說。我們向下看到中國的新航空母艦，由二十年前買下的舊蘇聯航母改裝而成，這是它前幾次出航。帶著挑釁意味，它正航向台灣海峽。陽光照在遼寧號甲板上，只停放著兩架戰鬥機，灰藍海面上有四艘軍艦跟隨著航母。或許有更多軍艦，但是我看不到。海軍充分說明中國的心態。中國絕不會交涉放棄優勢。它要趁勝追擊，而且不會離開。三年後，中國海軍司令員宣稱遼寧號已具備作戰能力，我在離開東沙島飛回台灣時，看到宛如高鐵伴隨著城市天際線的景象，在中國領導人心目中，這個地方將保障中國重返全球最富裕及最強大國家的正確地位。

＊

在還是候任總統時，川普便利用台灣來提高美國對中國的籌碼。二〇一六年十二月二日星期五，甫當選沒多久，他便接聽新任台灣總統蔡英文的致賀電話。川普的一些鷹派顧問安排通電話的形式與時間點，打破四十多年來維持台海和平的慣例。沒多久，在他的一項著名推特貼文中，川普質疑一九七九年一月以來便實施的「一個中國」政策的基礎。

藉由與川普通電話，蔡英文是要測試美國與中國，而藉由接電話，川普實際上承認蔡英文是一個獨立政府的領導人。但在入主白宮後，川普政府又改變態度，這也成為川普執政為人熟知的特色。可是，川普已改變了規則，甚至暗示「一個中國」政策應該重新檢討，讓人覺得即使不是現在，日後也可能放棄這項政策。領導人來來去去，權力平衡也反反覆覆。

台灣是一個現代、務實的地方。火車準點行駛，癌症倖存率高於大多數歐洲地方。台灣充滿非傳統、文藝氣息，又有些古怪。一九九六年第一次總統大選時，台灣成為中華儒家社會第一個西式民主國家，證明台灣假如行得通，別的地方也可以。連喘口氣都沒有，台灣立刻以貪汙罪將前總統關進牢獄，並在二〇一四年選出第一位女性總統，時年五十九歲的蔡英文，這位未婚的學者養了兩隻貓，並且支持同婚。她在一段性別平等宣導影片中說：「在愛之前，大家都是平等的。我是蔡英文，我支持婚姻平權。讓每個人，都可以自由去愛、追求幸福。」

蔡英文象徵著現代台灣及全球民主。不像緬甸或南韓的女性領袖，她並不是出身政治世家，而是在美國康乃爾大學及倫敦政經學院攻讀專業。一九九〇年代初期，台灣立法院時常大打出手，因為政客們不懂得民主運作，以及如何在不用暴力下贏得辯論。他們很快便成熟，儘管受到外交孤立和中國不斷威脅，台灣已由獨裁走向有活力的民主，而且沒有流血。有這種成就的國家並不多。做為選擇的武器，台灣發展貿易及半導體，而不是動亂與自殺炸彈。台灣二千四百萬人享受成果。對於門前來了個不友善的強大鄰國而感到不耐煩的其他小國，台灣足以做為模範。

蔡英文領導民進黨，該政黨設立於一九八〇年代，訴求台灣是一個獨立主權國家，因為台灣從未真正屬於現代中國。台灣曾被荷蘭及西班牙入侵，一八九五至一九四五年被日本占據。

這裡是亞洲少數你可以聽到人們對日本殖民有好感的地方。

在選民眼中，國民黨親中，不斷倡議跟中國統一。蔡英文的民進黨已放棄原先獨立的訴求，但仍與中國保持距離。如同許多民主國家，輿論在這兩大政黨之間擺盪。在二〇一六年一月前，國民黨的兩任總統任期執政八年。然後，以五六%的得票率，蔡英文當選，立刻讓人對台灣與中國的未來打上問號。她贏得選票是因為人們對台灣日益親中感到不安。

中國與台灣的往來方式係透過精心規劃，並在美國監督下。二〇〇八年總統大選時，小布希總統覺得必須介入，因為民進黨強烈要求獲得承認並加入聯合國。小布希要求民進黨保持安靜。八年後，蔡英文上台，她拒絕接受台灣屬於中國的「九二共識」。憑著使用模糊言詞以保全面子的一貫手法，中國宣稱：「海峽兩岸都堅持一個中國的原則，努力謀求國家統一。」台灣則加注警告：「在海峽兩岸共同努力謀求國家統一的過程中，雙方雖均堅持一個中國的原則，但對於一個中國的涵義，認知各有不同。」[5]

這種模式存在灰色地帶，多年來讓雙方避免戰爭。

川普打亂美中政策只是暫時性的，但在同時，台灣本身正在規劃新的未來。過去三十年，台灣與中國貿易往來，尤其是電腦與資訊科技業。他們控制著全球市場。但是如今，台灣認為這條路已走到了盡頭。在習近平領導下，中國更加趨於專制和民族主義，使得台灣與其民主直接成為目標。在二〇一七年十月中共十九大報告，習近平強調中國的「意志、信心和能力」可以挫敗任何形式的「台獨」分裂圖謀。他說：「我們絕不允許任何人、任何組織、任何政黨、在任何時候、以任何形式，把任何一塊中國領土從中國分裂出去！」[6]

中國對台灣的敵對政策有三種形式：經濟，外交及軍事，最後一項是自一九四九年來籠罩台灣海峽的戰爭陰影。未若印度、日本或北韓，台灣是中國長程計畫裡沒得商量的要素，中國對前英國殖民地香港和前葡萄牙殖民地澳門，也是相同的看法。台灣覺得受到壓迫。台灣特種部隊舉行定期演習，就中國萬一進攻發動反擊。「這是終極威懾，」前副國防部長林中斌向我表示：「中國或許有壓倒性武力，但我們將跟他們打一場沒有盡頭的戰爭，像伊拉克一樣。」可是他不認為這種情況會發生。二〇〇四年，就在美國攻打伊拉克之後，中國發表國防白皮書，說明不發動戰爭便主導東亞的戰略。[7]

一年後，二〇〇五年，中國通過「反分裂國家法」，遏制台灣傾向獨立，這是對民進黨尋求加入聯合國所做出的回應。這項法律詳細載明必須阻止台灣分裂，同時保護台灣平民和在台灣的外國人的生命財產安全和其他正當權益，暗示著伊拉克式的全面入侵已不列入考慮。該項法律僅適用於台灣，而不適用新近回歸的港澳，當時港澳都沒有獨立運動。十年後，二〇一六年，香港出現了獨立運動，但不成氣候。

然而，北京當局的內心想法並不得而知。二〇一三年，台灣國防部表示中國已擬訂計畫，要在二〇二〇年完成對台用武的全面作戰能力，以攻下台灣，只要能讓美國不介入台海衝突的話。想要做到這點，中國必須取得足夠籌碼，可以在美國一旦介入台海衝突時對美進行報復。台灣很清楚，萬一美中關係走到這個地步，台灣的生存便將受到嚴重威脅，美國政府不願出售先進武器給台灣以免激怒中國，已使得台灣軍力遠遠落後。

在今後數年的衝突中，台灣將必須依賴一九九〇年代的F—十六戰鬥機去對抗中國殲—二〇隱形戰機，用老舊的冷戰初期潛艦對抗中國快速且致命的先進潛艦。「台灣必須明白要靠自己保衛自己，」美國海軍戰爭學院的艾立信坦白的說。

在內蒙的一場大型中國軍事訓練基地，中國演練攻台任務，包括真實大小的仿造台北總統府和台北市區，證明至少在中國軍方心中，戰爭並不是不可能。根據中國軍方消息人士，他們並未打造東京或河內的類似仿造建築。

「在所有火藥庫當中，對台戰爭是最大及最危險的一座，」中國專家易思安（Ian Easton）在《中共攻台大解密》（*The Chinese Invasion Threat: Taiwan's Defense and American Strategy in Asia*）表示：「人民解放軍把攻台視為最重要任務，這場預見的未來戰爭是中國建軍的動力……在部隊開始登陸台灣之前，人民解放軍將發射一波又一波的飛彈、火箭、炸彈和炮彈，夷平沿海防禦，並且用電子干擾機癱瘓通訊。」[8]

這種情境令人不安之處在於它違反《孫子兵法》常說的不戰而勝。這不僅會讓中國面對高度訓練及強悍的台灣軍人，亦將破壞其坐上主位、掌控新世界秩序的計畫。簡言之，中國將喪失國際信任。在北京，徐光裕將軍向我勾勒另一種情境。「我們將像攻下北京一樣攻下台北，」他說：「北京市被包圍。但沒有戰鬥，因為我們想要保護歷史建築，於是我們發動圍城，說服一些將領投靠我方。對台灣也可以用這種內部離間。那不算戰爭。我們稱為非和平手段。」

在許多層面，這種情境影響到現今中國對台灣的威脅，但不是軍事而是在經濟上，並在兩個前線展開。首先，大約四成的台灣貿易依賴中國貿易。其次，台灣很難自給自足，因為中國阻撓台灣爭取獨立的貿易協定，揚言對試圖與台灣簽署協議的政府採取報復。二〇一三年，經過辛苦的等待，中國讓台灣與新加坡和紐西蘭簽署自貿協議。但中國反對與馬來西亞及智利的類似協議。舉例來說，如果智利與台灣簽約，中國對智利的投資便可能突然中斷。北京將這項策略稱為統一台灣的三場戰爭：經濟、法律和心理，類似對菲律賓、越南和其他東南亞政府，就南海爭端所採取的手段。

「每次台灣想要拓展與其他國家的貿易，中國就立刻衝過來，以經濟戰粉碎協議，」加州大學商業教授納瓦羅（Peter Navarro）表示：「正是在這個台灣經濟前景極為急迫的領域，中國的欺凌往往是最強力、最有效的。」[9]

歷經四分之一個世紀建構依賴中國的經濟，台灣現在必須抽身離開。台灣最大產業是半導體，這是所有電子產品的主要元件，約占台灣對中國出口總額的二〇至二五%，每年約二百億美元。自二〇一五年開始，中國推出自己的官方半導體產業發展計畫，目標是本地生產商滿足其三五%需求。就某方面來說，這是任何國家的自然發展。但以台灣來說，這很具破壞力，因為中國試圖影響台灣銷售產品的對象。中國亦鎖定台灣特定經濟領域，例如禁止支持民進黨的旅遊團，並鼓勵支持國民黨的團體前往旅遊。北京傳達的訊息是，台灣必須遵守界線，否則面臨後果。

「即便沒有軍事衝突，我們仍面對來自中國的嚴峻挑戰，」中華經濟研究院李淳向我表示：「我們需要發展我們仍對中國具有技術優勢的地方。我們需要設立亞洲矽谷，像是美國加州的。我們需要開發替代能源，機器人等智慧機械，生技與製藥業。我們需要減少對美國的國防依賴，所以我們也需要發展那個領域。」

美國是台灣先進武器系統的唯一供應者，台灣國防界對於被綁住而被迫支付高價已漸感不耐。歐洲武器銷售相較之下微不足道，因為歐洲政府不願冒險失去中國的大訂單。

「台灣很有錢，」林中斌表示：「美國當然想要儘量榨取。可是我們不喜歡。」

蔡英文總統上任後不久，台灣成立潛艦發展中心，目標是要發展柴油動力電子攻擊潛艦。一年後，蔡英文參加的一項典禮，台灣宣布投資十億美元研發新一代教練機。

這跟以色列和中東的情況有些相似。以色列經濟繁榮，儘管與阿拉伯鄰國幾無貿易往來，數個中東國家甚至不承認它是個獨立國家。由於雙方打仗的經濟損失都不大，以色列與中東的衝突因而一直持續著。台灣的情況正好相反；與中國貿易提供維持和平的誘因。可是，現在台灣認為自己已走過轉折點，生存受到威脅，原因正是與敵人的生意做得太多了。

比起前任國民黨籍總統，蔡英文總統對中國態度更加強硬，中國於是加強壓力。二〇一七年時，由於「一個中國」政策，台灣只有二十個邦交國：兩個在非洲，五個在加勒比海，六個在拉丁美洲，六個在太平洋，一個在梵諦岡。這些年來，數十個國家與台灣斷交，改與中國建交。台灣最近在二〇一七年六月失去巴拿馬這個邦交國家。

「如果台灣完全失去外交承認，如果中國不斷施壓其他國家不要承認這個島，那將成為我們的外交紅線，」一名高層官員向我表示。他接著暗示，在川普二〇一六年十二月與蔡英文通電話後，美國可以設法提升美國對台灣政府的承認。目前，台灣在主要首府城市設有「代表辦事處」，人員進行專業外交官的工作，但是沒有得到正式外交承認。他建議更改名稱：「舉例來說，如果美國派任一名大使駐台北，一名駐北京，美國政府就是採取雙重承認的做法。一個是中華人民共和國，一個是中華民國。」

「如果美國向你們提議，你們會接受嗎？」我問。

他遲疑了數秒鐘，這名專業政治人物思索著直接回答的影響：「如果你問這個島上的普通人，他們認為台灣早就被視為——」

「可是政府呢？」我打斷他的話。

「這是很好的問題。」他的臉沉了下來、眼皮低垂地思考著：「但那是假設性的。」

「所以你還沒有決定？那很危險，會不會——」

「確實，那很危險，」這次換他打斷我的話：「我們確實需要做好各種準備，可是如果有某種提議，我們政府不會拒絕那項提議。」

「不會拒絕？」我需要確認。

「我們不會拒絕那項提議。」他的語調堅定而明確。房間裡的氣氛變得凝重，我們幾十個人聽懂他剛才說的話的意思。台灣歡迎美國承認它是一個獨立國家。但是，川普沒有提出這項建議。這個想法只是被提了出來，馬上便撤銷。可是，以川普來說，這個主意或許隨時都會被重新提起。

一半台灣人希望強大鄰國的保護，另一半則希望獨立的自由。表面上，現在一切相安無事。沒有地方需要改變，除了人類天性希望改變，以及台灣不再覺得安全。高樓大廈越蓋越高，高鐵越來越快，資金源源不絕流入。可是在心理上，這個體系已趨於緊繃，台灣的現況無法永久維持。必須有人屈服才行。

*

在金門島，銅灰色海水輕拍著黃色沙灘。淺棕色迷彩網蓋著沙灘上一排的坦克車，炮口往外對著海，這是金門島長年來的軍事防禦。鄰近一座古老機槍碉堡的牆上現在貼著罕見鳥類的海報——色彩鮮艷的翠鳥、鸕鶿以及叉尾太陽鳥，均在這個沒有遭到破壞的地方棲息。這是徐韶良的工作成果。這位戰地觀光專家現在在東沙島工作。

在島內，舊的水泥反空降樁從種著高粱、花生和地瓜的田裡冒出來。在一些柱子頂端，三根的尖銳鐵叉指向天空，像是被扭曲的掛衣架，以刺穿降落的中國傘兵。在一條蜿蜒小路外，是一具封存的榴彈炮的場地，只有藍色油漆斑駁的鐵門和一把生鏽的掛鎖戍守。當海風呼嘯吹過這片光禿禿的平坦海岸線，讓人有一種緩慢島嶼步調、與世隔絕及自然荒野的感覺。

由金門，越過狹窄的一段海路，是華東港口城市廈門未來感的天際線，那是上百個人口超逾一百萬人的中國城市之一。廈門意為「大廈門口」，有四百萬人。兼具野心及決心，這座城市本身就是一項意向聲明。飯店與辦公大樓以驚人速度出現。讓人聯想起十九世紀及美國西岸，還有一絲加州風情，棕櫚樹、高速公司和遊艇碼頭。但是同時也像是我們想像的世界——蝙蝠俠電影裡的高譚市，《銀翼殺手》（*Blade Runner*）裡反烏托邦的洛杉磯，或是《冰與火之歌：權力遊戲》（*Game of Thrones*）雄偉的君臨城（King's Landing）。這是前所未見的，貪腐、犯罪、殘酷、權力、意識型態、虛弱、不安全、創造力、樂觀主義、勇敢和大膽的殘破歷史，其背後均來自於想要逃離惡劣過去，取得新身分的強烈企圖心。對許多金門人來說，廈門是他們的未來，現在早已是他們購物、醫療保健和房地產投資的第一站。兩邊的家庭試著忽略先人遺留的分隔，共享食物、語言和文化，最重要的是，一齊賺錢。

我搭清晨的客輪從金門去到廈門。太陽從廈門嶄新的客運碼頭上方升起，寬廣的入口廣場，白色拱門，巨大的電視螢幕和亮晶晶的磁磚大廳。友善的中國移民官員在文件上蓋章，旅客則在一排有顏色的按鍵選擇笑臉或苦臉，表達他們是否滿意通關的服務。我按了最滿意的按鍵。

載著我們渡過短短水路的舊客輪坐滿了學生、體育隊伍和免稅店購物者，只要三十分鐘便可抵達對方碼頭，一小時一個航班，來來回回。唯一負面的跡象是毛玻璃，乘客不能看到窗外。乘客也不能上到甲板。他們閒聊，吃湯麵，手機自拍然後上傳到社群媒體。在兩岸政治開始產生影響前，船上大多數人都還沒出生呢。

我們一些人擠在一個髒汙的舷窗前，結果看到的是令人失望的乏味景色，絕對不是雄偉的南極或如畫般的南太平洋。海水的顏色一直灰灰的，直到太陽升起才逐漸變為黃銅色，然後轉為深藍色。遠方的島嶼清晰可見，但很難辨識是哪些島，除了鼓浪嶼之外，因為我在破曉時從飯店房間看過。

鼓浪嶼很容易辨識，因為十七世紀將軍鄭成功像的關係。高踞在山丘上，這個面貌年輕、身穿盔甲的軍閥令人聯想到巴西里約熱內盧的耶穌像：堅實、高大、威風凜凜。人稱國姓爺，他在華東沿海建立起一個小型帝國，並將廈門做為軍事訓練基地。他的士兵打敗企圖登陸的荷蘭商人。他俘虜他們的女眷，充當奴婢和妻妾。國姓爺是中國軍閥的縮影，強大、無情、維持秩序的領導人。

出海約十五分鐘便可看到金門，一塊低平的黑色土地，狀似龍舌。長僅二十英里、寬十五英里，金門不過是全球陸地的一小丁點而已。但如同全球許多小丁點，數十年來它一直占有軍事重要性。一九五〇年代習慣稱它為共產主義與資本主義的分界線，現在則是中式專制與美式民主的分水嶺，可是現在，這種意義變得模糊不清。在客輪上，你無法分辨共產主義或資本主義，民主或專制。設計師球鞋和彩色後背包上沒有明確的標誌。中國製造的華為手機跟美國iPhone同樣普遍，而後者是台灣公司在中國大陸工廠生產的。品牌、價格和性能比愛國心及政治更受到重視，至少在目前而言。半途中，金門看得更清楚了，此時我們已越過看不見的隱形邊境，套句一九五〇年代百代電影公司（Pathé）在電影院放映的新聞短片用語，這是「地球上最炙熱的地點」。當時的金門（英語舊稱Quemoy）遭到「紅色」中國炮彈的「炮擊」。以當時的用語來說，金門是「無神共產主義」對上「敬神的自由與資本主義」。這個前線與分隔東西柏林的查理檢查哨（Checkpoint Charlie）同樣危險，同為針鋒相對的價值觀與互相競爭的道德高地的焦點。查理檢查哨的威脅老早消失了，可是台灣海峽的卻沒有，即使生活水平及生活方式的差距已經縮減得差不多了。天際線或許改變，政治底線仍未改變。

客輪抵達後，這兩個可能敵人之間的通關程序輕鬆簡單，跟兩個北約盟國之間通關相比的話，比如說加拿大與美國。儘管我可以在廈門登入谷歌，但搜尋引擎被封鎖。我也可以在當地購買手機SIM卡，一個月上網、通話、簡訊吃到飽，才十美元。但我從未在中國買過，因為需要冗長的註冊程序以及與公安面談，而這可能危及我所訪談的對象。

共產國家與自由民主之間的差異已經縮減到這些小事：網路限制、媒體審查、政治控制。囚禁異議人士是與西方根深柢固的價值觀相違背、無法接受的事。但在許多人心中，這些都不算什麼，當你比較中國的成功與中東的暴力以及非洲、南亞無解的苦痛的話。

數個世代以來，這些貧窮地區信任西方的導引，接收大筆金援，舉行選舉（通常有弊端及貪瀆），獲得往往未經審查的跨國企業投資。中國堅定不移地推動前進，將窮鄉僻壤改建為城市，用公路、鐵路與航空將人們連結起來。中國有著無比的決心，以致於在三年間，由二〇一〇到一三年，使用的水泥數量多過美國在整個二十世紀所使用的總量。[10]

將基礎設施及貿易置於民主及個人自由之上，中國將西方發展模式拋諸腦後，廈門與金門間的短程客輪便是這種困境的快照。雖然雙方的文化、語言和食物很相似，這個邊境代表著更廣泛、更困惑的事情。現在早已不是柏林圍牆兩邊對立的問題；對世界上數億人而言，問題在於你喜愛中非共和國的民主，在那裡你會感染瘧疾、穿著一雙拖鞋四處走，抑或你喜愛專制中國的壓迫，但在那裡你可以填表格為你的第一棟公寓申請貸款。

我在碼頭和兩位解說員碰面，他們開車載我到眺望廈門的國家公園。

*

大約七十年前，就在這裡，親美的國民黨軍隊在一九四九年古寧頭戰役擊退毛澤東的部隊，那是冷戰最熾時的亞洲第一場軍事衝突，國民黨的坦克用盡炮彈，最後直接衝向中共士兵，把他們碾死在車輪下。

今日，廈門天際線是這個野心勃勃的亞洲世紀一個小角落的建築縮影，由北京到德里都充滿信心。但在一九五八年，廈門險些被核攻擊摧毀。美國槓上中國與蘇聯，因為中國若在金門戰勝，便可能讓共產主義蔓延到整個亞洲。廈門因此被美國國防部列為攻擊目標。

我的導遊王文成（Isaac Wang）在炮擊停止前的最後幾個月，至一九七九年「一個中國」政策實施的期間，在金門擔任心戰軍官。「共產黨炮打我們，」他說：「準得跟鬧鐘一樣。每個星期一、星期三和星期五晚上七點半。」他噘起嘴巴吹出一個長長的低沉口哨：

> 如果你聽到很尖銳的咻一聲，這表示沒事了，因為炮彈已越過你頭上。可是，如果你聽到急促的咻—咻—咻，這表示炮彈打過來了，你最好躲起來或逃跑。炮彈在空中爆炸。火藥在彈膛點燃，把傳單灑到島上。炮彈頭朝下插進地面，埋在田裡，有時八或十英尺深。這些不是榴彈，而是炮宣彈。裡頭有傳單，內容荒誕，像是中國有彩色電視機和亮晶晶的腳

踏車。他們也把《毛語錄》丟過來。如果有人被發現帶著一本，就會被捉起來。我們當時實施戒嚴法，非常嚴格。炮彈來得很準時，我們自動會去避難。狗狗也會躲到桌子下或地窖裡。然後，在一九七八年十二月三十一日，炮擊突然停止了。

王文成笑了笑：「狗狗也是靠著肌肉記憶，隔天，一到七點半，牠們又去躲了起來。」

「現在呢？」我問：「戰爭的威脅消失了嗎？」

「在這兒，我們自比是一部中古車，而他們是一輛法拉利。法拉利當然不想撞到我們。如果他們攻擊我們，他們只會打到一個國家公園。如果我們炸他們，他們會失去一整座城市。」

熱情洋溢、頭髮灰白、六十二歲的王文成，體現了台灣海峽、中國和美國，以及現今我們許多人賴以平衡生活的全球連結的許多矛盾。他一半的時間擔任舊金山市府的財政官員（他曾參選財政處處長），一半時間經營金門一個教會慈善機構，同時為台灣政府做一些兼差工作。在很多方面，他具體表現出歐美民族主義政客迸出的愛國主義新式說詞，令人懷疑我們是誰？我們屬於哪裡？我們應該對誰忠誠？國家的觀念是什麼？什麼是自由？

一腳在加州，一腳在金門島，王文成的老家其實是在中國四川省山城康定，位在西藏高原上。康定的西邊是藏傳佛教世界：貧窮，混亂，虔誠。東邊則是漢族主導的中國和無神論的共產黨。康定是這兩個世界不安的交會處。數個世紀前，漢族前來建立廣大警戒線以防禦外敵入侵，而吞沒曾是西藏明正土司首府的康定。因此，王文成對於中國如何處理敏感的外域有一種直覺。他的父親是國大代表，遷到首都南京後，接著在一九四九年逃到台灣，當時台灣很艱困，比非洲還窮，全靠美國援助。王文成出生於一九五四年。二十四年後，這名年輕軍官到金門服役。他加入一個精銳部隊，所有成員均通過安全審查，確保效忠國民黨，他的主要任務是阻止中共文宣品落入金門人手中而讓他們變成共產黨。他在一九七八年六月抵達金門，就在尼克森總統歷史性訪問中國之後七年，同時是在美國與台灣斷交、承認中共之前六個月。

王文成帶我參觀山裡頭鑿出來的地下坑道，在炮擊時保護台灣的補給船，有一家紀念品店賣中國炮彈製成的菜刀，再賣回給中國大陸觀光客，還有金門高粱酒廠，對大陸出口的收益多到可以支付學校、運輸、醫療健保和島上其他重要服務。

「台灣人從來不想打仗，」王文成說：「我們不感興趣。」

「大家都這麼說，」我回答：「在波士尼亞，在敘利亞，在黎巴嫩，百姓們說他們從來不想打仗，可是最後還是打仗了。」

王文成伸出食指。「啊，那是列寧說的？不，是托洛斯基說的。好像是：『你或許對戰爭沒興趣。可是戰爭對你有興趣。』」

金門昇恆昌金湖飯店可以代表台灣企業對兩岸未來的信心，但最後可能淪為政治犧牲者；萬一政府出錯，便會粉碎這種想望。飯店像兩只巨型貨櫃相疊在一起，沒有多餘裝飾，暗褐色外觀，上方屋頂寫著飯店名稱和標誌。大廳寬敞，到處都是大理石、大型環狀階梯、雕塑和挑高的屋頂，有點像人民大會堂，有點像過度的紐約第五大道，甚至有川普大樓的味道——只不過王文成帶我過去時，飯店空盪盪的。

與飯店相通的免稅購物中心，全亞洲最大的，連個人影都沒有。我們經過一間又一間的精品店——費拉格慕（Ferragamo）、古馳（Gucci）、歐米茄（Omega）、普拉達（Prada）、蒂芙尼（Tiffany）——衣著完美的年輕店員好像不習慣看到顧客，當我們走進時，他們的眼睛都驚訝地亮了起來。王文成帶我來這兒，因為這個個案投資額達二十五億美元，這不是一筆小數目，而且你不會在可能發生戰爭的地方投入這筆錢。我們搭乘電梯到達頂樓和總統套房——豪華、明亮，眺遠海景。明確的說，它是為了正式會議而設計，兩側各有小型會議室。

王文成說明，除了金門以外，台灣都已畫分行政縣市。金門卻仍屬於福建省，而其省會為福州。這是高招。中國和台灣官員可以在金門會談而不致引發爭議，因為技術上來說，大家都承認他們仍在中國大陸。自從飯店在二〇一五年開幕以來，這間套房已舉行無數祕密會議。來訪的中國人被奉為上賓，享受美食，高級白蘭地，滿足他們各種要求。

「台灣給他們面子和尊重，」王文成說：「我從不確定美國知不知道面子對中國有多重要。如果你給面子、尊敬和讚美，在枱面下進行交易，像我們一樣，你就可以做生意。」

「如果不呢？」

「如果你不的話，就會流血收場。」

「台灣知道不能跟中國打，」他說：「即使總統下令軍方從金門發射飛彈，他們也不會發射。金門人需要中國。那是我們的命脈。」

「可是，如果美國支持台灣對抗中國呢？你像中國人、像台灣人，也像美國人。你會怎麼做？」

「當然，我在台灣出生。我熱愛這個地方，所以我希望政客們不會那麼瘋狂。因此，萬一那種情況發生，萬一戰爭找上我，像托洛斯基說的，我毫不猶豫地告訴你，我是美國公民。我效忠美國和美國總統。我會回應國家對我的各種要求。」

---

1 美國海軍影像新聞服務，二〇〇九年三月。

2 艾立信（Andrew Erickson）及康納．甘迺迪（Conor Kennedy），〈中國海事報告〉，二〇一七年三月一日。

3 〈中國盜採者破壞珊瑚礁〉，《BBC新聞雜誌》，二〇一五年十二月十五日。http://www.bbc.co.uk/news/av/magazine-35101121/chinese-poachers-destroying-coral-reefs

4 〈逾九成全球珊瑚礁將在二〇五〇年前滅亡〉，《獨立報》（*Independent*），二〇一七年三月。

5 〈一個中國，各自表述：台灣困境的解決之道〉，《外交家》，二〇一七年六月二十日。

6 二〇一七年十月十六日中共十九大在北京人民大會堂開幕，中共總書記習近平向大會作報告。

7《二〇〇四年中國的國防》白皮書。

8《中共攻台大解密》（*The Chinese Invasion Threat: Taiwan's Defense and American Strategy in Asia*），作者：易思安（Ian Easton）。

9〈中國欺凌耗盡貿易資源〉，《國家利益》雜誌（*National Interest*），二〇一六年七月。

10《連結力：未來版圖》（*Connectography: Mapping the Global Network Revolution*），作者：科納（Parag Khanna）

第十七章

事情的核心

南海爭端的核心是長久以來造成許多衝突的問題——主要是貿易、航海自由、稅收，和對於國際法的詮釋。

十八世紀時，美國對抗英國殖民，抗爭了三十多年，終於在一七八三年成功獨立。不過，形成他們不滿的種子早在一個多世紀以前英國實施「航海法案」、以確保所有貿易均須符合英國利益時便已埋下。雖然經過修改以及多次被新法取代，英國殖民戰爭一直貫徹這個原則。由蒙巴薩到孟買到上海，英國設計出對自己有利、卻犧牲他人的體制。美國成為第一個將英國逐出其海外勢力範圍的國家。

勝利後，這個新獨立的國家致力維護它在西半球區域的安全。拉丁美洲對歐洲殖民者益發不滿。巴西在一八一五年成立自治政府，接著在一八八九年成為完全的共和國；阿根廷於一八一六年獨立；智利在一八一八年；祕魯則在一八二一年。可是，美國認為這些新國家可能持續受到歐洲殖民國家敵對勢力的影響。

因此，在一八二三年，如同中國今日在亞洲所為，美國發表「門羅主義」，禁止歐洲干預加勒比海及拉丁美洲，這個區域日後被稱為「美國的後院」（America's backyard）。「這其實是早期美國叫掠奪的外來者『不要插手』的方法，」美國海軍戰爭學院教授霍姆斯（James Holmes）寫道：「拉丁美洲在十九世紀初葉大多已擺脫歐洲統治。美國政客想要鎖定這些利益。他們擔心歐洲國家可能試圖奪回新世界的失落帝國，要不透過戰爭，要不透過成立附庸國。」[1]

當時，美國完全沒有海軍或海防隊，門羅總統大膽地宣布他的主張，卻沒有實施的必要手段。秉持美國外交政策的務實主義，門羅政府雇用舊敵人英國的海軍船艦，以嚇退測試美國決心的其他歐洲國家入侵。

隨著新生的美國不斷發展，裂痕越來越大，這個新國家的痛苦不斷升高，終於在一八六一到六五年爆發內戰。內戰的問題是有關經濟、控制，主權，當然還有奴隸與種族。即使合眾國（Union）戰勝，又過了一百年，直到一九六四年，美國才實施「民權法案」（Civil Rights Act）禁止種族歧視。種族在美國意識裡一直是根尖刺。

中國也依循相似的軌跡。中國對抗美國支持的國民政府以及西方殖民國家占據，長達將近三十年，直到一九四九年，儘管一九三〇年代受到日本入侵的干擾。中國立刻設法保衛自己的領域，導致台灣、西藏和朝鮮半島的軍事行動。接踵而至的是類似美國的成長痛，一九五〇年代「大躍進」的經濟實驗造成嚴重饑荒，近乎內戰的「文化大革命」則造成家人互相鬥爭。一九七六年毛澤東死亡，這一切才停止，但中國的傷痕仍未癒合。

一九一九年第一次世界大戰後，美國如火如荼地走上成為超級強權之路，第二次大戰戰勝及使用核彈更奠定其地位。中國則走上比較無法預測的道路，並不是由戰爭來加以界定。文化大革命以後，中國實施改革開放，但一九八九年民運及民運人士遭到殺害而中斷，中國一度被國際社會鄙視。一九九〇年代初，中國再次奮起，終至今日的地位。

俄羅斯的道路也有些類似。一九一七年的革命累積了近一百年的不安，導火線則是第一次大戰。沙皇君主制被推翻後便爆發內戰，俄羅斯控制鄰國，在四周拉起警戒線，成立了蘇聯，憑藉二戰勝利而成為超級大國。蘇聯終究走上瓦解，倒不是因為壓迫的政府體系，而是因為並未融入全球經濟，這也是中國學到的教訓。另一個東亞大國：日本，則是在二戰後重建政府。唯獨印度沒有歷經革命。其獨立運動，儘管血流成河，從未惡化成全面內戰。印度沿襲並接受英式國會與司法體系，直至今日。

中國的崛起既非無可預測也不令人意外。至少過去四分之一個世紀以來一直很明顯，跟隨著它在整個東亞的經濟成就。美國直到二〇一一年才開始積極應對這個情況，宣布「轉向亞洲」政策，但這項宣布沒有妥善處理，被視為制衡中國的軍事計畫，立即招致中國與美國產生誤會。

亞太事務助理國務卿坎貝爾（Kurt M. Campbell）與國務卿希拉蕊共同設計轉向政策，認為這項政策代表亞洲在全球平衡所具有的新高度。「亞洲是美國出口的最大市場，超出歐洲逾五〇%，」他在《轉向：美國對亞洲戰略的未來》寫道：「何種經濟原理將主導二十一世紀，將由亞洲做出判決，全球四大經濟體有三個在這裡，相互依賴程度越來越高。在攸關全球未來的許多議題，亞洲都位於行動核心。」[2]

中國、印度和日本等亞洲三大國，加上美國，便組成全球四大經濟體。美國國家情報委員會（National Intelligence Council）預估，二〇三〇年前，亞洲將更加富裕、人口更多、購買力更高，國防經費將多過歐洲與北美加總起來。歐洲、日本和美國，占全球所得的比重預計將在二〇三〇年前跌到目前五六%的一半以下。[3]

不過在轉向政策，美國亦提及民主這個主題，讓中國好像看到紅旗的公牛。「（亞洲的）軍隊在衝突與和平共存之間搖擺。轉型中的國家必須決定是否接受民主抑或退回專制，」坎貝爾寫著：「轉向一個關鍵與長遠的因素，是要讓亞洲世紀傾向亞洲和平繁榮和美國長期利益等重要目的……在亞洲，轉向政策可向盟國保證美國的存在，並向中國釋出明確訊號說，美國在未來數十年都將與亞洲交往。」[4]

可是，中國認為轉向政策釋出錯誤與混亂的訊息。「它告訴歐洲與中東：『你們現在要靠自己了。我們要離開你們，投向亞洲了，』」一位要求匿名的中國高級官員表示：

後來發生了什麼事？俄羅斯併吞克里米亞，因為它覺得可以這麼做，還有烏克蘭戰。日本將釣魚台（尖閣）列嶼國有化，一周後又發生黃岩島事件，因為菲律賓和日本認為可以為所欲為，因為美國會來幫忙。它分裂了東協國家，破壞美中關係。我們問他們：「這是為了什麼？轉向是什麼意思？」他們告訴我們，美國只是想要讓亞洲盟國放心。我們說：「放什麼心？好讓他們想說他們有山姆大叔撐腰，所以可以去對付中國？」

二〇一二年，中國開始加緊島礁建設以因應轉向政策，兩位美國著名中國問題專家，布魯金斯學會約翰桑頓中國中心前任主任李侃如（Kenneth Lieberthal），及北京大學國際戰略研究院院長王緝思（Wang Jisi），共同發表一分報告表示，「戰略互疑」（strategic distrust）是美中關係的核心問題。

「中國明白，中美合作必須基於互相的戰略信任，」他們寫道：「然而，中國的想法是，美國的政策、態度和誤解造成兩國之間缺乏互信。中國對美國的戰略互疑深深植根於歷史。」李侃如與王緝思認為，從北京的觀點，中國的強力政治領導管理社會經濟事務的模式，足以替代西式民主，並且指出：「許多中國政治高層認為美國才是站在歷史的錯誤一方。」5

哈佛大學教授艾利森（Graham T. Allison）在《大西洋月刊》（*The Atlantic*）發表題為〈修昔底德陷阱：美國和中國正在走向戰爭？〉的文章，從歷史沿革談起。二〇一七年，他把報告寫成一本書《注定一戰？中美能否避免修昔底德陷阱？》（*Destined for War: Can America and China Escape Thucydides's Trap?*），受到最高決策者的稱讚，包括前聯合國祕書長潘基文、前美國國防部長卡特（Ash Carter）和柯恩（William Cohen），以及前中情局局長裴卓斯（David Petraeus）。

艾利森以西元前五世紀為例說明，當時沒有核武、智慧手機或太空衛星。當時是城邦的時代，雅典日益壯大的力量讓西南方一百三十英里的斯巴達感到震驚，終究導致戰爭。艾利森總共研究五百年間十六個類似案例，發現其中十二個案例以流血收場。他結論指出，想要避免戰爭的話，雙方就必須要「在態度和行動做出巨大、痛苦的調整。」[6]二十世紀德國、日本和蘇聯的崛起都沒有伴隨著此種調整。這些國家都讓我們捲入戰爭。沒有跡象顯示，在中國登場後，中國或美國現在有想要做出調整。

修昔底德陷阱的概念受到外交界與學術界廣泛討論。中國國家主席習近平二〇一三年在人民大會堂接見產官學界代表團時便提起過。[7]這彷彿是一個忌諱的字眼與一名被遺忘的雅典將軍對美中之間糾結的危險做出總結。

艾利森以二千五百年前的危機為例，亦令人感到不安，因為這顯示人性並沒有隨著教育、科技和政治機制而進化。修昔底德認為，國家之間的關係並不是建構在現實主義，而是恐懼情感及自我利益之上。如果他是對的，我們應該要擔心了。

*

二〇一六年，美國安全事務智庫蘭德公司發表報告：〈對中國開戰：想不敢想之事〉（War with China—Thinking Through the Unthinkable）。報告諸多結論之一是，美國最好是現在就開戰，而不要等到十年後中國軍力更加先進。「如果爆發敵對，雙方擁有充足部隊、科技、工業實力和人員，在陸海空、太空與網路的廣大範圍戰鬥。因此，中美戰爭不但可以想到，並且更加需要思考，因為或許規模龐大且損傷慘重。中國軍力提升意味著，戰爭未必會如美國作戰策畫者的規劃。以往美國或許可以打勝仗，現在衝突很有可能會演變成無止境的戰鬥。美國不能預期可以控制一場無法以軍事制勝的衝突。」[8]

這分報告亦估算經濟損失。「雖然戰爭將損及雙方經濟，中國的損失將是災難性且長久的：長達一年的戰爭將損失中國國內生產毛額（GDP）的二五至三五％，相較於美國GDP減少約五至一〇％。即使是溫和衝突，除非迅速結束，也可能削弱中國經濟。漫長且嚴重的戰爭可能重創中國經濟，中斷辛苦得來的發展，並且造成大幅度的流離失所。」[9]

同一年，美國海軍分析中心（CNA）發表〈成為海洋強國：中國夢〉（Becoming a Great

Maritime Power: A Chinese Dream）。作者美國航母戰鬥群前指揮官麥道維（Michael McDevitt）認為，二〇二〇年前中國海軍將成為全球最大規模。中國海警已是全球最大海上執法船隊，有二百多艘船，將近一半噸位超過一千噸。中國民間海運船隊在過去十年增至三倍，中國已點名連結一百五十國一千兩百座港口的三十條重要貿易路線，是他們需要確保安全的。「美國沒有辦法阻擋中國達成目標，」麥道維寫道：「海洋強國的目標與中國的主權考量密不可分。」[10]

此外還有中國海上民兵，充當中國在南海行動的尖兵。美國將他們視為典型叛亂戰術，把平民當成軍人，差別在於這支民兵在海上行動，而不是沙漠或叢林陸地上。「這是海上非正規戰，」美國海軍戰爭學院的庫洛拉跟我表示，他並且將民兵比喻為俄羅斯二〇一四年併吞克里米亞所使用的非武裝部隊：「你分不清楚誰是戰士，誰不是戰士，他們到底是什麼角色。很難辨別人們在做什麼，這構成日內瓦公約以及傳統戰爭法對於海軍行動規範的限制。」

中國認為，以這種方式使用民間部隊是合法的戰術。「勝利來自於軍方與民間，」徐光裕將軍在北京向我表示：「我們為支持祖國的中國漁民致敬。」

徐光裕同時說明中共在二〇一二年宣布的軍事擴張政策：「我們將開發六艘航母和飛彈驅逐艦和攻擊潛艦，以領導我們的海上武力。我們將有十座海外軍事基地，每一大洲至少有一座。美國和中國不想作戰。但是可能擦槍走火，如果沒有控制住，就可能變成大戰爭，如果美國想要把我們趕出南沙群島，如果日本占據釣魚台列嶼（尖閣諸島），就會發生戰爭。」

戰爭的話題對軍方有利，也讓軍火承包商可以申請更多經費。然而，新科技與更加精良的武器絕對不足以完全消除戰爭的選項。雙方需要改變想法，不僅是有關動用核武，還有相互保證毀滅的觀念。美國國防部指出，現今來自中國、伊朗、伊斯蘭國、北韓和俄羅斯的主要威脅，即所謂四加一的情境，是二〇一七年國防經費六千億美元仍不足夠的理由。然而，美國無法承擔更多的支出了，所以才需要新思維。

「美國已到了迫切需要在戰爭中威懾及擊敗俄羅斯與中國的地步了嗎？」國防專家鄔曼在《解析失敗：為何美國發起的每一場戰爭都輸掉》（*Anatomy of Failure: Why America Loses Every War It Starts*）一書中表示：「在二十一世紀，沒有人知道如何威懾？想想中國、俄羅斯、伊拉克、北韓和伊斯蘭國吧。如何才能威懾這些國家，出於什麼理由？」[11]

沒有什麼人討論發生戰爭之後該怎麼辦？如果美國戰勝，它想要的是徹底擊敗，像德國與日本；改變政權，像是伊拉克及利比亞；或者像是防堵蘇聯？這些案例無一成功，十億中國人可能重返幾乎無法因應的恥辱時代。

「美國預期倖存的十億中國人會做何反應呢？」喬治華盛頓大學國關教授艾齊尼（Amitai Etzioni）問道：「他們是否將重建一個一心只想復仇的國家，和被羞辱的德國人一樣，而產生一個像是北韓的國家，只不過大了四百倍？」[12]

如果中國戰勝，是否會破壞現今的世界秩序，果真如此的話，是否擁有機制與必要手段從頭建立新秩序？不，中國並沒有。如果陷入僵局的話，戰爭到底有何意義？

各方對於南海的敵對談話以及中國對日本重燃敵意，早已波及經濟成長。「這已造成負作用，」彼得森國際經濟研究所（Peterson Institute for International Economics）的拉迪（Nicholas Lardy）向我表示：「你無從判斷負作用的規模。不止美國政府，民間企業亦感到驚訝，他們心想：我們要投資更多資金到一個對鄰國採取擴張主義及民族主義立場的國家嗎？如果中國繼續走現階段的道路，終將付出代價。」

值得一提的是，中國經濟學家的看法也和拉迪相同。如同十九世紀初葉的美國，中國已達到需要向外擴張的發展程度，可是還不具有在軍事上捍衛其政策的必要手段。可是跟一八二五年的美國不同，中國無法雇用外國炮艦來執行這項工作。

「美國仍然在發號施令，」國際經濟倫理研究中心（Center for International Business Ethics）主任劉保成向我表示：

> 我們向美國進口逾八千萬公噸大豆，更別說小麥和許多農產品。美國五分之一的可耕地在栽種中國糧食。美國比較強大。如果發生戰爭，美國的國內經濟和工業及能源基礎也不會動搖。中國則沒有準備。中國軍隊沒有好好訓練。美國有強大盟國，而中國則維持一種不結盟外交政策。如果你計算有多少國家是中國的朋友，你列不出一張大名單。美國把我們

包圍起來，可以用貿易禁運和世界金融市場操作，對中國實施戰略性防堵。網路世界仍十分依賴美國架構、加密程式碼、網際網路、金融業、金融世界，這些都操縱在美國手中。我們即將追上美國，甚至在十到十五年內超越美國。因此，無法想像中國會發動戰爭。我們為什麼要呢？

然而，中國和美國之間的歧異可能很快溶入飛彈及衝突的言論。川普上任總統的前幾個月，與中國戰爭的幽靈出現在北韓、南海和台灣海峽。二〇一七年夏天朝鮮半島對峙時，中國明白表示，如若美國先發制人對北韓發動攻擊，中國將站在北韓這一方。

早在二〇一七年一月任命聽證會上，美國國務卿提勒森（Rex Tillerson）便將中國在南海的島礁建設比喻成俄羅斯於二〇一四年併吞克里米亞，並且直接警告中國：「你們占據那些島礁是不會被准許的。」[13]雖然是對著美國人士發言，提勒森的威脅被全世界聽見。中國政府旗下的《環球時報》回應指出，雙方要為軍事衝突做好準備。

*

我們現在的時代已不是冷戰後美蘇權力平衡或者共產主義崩潰後的時代，誤以為一個政治體制可以籠罩全球，行使單一一套價值觀與法律。當時的假設是，某一套政治模式在西方行得通，便可以移植到非洲、亞洲和俄羅斯。在這項實驗展開之際，中國與俄羅斯保持安靜，因此當一個接一個的國家陷入混亂時，西方領袖感到震驚與害怕。他們絲毫不了解歷史，以及即便美國自己在前進時也曾遭遇過的動盪。

目前的全球體制是在二戰後出現，成立了布列敦森林金融架構、聯合國與世界銀行等機構。[14] 一戰後成立了國際聯盟（League of Nations），但很快便失敗。不過二十年間便又爆發戰火。各國間試圖平衡權力所做的這些嘗試可回溯至一六四八年的西發里亞和約（Treaty of Westphalia），各歐洲政府為了終結打了三十多年的戰爭而締結和約。當時戰爭的原因是歐洲宗教改革（Protestant Reformation）與天主教會之間的分裂。西發里亞概念是要成立一個主權體系，每個國家依據國際法來控制其國內事務。「西發里亞和約反映出對於現實的務實妥協，而不是獨特的道德省思，」季辛吉（Henry Kissinger）在其著作《世界秩序》（*World Order*）寫著：「它依賴主權獨立國家不干預他國內政、透過權力平衡來箝制彼此野心的一套體系。」西發里亞和約成為「新國際秩序體系的標記，」他表示。[15] 後來歐洲另一次締結和約是在法國大革命及拿破崙戰爭後，一八一四至一五年舉行維也納會議（Congress of Vienna）以消弭歧異。類似的迫切感催生了美國選舉人團制度（Electoral College），讓較小的州在選舉總統時獲得相等的權力，而在歐盟，人口一百三十萬的愛沙尼亞，投票效力等同於人口八千一百萬的德國。其目的是為了預防霸權，避免強國不公平地影響小國。

美國表示它在亞洲的地位可預防霸權，中國不應取得對小國的不當影響力。就十七世紀以來撕裂歐洲各地的野蠻行徑而言，西發里亞體制根本稱不上成功地維護和平。這套體制對外輸出也不算成功。

英國國會議員史都華（Rory Stewart）在二〇〇三年戰爭後曾任伊拉克南部省長，他在著作《占領的危險》（*Occupational Hazards: My Time Governing in Iraq*）說明，西方想要傳達的東西往往與當地毫無關聯。有一度，他試圖同步阻止不同派系間爆發內戰以及維持一座煉油廠運作，好讓他管理的省得到燃油供給。他寫信詢問上級，他能否調漲石油工人的薪水。他得到的回應是：「告訴我們民主研討會的情況，並詢問我們能否邀請伊拉克婦女去參加一項女性會議……他們談到伊拉克五千年文明，堅稱伊拉克人是受過教育的中產階級，具有世俗、開明同理心，企圖建立一個烏托邦……將貪汙、犯罪和內戰美化為『培養治理能力』，『安全部門改革』和『衝突解決方案』。」

伊拉克及利比亞是西發里亞體制輸出到其他文化卻遭遇失敗的新近現代案例，中國則趁虛而入打入西方價值觀與威信沒落之處。「我們現在可以改採東發里亞體制（Eastphalian），」國防專家朱鋒在北京向我表示：「亞洲歷史不同於歐洲歷史。我們的想法與你們不同。東發里亞體制將採用一些亞洲方法，好讓我們的歷史和傳統可以在世界事務成為優先事項。」

東發里亞體制將削弱美國在亞洲的影響力，取而代之的將是中國主導的亞洲價值觀和實行的政治機制。值得一提的是，馬來西亞與新加坡在一九九〇年代倡導認同亞洲價值觀時，印度及南亞很少被提起。這是一個儒家東亞的計畫。在華府看來，西發里亞概念是認同民主制約與平衡，輔以選舉與法治。而在北京看來，東發里亞概念則是倡導強大的任命政府，由政治局或單一領導人發號施令，在一個統一政黨或天命之下運作，而不是投票箱及民意。

一九二四年，推翻滿清的中華民國首任總統孫中山，在日本發表演說闡釋亞洲與歐洲思維的不同。他說歐洲科學使用飛機炸彈來壓迫亞洲，所以亞洲便不能進步。「西方的文化是霸道，」他說：

但是我們東洋向來輕視霸道的文化。還有一種文化，好過霸道的文化，這種文化的本質，是仁義道德。用這種仁義道德的文化，是感化人，不是壓迫人；是要人懷德，不是要人畏威。這種要人懷德的文化，我們中國的古話就說是「行王道」……歐洲人自視為傳授文化的正統，自以文化的主人翁自居。在歐洲人以外的，有了文化發生，有了獨立的思想，便視為反叛，所以用歐洲的文化和東洋的文化相比較，他們自然是以歐洲的文化，是合乎正義人道的文化。16

孫中山一百年前的感受正反映在中國領導人與學者身上。「我們不需要《聖經》和槍炮，」

國際經濟倫理研究中心主任劉保成向我表示：「美國誇大我們的不同。彷彿那些人覺得他們尚未完全二戰後的任務。我們做事的方法不同。我們藉由雨露均霑來交朋友。南海爭端是個小問題。人們很快便會忘掉。」

如果他說的對，中國便會轉趨強硬，美國在何種程度會加以抵抗或是容忍東發里亞文化是最大的未知數之一，原因還包括美國的民主體制具有無法預測的性質。

朱鋒主持一個智庫，南海研究協同創新中心，二〇一三年才成立。該中心設在南京大學，南京也是人民解放軍海軍指揮學院的所在地，負責策畫海戰計畫的許多要素。

一腳涉足學界，一腳涉足軍事簡報室，朱鋒是新一類的中國學者，習慣待在北京與華府的咖啡店，四處參加會議與研討會，不怕反駁西方論調，無論是民主、經濟或權力敵對。一個世代之前，中國尚不存在這種辯護者，你可以花一兩個小時平和地跟他推測中美核戰形成的原因，而他的工作便是確保，一旦發生這種衝突，中國會勝利。

朱鋒和他的同僚們又造成了一些風波。以往從未見過這兩個看似即將正面衝撞的社會之間如此高度辯論及互動。二〇一六年有大約二十三萬名中國人在美國留學。[17]同一年，中國企業在美國投資金額超逾五百億美元，較前一年暴增三六〇%。好像雙方言詞更加敵對，流入美國的中國資金就越多。其中包括大型產業投資，例如電影、保險和飯店。[18]許多投資人都跟中國最有權勢的家族有關係。二〇一二年彭博社一項調查報導揭露中國八仙家族後裔的關係，包括鄧小平等中共元老。在報導調查的一〇三人之中，二十三人在美國受教育，十八人在美國公司工作，十二人在美國擁有房地產。

這跟一九九〇年代蘇聯共產主義崩潰之後，趁勢崛起的俄羅斯寡頭億萬富豪的情況相似。在之前十年，這些中國家族在保持低調之餘，開始利用第一波經濟改革。「有人可能在這波開放時致富」，布朗（Kerry Brown）在他的著作《新皇帝》（*New Emperors: The Power and the Princelings in China*）說明：「那可能正是黨的領導人家族，他們畢竟是最受信任及犧牲最多的人……他們的長壽以及他們逃過鬥爭、危險和挑戰，使他們取得巨大的政治資本。」[19]

可是，這是否足以阻止西發里亞與東發里亞價值觀的衝突，或是沒多少人聽過的偏遠島礁的衝突？西方科技與投資促使日本在二十世紀初葉成為第一個亞洲工業大國，並且成為敵人。美國與英國以及一九三〇年代德國有很深的關聯。許多美國有力人士認為希特勒為分裂的德國帶來秩序，正適合做為蘇聯共產主義屏障。美國有力人士認為，德國也是一個適合做生意的地方，因此希特勒授與汽車大亨福特（Henry Ford）與ＩＢＭ董事長華森（Thomas Watson）德意志鷹大十字勳章。

中國絕非一九三〇年代的德國或日本，他們之間沒有相似處，但是歷史證實，無論當時看起來再怎麼不可能，事情仍會出錯。歷史學家塔克曼（Barbara Tuchman）在她一九八五年著作《愚政進行曲》（*March of Folly: From Troy to Vietnam*）寫道，政府會做出違背自己利益的事情，做出錯誤選擇，儘管手邊上有正確的選擇。在這項爭論中，我們不能忘記美國國防部鄰近的硫磺島紀念碑，紀念一九四五年二月到三月的一場戰役造成六千八百名美軍死亡，而這場戰爭是新的亞洲強權想要將美國逐出亞洲的野心所挑起。

*

西方本身的價值觀在過去十年也出現了轉變。二〇〇三年伊拉克戰爭及二〇〇七年金融危機，使得人們不再那麼確信自由市場及開明民主。民粹政治讓美國川普與菲律賓杜特蒂當選總統，讓亞洲成為經濟引擎的全球化自由貿易文化，則受到質疑。

全球化將富裕國家的財富輸送到開發中國家，助使巴西、中國和印度等國家提升人民生活，同時成為區域大國。以前在美國製造的襯衫，現在孟加拉製造，孟加拉成衣工人的工作，為其家庭帶來受教育與醫療的機會。中國和亞洲擁護全球化，而西方的關鍵多數則怨恨機會擴散到外國，並指責他們的生活水平因而下跌。

義大利博科尼大學（Bocconi）在二〇一七年一月發表的報告指出，歐洲對民族主義的支持與亞洲全球化貿易之間有著直接關聯。這個報告調查十五個歐洲國家的七十六次議會選舉，自一九八八年冷戰結束到二〇〇七年金融危機為止。結果發現，中國進口品大量湧入的地區更傾向於投票給右翼政黨。「全球化帶來的福祉利得並未公平分享，引發廣泛的擔憂及大眾反對自由貿易，」報告作者科蘭托內（Italo Colantone）與斯塔尼格（Piero Stanig）表示。他們稱之為「經濟民族主義」，意指政治運動串聯「以強力保護主義主場支持國內自由市場政策」。[20]

樂施會（Oxfam）二〇一五年的報告指出，二〇〇九到一三年之間，歐洲處於「嚴重物質貧乏」的人口增加七．五%，達到五千萬人。樂施會指責這是財富分配不公平日益嚴重的原因。[21]

這些情況的原因是中東難民大量湧入與經濟成長滯緩。二〇一七年歐洲成年人有八%以上失業，年輕人失業率甚至超過二〇%。美國成年人失業率為五%，年輕人失業率為一〇%。[22]根據美國勞工統計局的數據，一九六〇年，二四%美國勞工從事製造業，現今的比率降至八%，自一九九四年與加拿大及墨西哥簽署北美自貿協定（NAFTA）以來，已流失五百萬個工作。[23]

美國人與歐洲人覺得他們自己淪為全球化的受害者，引發限制邊境與抑制貨品與人員自由流通的聲浪。靠著保護主義與反中國言論而當選的川普，立即退出仍在談判中的跨太平洋夥伴協定（TPP），並在墨西哥與美國邊境築起圍牆。

二〇一六年英國全民公投決定脫離歐盟、限制移民、控制邊境，以及取回許多人自認的主權。在英國與美國的討論，這些運動所宣稱的事一點一點被證明是錯的。但那毫不重要。西方已進入民粹凌駕事實的政治時代。先前的動力是犧牲一些主權，俾以加入大型組織，遵循一套相同的法規以創造實質利得。這些組織包括東協、北約組織、世貿組織，和冷戰後歐洲獨裁國家民主化之後組成的歐盟。

在英國脫歐的辯論過程，一個又一個的專家提出警告說，若是英國切斷與國際機構的關係，生活水平將下降。但是脫歐大將，內閣大臣戈夫（Michael Gove）一針見血地指出：「人們已厭倦了專家，」這句話傳達出大西洋兩岸的群眾心理。[24]

這種想法的影響極為嚴重。「人們完全不認同專家提供深思熟慮，值得認真考慮的意見，」美國國防專家尼可斯（Tom Nichols）寫道：「拒絕專家的意見才是肯定自主權，這是美國人證明自己獨立的方式……他們想要參與，想要他們的意見受到尊重、他們的喜好得到認同，不是基於他們的論調周全，或者他們提出的證據，而是基於他們的感受、情緒，以及他們隨便撿拾到的零星資訊。」[25]

富裕的西方變成不安、不穩的野獸，許多人認為這套制度不再適合他們，並且被一群囤積金錢、拒絕分享財富、遙不可及的菁英人士所把持。柯林頓一九九二年的競選口號「問題出在經濟，笨蛋」，如今已不再適用。問題出在提升自尊，縱使這代表降低生活水平，或者如同有錢的資深電影明星肯恩爵士（Sir Michael Caine）所說的：「我寧可做個窮主人，也不想當個富僕役。」

這種氛圍對西發里亞民主制度所構成的威脅是無可估算的。信任崩潰，不僅是對專家和菁英，還有對依賴專家建議來制定政策的民意代表。美國民調機構皮尤研究中心（Pew Research

Center）發現，在一九五八年，七三%的人信任美國政府。二〇一五年時，這種信任度已跌到只有一九%。[26]

在這種不確定之中，中國國家主席習近平上場了。

1〈亞洲的門羅主義〉，《外交家》，二〇一一年六月。

2《轉向：美國對亞洲戰略的未來》，作者：坎貝爾（Kurt M. Campbell）。

3〈全球趨勢：進步的悖論〉（Global Trends: Paradox of Progress），美國國家情報委員會，二〇一七年一月。

4 同上。

5〈中美戰略互疑〉（Addressing U.S.-China Strategic Distrust），布魯金斯學會，作者：李侃如（Kenneth Lieberthal）及王緝思（Wang Jisi），二〇一二年三月。

6《注定一戰？中美能否避免修昔底德陷阱？》（*Destined for War: Can America and China Escape Thucydides's Trap?*），作者：艾利森（Graham T. Allison）。

7《東方化》（*Easternisation: War and Peace in the Asian Century*），作者：拉赫曼（Gideon Rachman）。

8〈對中國開戰：想不敢想之事〉（War with China—Thinking Through the Unthinkable），蘭德公司，二〇一六年。

9 同上。

10〈成為海洋強國：中國夢〉（Becoming a Great Maritime Power: A Chinese Dream），作者：美國退役海軍少將麥道

維（Michael McDevitt），二〇一六年六月。

11《解析失敗：為何美國發起的每一場戰爭都輸掉》（*Anatomy of Failure: Why America Loses Every War It Starts*），作者：鄔曼。

12〈浩劫後：中國版〉（The Day After: China Edition），艾齊尼在《外交家》撰文，二〇一七年五月十一日。

13 美國國務卿提勒森參院任命聽證會，二〇一七年一月十一日。

14 布列敦森林會議，亦稱聯合國貨幣與金融會議是在一九四四年七月，於美國新罕布夏州布列敦森林（Bretton Woods）舉行，目的是討論戰後國際金融體系的機制。

15《世界秩序》（*World Order*），作者：季辛吉。

16 孫中山在神戶發表「大亞洲主義」演講，一九二四年十一月二十八日。

17 國際教育協會。

18〈中國在美國投資於二〇一六年創新高，二〇一七年難續創佳績〉，《富比世》雜誌，二〇一六年十二月十八日。

19《新皇帝》（*New Emperors: The Power and the Princelings in China*），作者：布朗（Kerry Brown）。

20〈經濟民族主義的貿易源起：進口競爭與西歐投票行為〉，作者：科蘭托內（Italo Colantone）與斯塔尼格（Piero Stanig），二〇一七年一月。

21〈追求均富的歐洲〉（A EUROPE FOR THE MANY, NOT THE FEW Time to reverse the course of inequality and poverty in Europe），樂施會報告，二〇一五年九月九日。

22 美國勞工統計局。

23 同上。

24 戈夫（Michael Gove）接受Sky新聞訪問，二〇一六年六月三日。

25〈美國對專家失去信心〉，《外交事務》，作者：尼可斯（Tom Nichols），二〇一七年三／四月號。

26〈Trust in Government: 1958-2015〉，皮尤研究中心，二〇一五年十一月二十三日。

第五部

強權狀態

「幾乎所有人都可以面對逆境，但你若想測試一個人的性格，便賦予他權力。」

——林肯，美國第十六任總統

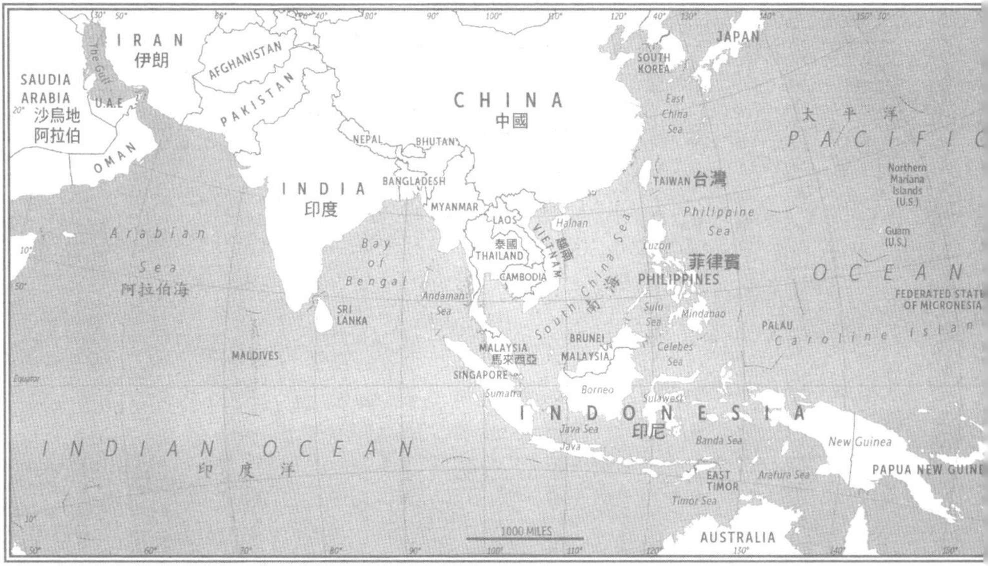

第十八章
平行世界秩序

二〇一七年一月十七日，也就是美國總統川普就職的前三天，中國國家主席習近平出席瑞士達沃斯（Davos）舉行的世界經濟論壇（World Economic Forum），站上這個被視為西方資本主義燈塔的講台，高談闊論曾是西方民主世界擁護的價值，他提倡撤除貿易壁壘，強化國際貿易。習近平揮舞全球化大旗，二百年前英國挾同樣的論述，派出炮艇船隊到中國沿岸港口叩關，要求中國開放通商，依照英國開出的貿易條件及制定的遊戲規則買賣貨物。

習近平在達沃斯致詞表示：「很多人感到困惑，世界到底怎麼了？」他引用英國文豪狄更斯（Charles Dickens）的名言及阿拉伯文學名著《一千零一夜》（*Arabian Nights*）的典故提出分析。他主張敘利亞難民等國際危機，與自由貿易無關，讓人們期待落空的原因，出在全球治理不足。習近平指出：「經濟全球化是社會生產力發展的客觀要求和科技進步的必然結果，不是哪些人、哪些國家人為造出來的。」[1]

他在演講稿尾聲，還融入英國二戰名相邱吉爾（Winstor Churchill）和美國總統林肯（Abraham Lincoln）慷慨激昂的口吻指出：「再大的困難，都不可能阻擋人類前行的步伐。遇到了困難，不要埋怨自己，不要指責他人，不要放棄信心，不要逃避責任，而是要一起來戰勝困難。歷史是勇敢者創造的。讓我們拿出信心、採取行動，攜手向著未來前進！」[2]

中國試圖在美中兩國之間，打造它一再勾勒的新型大國關係，而今這全球前兩大經濟巨頭被冠上Ｇ二，在八大工業國組織（Ｇ八）、二十國集團（Ｇ二〇）等國家集團中位居翹首扮演領頭羊，但習近平在達沃斯的演說，標誌美中關係將再起變化。習近平二〇一五年訪美期間，屢屢將Ｇ二掛在嘴邊，想藉此推銷美中兩大超級強權共同發揮影響力的概念，強調兩強不應全神貫注在衝突與齟齬，而是要「相互尊重、互惠合作」。這是十足的亞洲觀，然而美國從不吃這一套，國會山莊有太多人認為，國際政治就是不斷討價還價、非贏即輸，不是讓他們獲得激勵就是受挫。他們謹防北京設陷阱給美國跳，目的是要華府在台灣問題、民主價值、人權、南海等議題上默不作聲。

中國似乎已將Ｇ二的概念束之高閣，一個月後也就是二〇一七年二月，美國在川普宣示就職後不斷強調美國優先，習近平將中國塑造成全球化擁護者。習近平在北京主持召開國家安全工作座談會並發表「兩個引導」，第一是中國「要引導國際社會共同塑造更加合理公正的國際新秩序」，第二是「引導國際社會共同維護國際安全」。[3]

那代表東方體系價值開始被推向國際舞台，中國力推戰後西方價值體系的改革。習近平提及國際安全，是要向美國傳遞一項訊息，不要伸手干預中國的外交政策，包括中國在南海島礁興建軍事基地。中國自稱舉起世界領導者的道德火炬。

二〇一七年五月，習近平在北京召開「一帶一路國際合作高峰論壇」，藉此場合宣揚他的新世界秩序願景，這場針對「一帶一路」舉行的峰會，吸引二十九國元首及受國際矚目的獨裁者出席。另兩個亞洲大國印度與日本，卻對中國以基礎建設為號召的「一帶一路」有所顧忌而保持距離，小心翼翼避免和有北京戰略聯盟色彩的組織沾上邊。「一帶一路」高唱共享繁榮、開放邊界、自由貿易、光鮮奪目的摩天大樓，一帶一路的靈感汲取自古代絲路傳奇，將多樣化文明串連在一起。習近平在北京一帶一路論壇上宣稱：「開放帶來進步，封閉導致落後。世界經濟增長需要新動力，發展需要更加普惠平衡，貧富差距鴻溝有待彌合。」[4]

這場峰會曝露兩個對立的國際觀。一是從北京延伸到莫斯科的狹長地帶，可能都在反美的獨裁專制政體控制下，召喚冷戰的幽靈。另一是既然這一帶遭國際漠視，一帶一路不失為可以期待的願景。西方世界一籌莫展，中國現在訴諸的是國際想像力。

中國敏銳地覺察出這條路從前有人走過，亟欲證明自己不是新冒出的殖民強權，強調它並無以任何意識形態教化弱國與窮國的意圖，「一帶一路」不能和「馬歇爾計畫」（Marshall Plan）相提並論。這個美國在二戰後提出的歐洲復興計畫，投注數十億美元要重建飽受戰火蹂躪的歐洲，另外還有個目的是導入民主制度，復興支離破碎的西發里亞（Westphalian）觀念，即兩個獨立國家間達到權力平衡。

中國國際問題研究院常務副院長阮宗澤告訴我：「馬歇爾計畫欲將某一制度和價值強加在別人身上，所以是有條件性的，不照做的話就得不到援助。一帶一路倡議是完全不同的類型，我們講求的是敦親睦鄰，所以能在出於自願的基礎上相互合作，你可以選擇加入或不加入。一帶一路旨在促進區域穩定，很多問題源自貧窮，我們最大的考驗是協助所有年輕人就業。我們希望建立一條安全走廊，在繁榮穩定的地區打造和平環境，單靠中國辦不到，我們只是一個國家。」

中國憑著一股自信擴張野心，也讓我們很多人不禁想問，這個國家的發展是如何在這麼短時間內就突飛猛進。時間回到一九九〇年代，當時有位上海總工程師這麼對我說，到了二〇二〇年，上海的基建設施會超越紐約。他的熱情具有感染力，像處於不利情勢的電影英雄那般充滿幹勁，但彷彿只有虛構的好萊塢式結局才能讓他的美夢成真。當時上海出現大量建築工地，布滿數千具起重機和竹鷹架，工人要從這裡創造上海新的天際線。工人就住在工地內七拼八湊搭建的帳篷，他們衣衫襤褸，腳踩橡膠拖鞋，身上看不到頭盔、手套、安全帶。一群又一群男性工人多來自偏遠省分的同一個村落，他們離鄉背井來到上海這座大城市，一起紮營生活，為家鄉親人的生計努力掙錢，簡直是美國文豪史坦貝克（John Steinbeck）一九三九年小說《憤怒的葡萄》（*The Grapes of Wrath*）中農場移工的翻版。那時我在中國現代化的報導中難掩質疑，究竟是怎麼發生的？這裡可是實施共產主義的中國，只有已開發的西方民主國家才知道如何建設城市、政府如何運作。我寫這篇報導時，距離二〇二〇年還有很長一段時間，而今紐約與上海地鐵都搭過的人了解到，那位上海總工程師絕非信口開河。

但之後一提到人民受的待遇，中國就不怎麼光彩，在贏得喝采的經濟奇蹟背後，隱藏許多不為人知的故事。員工被迫在軍事化管理的工廠工作，幫西方跨國企業代工生產高科技產品，工作環境令人沮喪到必須在陽台和窗戶裝上鐵絲網防止自殺。還有建築工地、礦場等不少行業有致命危險；保障勞工的健康安全條款付之闕如；有工時過長不合人道、肉體虐待，及職場霸凌等情事；任意扣剋薪水，從工資扣除食宿費，勞工的收入所剩無幾，甚至一毛錢都領不到。中國追求現代化的代價，就是全國各地爆發數千起抗議事件，土地與勞資糾紛屢見不鮮。[5]

BBC前中國總編輯葛蕾西（Carrie Gracie）指出，中國推行現代化是由上層領導全權做主，生活因此被攪得天翻地覆的人民幾乎無權置喙。葛蕾西花了十多年時間，追蹤報導中國西部一處小農村，是如何蛻變成現代化城市。她在《白馬村》系列報導中，揭露許多生活遭逢劇變的個案，有人的住家二話不說被拆了，要改建成高樓大廈；稻田被填平，因為要鋪設公路；學校和醫院在抗議聲中興建，村民不滿土地遭強制徵收，還得被迫遷離。

白馬村座落在狹長的山谷，被崇山峻嶺包圍，這裡的生活方式維持好幾個世紀都沒變過，竟從昔日只有三千人的小村落，搖身成發展快速的巫溪新城，人口擴張到二十萬，這裡看得到汽車展示場、卡拉OK酒吧，還有光鮮亮麗的辦公大樓。

葛蕾西報導寫道：「此史詩式的蛻變，被全中國數千個村莊前仆後繼複製，堪稱人類史上最大規模都市化，以進步之名的信心大躍進，」她藉此點出「一帶一路」背後的動機正在於此：「壓力來自統治高層，中國帝王曾自稱統治天下。趁著美國從自由貿易的全球領導地位引退，習近平緊抓住這個機會。眼下既然沒有其他國家提出什麼高見，一帶一路可謂最野心勃勃的企圖，形塑我們這個世紀的未來。」[6]

值得注意的是，中國在二〇一三年首度倡議「一帶一路」之時，同步關閉勞改營及監獄農場，這些設施高峰時期有多達兩百萬人，在共產黨舊有的「透過勞動再教育」政策下被強迫勞動，當時人權觀察組織（Human Rights Watch）估計，留存的勞改營仍關押十六萬名囚犯。[7]中國關閉勞改設施的舉動，恰逢聯合國敦促跨國企業，確保產品沒有沾染監獄勞工的血汗，這也印證中國有多想打入國際貿易體系，並在其中建立威望。

國際知名趨勢觀察家科納（Parag Khanna），在他的著作《連結力：未來版圖》指稱，今日談到中國擴張，不能將之比喻成殖民行為，理由是這些遭中國勢力滲入的國家並非被入侵，而是被收買。

他在書中寫道：「貿易要捨棄民族國家的觀念，才能通往富足與和平。我們需要一個傾向無邊界的世界，因為我們經不起具毀滅性的疆域衝突，因為將失調的人民與資源矯正過來，可以釋放出不可思議的人類潛力和經濟潛能。人類社會正徹底地改頭換面，我們愈來愈能了解，這個世界不再靠政治邊界運作，而是功能性基礎設施。」8

當亞洲與中國大談撤除管制和邊界，美國及歐洲卻嚷著要緊縮，打算豎起檢查哨還有圍牆，這掀起愛國主義或忠誠度之類的爭議話題。負笈美國的中國留學生，在波音（Boeing）、摩托羅拉（Motorola）等中國美企工廠上班的職員，在中國幫蘋果產品代工賣到全世界的台灣鴻海集團旗下富士康（Foxconn），都面臨這樣的質疑。但提到手機內的零組件該該怎麼說？它們可能來自法國、印尼、以色列、菲律賓、新加坡，更何況現在中國還會將工廠產能再外包到更廉價的勞力市場，例如孟加拉、埃及、衣索比亞等，全球化清單不斷擴大沒完沒了。不管是人、衣服還是精巧的科技產品，都有共同且複雜的出處來源。iPhone是美國產品但也不是，這個高科技玩意兒來自四面八方。像我在金門旅遊的嚮導王文成，他的出身涵蓋中國、台灣、美國，這還是比較直截了當的說法。接下來這個例子又怎麼看？一名中國留學生畢業於紐約哥倫比亞大學商學院，加入一家德國銀行，之後被派駐巴西，她在那裡遇見真命天子，嫁給來自墨西哥的資訊科技（IT）主管，她的夫婿被網搜龍頭谷歌（Google）挖角派往杜拜，她本人後來為中國電商龍頭阿里巴巴效力，子女上國際學校。這個家庭究竟歸屬何處？他們是要忠於自己的公司、國家，還是什麼地方？

科納的總結是：「新世代會發現自己的職業超越國界，效忠的是供應鏈獨立共和國。」[9]

彷彿是要將一帶一路發揚光大，二〇一七年四月，北京當局甚至將此倡議延伸到英國，有朝一日滿載蘇格蘭威士忌、嬰兒牛奶、工程設備的列車從倫敦出發，三周後抵達中國東部，比船運還提早一個月時間。

這個環環相連的世界，通常會將兩極化的中美關係帶進一個房間，最常有此舉動的莫過於華府智庫。二〇一六年底，我參加戰略暨國際研究中心（CSIS）為期一天的會議，題目是〈中國強權：有待商榷〉（China Power: Up for Debate）。與會專家有曾任美國國家情報總監的海軍上將布萊爾（Admiral Dennis Blair）；軍旅生涯擔任過航母戰鬥群指揮官、現為海軍分析中心（Center for Naval Analyses）資深研究員的退役海軍少將麥德偉（Rear Admiral Michael McDevitt）；前美國副助理國務卿柯慶生（Tom Christensen）；來自北京大學的中國安全專家查道炯（Zha Daojiong）。

北大學者查道炯身兼中國共產黨與外交部顧問，有多次在香港、日本、新加坡、美國工作的經歷。步入中年的他頭髮花白，戴著細框眼鏡，身穿黑色西裝繫褐紅色領帶。他說話常帶開玩笑口吻，用字遣詞淺顯易懂，深得聽眾喜愛。他開場白就指自己是中國人，英語是他的第二語言。「所以我的發言應該不會害自己或其他人下不了台」，語畢引來哄堂大笑。他說：「我們兩個大國存在兩點差異，其中之一是對區域發生的事件看法有別。有時候我們沒領會到，自一九七五年之後和平盛行，只要看看中東還有其他地方，我們應該好好珍惜。」

這間會議室宛如沒提供餐飲的宴會廳，我們圍坐在一張大圓桌，牆上的螢幕供PowerPoint簡報之用，移動式麥克風方便與會者發問。我們這些出席者有少數幾位一身戎裝的軍方人士、穿著輕便的國會辦公室年輕職員、西裝筆挺的顧問與政治說客、退役將領、好奇湊熱鬧的人，還有幾位像我這樣的新聞記者，會中的脣槍舌戰透過現場直播傳送到全世界。

前美國副助理國務卿柯慶生出言回擊查道炯，指稱中國引發區域不穩定，最大源頭是中國擴張海軍及填海造島。他表示：「種種跡象引人憂心，中國意圖在南海建造功能性湖泊，阻止外國軍力任意在這一帶演習。」他主張加強對北京施壓，試探中國的決心。

前美國國家情報總監布萊爾，曾任美軍太平洋司令，他提出詳盡的指示性解決方案，闡明中美兩國政府該採取何種做法維護區域和平。他甚至給中國甜頭，聲稱美國「就算不至於取消在中國沿海的海空偵察活動，也會大幅減少次數，即便計畫在附近海域舉行軍演，也會事先知會中國。」

他解釋說，「應將船運航線列為衝突禁區」：

> 如此一來就不會發生中國的原油運輸被切斷，台灣的運油路徑受阻諸如此類的事，無論正式或非正式我們一致同意，即便在衝突的狀態，兩國對這一點都會堅持到底。至於中國這

一方，在南海或東海建造的設施不會進一步軍事化，要進行軍事演習通知美方一聲，中美雙方繼續攜手因應危機。若有一方打破默契越界，代表事情大條了，另一方恐怕會報復反擊。如果你向來從做生意的角度看事情，應不難看出這樣的交易能引起雙方認真考慮的興趣。

在座有位聽眾是查道炯的同事吳士存，他分別在中國與美國主持兩家智庫。一家是中美研究中心（Institute for China-American Studies, ICAS），辦公室位於華盛頓特區M街（M Street）上的速食店旁；另一家是陳設奢華的中國南海研究院（National Institute for South China Sea Studies, NISCS），坐落在海南特別行政區。吳士存是琢磨北京南海政策的主要官員，中國政府給他充分自由，到世界各地為政府立場辯護。出席這場會談的幾天前他發表一篇報告，指控美國在亞太地區進行「史無前例的軍事部署」，「二〇一四年美軍在中國沿岸執行一千兩百次海空偵察任務，與二〇〇九年相較增加六倍，將中國列為美國頭號監視目標。」

翌日，吳士存在他中美研究中心的小辦公室接受我的採訪，該家華府智庫宣稱自己的使命是「促進意見交流」，尤其在「亟待加強相互理解」的領域。這家被視為中共據點的機構設在美國首都，目的在宣傳中國南海政策的軟實力。

吳士存堪稱是應付中美緊張關係的老手。二〇〇一年四月，他前往海南島協助中國外交部處理中美撞機事件，當時一架美國海軍ＥＰ－三獵戶座（EP-3 Orion）偵察機，在距離中國海南島海岸線約七十英里上空，與一架中國戰鬥機發生擦撞，戰機不幸墜毀，該名和美軍偵察機玩起膽小鬼博弈（a game of chicken）的解放軍飛行員被判定死亡，ＥＰ－三偵察機迫降在海南島機場，機上二十四名機組員，包括二十一名男性、三名女性，遭中國當局拘留十一天。吳士存指出：「美國媒體指責我方扣留偵察機機組員當人質，但事實根本不是那麼回事。過去從未發生過這樣的事，連我們自己都在爭論該由哪個政府部門負責，是海南省政府、海軍、空軍、公安局、外交部？到底誰來負責？」他對我會心一笑：「這是中國，處理這些事需要時間，不是什麼都照美國人的思考方式來走。」

吳士存一頭銀髮往後梳攏，眉頭緊皺，外型就像愛因斯坦（Albert Einstein）與達斯汀霍夫曼（Dustin Hoffman）的綜合體。我們在一間狹長的房間對談，兩張扶手椅就擺在中美兩國國旗的下方，除了空間偏小外，完全是正規中式會議室的設計，活脫脫是共產黨的縮影。

吳士存開宗明義指出，他日前發表美軍在亞太地區活動的報告，是系列研究的第一炮。十位研究員花了半年時間，從他所謂的「公開來源」蒐集資料，言下之意是這些並非祕密或機密情資。他說：「美國堅持自己仍是西太平洋至高無上的主宰者，整個國際社會不免憂心，中國與美國是否會開戰。」

我們的訪談超過兩小時，再次探討新世界秩序的概念，吳士存堅稱，如果美國想要維持現狀，中國及其他國家需要更具代表性。

他指稱：「中國如今是全球第二大經濟體，可是國際體系並未顧及我們的利益。美國經濟產值約十八兆美元，中國是十兆美元，但我們在國際貨幣基金（IMF）的股權比例，少於英國、法國和日本，當前國際與區域架構仍是美國說了算。」

「所以爆發戰爭的風險有多高？」我開門見山地問。

吳士存親切地回應：「我不認為有此風險。中美兩國有義務並肩合作，維護國際社會的和平穩定。」

「那該怎麼做？」

「美國應信守承諾，在南海主權爭議上不選邊站，這是第一點。第二點，美國應說服中國人民相信，並無利用南海爭端圍堵中國的意圖。第三點，美國應自我克制，勿過於接近中國沿岸從事情蒐活動，會對中國國家安全構成威脅。」

「那是美國要履行的，中國這一邊又該有什麼作為？」

「中國身為南海諸島擁有國，也是在南海海岸面積最大的國家，應尊重整個國際社會享有的航行自由。第二，一旦南海島礁建造的設施已不僅止於國防需求，中國宜審慎以對。第三，中國不應宣布劃設防空識別區（ADIZ），會破壞中美之間的互信。中國目前覺得安全無受威脅之虞，因此沒有做此宣布的必要。」

「但您的報告可不是這麼說。」我之所以提及此事，是因吳士存在最近發表的報告警告，中國不排除在南沙群島周圍設立防空識別區，二〇一三年中國與日本為釣魚台列嶼（尖閣諸島）主權歸屬再起爭端，中國就使出劃設防空識別區這一招。

吳士存辯解說：「報告指中國可能設立ＡＤＩＺ，是在美國偵察日益頻繁，不斷監視刺探我方的前提上，而今沒有必要這麼做。」

針對海軍上將布萊爾列舉的建議，包括美國減少對中國的偵察行動，同意確保中國的運油航道暢通，我詢問吳士存有何看法。

他沉思一陣後回覆：「我完全同意。」

布萊爾與吳士存一言九鼎，在他們各自的政府內說得上話，這兩人也有許多共同點，對於如何阻止南海陷入戰火，他們皆有詳盡的建言。所以只要達成若干非正式協議，再設定議程，將中國及其他新興強權納入改革後的世界秩序，就能凍結可能發生的衝突，似乎就是這麼簡單，當然囉，除非事情沒有預期般順利。會有來自政治和國會的阻力，而且應該沒有人自欺欺人以為，中國政府像任何一個美洲或歐洲政府那樣，內部不會有激烈的辯論，只是激辯過程沒那麼廣為人知。

布萊爾的提議，與他繼任者的看法正面衝突。接替布萊爾出掌美軍太平洋司令部（US Pacific Command）的海軍上將哈里斯（Admiral Harry Harris），才在幾周前聲稱，他有必要了解中國新型潛射長程彈道飛彈的動向，這玩意可將大半美國領土納入射程範圍。哈里斯表示：「我的職責是確實掌握這些彈道飛彈潛艦（SSBN）的所在位置，現在我知道它們身在何處，數量有多少。」[10]

中國聲稱對九〇％的南海水域握有主權，被哈里斯斥為無法無天，破壞此區域的和平穩定。他接受《時代》雜誌（*Time*）專訪指出：「就在這幾個月，他們以驚人的速度在南海造陸。大家不該質疑我們捍衛美國領土、人民及我們自身利益的決心。」[11]

＊

中國於南沙群島新建不少軍事基地，美國在附近部署戰機和海軍艦艇，執行有名的「自由航行」（freedom of navigation）任務，形同直接挑戰中國的南海主權聲明。如果按照國際法，中國對南沙群島的主權被承認，美國未經許可不得擅闖南沙的十二海浬領海。美國派軍直搗中國自稱的領海與領空，遭中方命令離開也拒絕照辦，無異是在試探中國的軍事決心。

歐巴馬政府時期對於「自由航行」戰略如何運用充滿雜音，時任太平洋司令部司令的哈里斯希望多多執行這類任務，總統歐巴馬傾向自我克制，現任總統川普在上任後的頭幾個月，就已數次下令執行。中國再三警告美軍的「自由航行」行動，恐引發更嚴重的後果，不過目前看來這些行動劇本經過周密的編排。

二〇一五年，美國海軍一架「P—八A海神」（P-8A Poseidon）海上巡邏機執行巡弋南海任務，美國有線電視新聞網（CNN）錄下機上的無線電對話。中國軍方無線電呼叫：「外國軍機，這裡是中國海軍，你們正接近我方的軍事警戒區，請立即離開以免造成誤判。」「海神」海上巡邏機組員回應：「我是美國軍機，適當考慮到國際法後，在貴國領空外從事合法的軍事活動。」[12]

基於有錯估形勢的風險，巡邏機組員小心翼翼應答，避免被對方誤解為在挑釁。美國海軍分析中心（CNA）國際海事法律師羅森（Mark E. Rosen）對我表示：「事實上這過程幾乎是在照本宣科。巡邏機組員都拿到教戰手冊，好在面對質疑或質問時有所本。基本上他們說的是，『我們根據一九八二年聯合國海洋法公約（United Nations Law of the Sea Convention）實行無害通過（innocent passage）。』」

國際法概念是在西方民主國家的詮釋下形成，中國因而抱持質疑的態度。二〇一六年七月，荷蘭海牙常設仲裁法院（Permanent Court of Arbitration）公布南海仲裁案的仲裁結果，由各方反應可見，訴諸國際法無濟於事，因為欠缺取得一致同意的機制來落實。就算國際法派得上用場，海牙法庭的裁決竟將自稱中立的美國拉進爭端，不給東南亞政府自行決斷的餘地。根據仲裁結果，儘管馬來西亞、菲律賓、越南、中國的勢力都進駐南沙群島，但沒有一個國家擁有南沙主權。並無證據顯示中國有計畫截斷國際運輸線，美國還是刻意刺探中國，並威脅警告中方要是這麼幹，恐會切斷它致力取得的供應鏈。

西方民主國家的糾紛也曾鬧上國際裁判庭，面對和中國一樣敗訴的結果，同樣打死不認。二〇一五年，常設仲裁法院仲裁一件與南海爭議島礁極為雷同的案件，做出不利英國的判決。二〇一〇年，英國單方面在其印度洋領地查戈斯群島（Chagos Archipelago），設立四十萬平方英里的海洋保護區（Marine Protected Area），但查戈斯群島已在英國與非洲島國模里西斯（Mauritius）之間引發主權之爭。查戈斯群島的主島迪亞哥加西亞島（Diego Garcia）是珊瑚環礁，以前曾經跟南海地區那些礁岩一樣發生過主權爭議。一九六〇年代，英國把作為印度洋領地首府的迪亞哥加西亞島，租讓給亟需在印度洋建立據點的美國，後者遂將該島改造成今日所見的軍事基地。迪亞哥加西亞島與南沙群島中的美濟礁皆屬珊瑚環礁地形，只是迪島的面積要大得多，美國將島上原住民強制驅趕到模里西斯及南非東部的印度洋島國塞席爾（Seychelles）。作為回報，美國協助英國發展北極星（Polaris）核潛艦計畫，打造英國首艘核導彈潛艦。[13]

英國宣布成立海洋保護區，顯然目的在維護魚類資源，卻讓模里西斯忍無可忍，和不滿中國侵犯南海主權的菲律賓一樣，訴諸海牙常設仲裁法院解決紛爭。歷經四年的聽證，法院判定英國未能適當考量查戈斯群島島民的權利，違反聯合國海洋法公約下的責任義務。不同於中國的是，英國參與仲裁法院的聽證程序，還口口聲聲說接受裁決。只不過自仲裁結果出爐後，除了舉行過一次簡短會議，啥事也沒發生。英國對裁決視而不見，照樣攔截驅離進入爭議水域的漁船。

一九八四年，尼加拉瓜指控美國干涉內政，一狀告上同樣位在海牙的國際法庭（International Court of Justice）。針對美國雷根政府支持尼國右翼叛軍康特拉游擊隊（Contra，西班牙文意指反抗）推翻桑定政權，派人在尼國多處港口布雷，國際法庭一九八六年裁定美國違法。當年美國敗訴後的回應，與二〇一六年中國面對南海仲裁案結果的反應如出一轍，隨即宣稱國際法庭對此案不具管轄權。

海牙另一個國際司法機構國際刑事法院（International Criminal Court），二〇一六年遭到來自開發中世界的打擊。蒲隆地（Burundi）、甘比亞（Gambia）、南非（South Africa）等非洲三國政府，相繼宣布退出國際刑事法院，控訴該機構審判偏頗，偏袒歐洲白人。甘比亞總統賈梅（Yahya Jammeh）表示：「自設置國際刑事法院以來，那麼多西方國家，起碼有三十個，對主權獨立國家犯下令人髮指的戰爭罪行，卻沒有一個西方戰犯遭到起訴。」[14]但南非在國際壓力下，之後宣布打消退出的念頭。

由此看來，國際法本身也被拿放大鏡檢視。對判決視若無睹或乖乖遵守，端賴是否符合國家利益而定，這突顯一項事實，國際尋求權力平衡之時，法治、合法性、軍事武力及其他元素就會相互碰撞。

國際法的最高仲裁者是聯合國安全理事會（UN Security Council），然而安理會對部分通過的決議案，好比制裁以色列，習慣性地睜一隻眼閉一隻眼，一提到制裁伊朗或北韓，倒是傾向貫徹到底。[15]前印度駐聯合國大使浦立（Hardeep Singh Puri），在二〇〇九到一三年印度擔任安理會輪值主席國期間坐鎮安理會，他認為，恪守國際法這件事已到了危機點：「國際和平與安全的架構遭遇前所未有的考驗，重建安理會權威，重申法律至高無上，這才合乎大家的利益。」[16]

可是當西方建構體制的正當性，處在這樣的張力下，浦立的理想如何實現？二〇一六年六月，中國與俄羅斯組成聯合陣線，史無前例就「促進國際法」發表聯合聲明，直指利用核武保障區域穩定的觀念已經過時。中俄「堅持所有國家一律平等原則，反對訴諸武力或以武力相威脅」，兩國同時譴責採取單邊軍事行動。擺明是要直接挑戰美國為首的國際體系，中俄兩國在宣言的結尾揚言，他們決心捍衛並促進國際法，「促進更加公正合理的世界多極秩序的形成」。[17]

正當常設仲裁法院審慎斟酌南海爭議之際，中國宣布自行設立國際海事司法中心（International Maritime Judicial Center），隸屬最高人民法院。光是二〇一六年發生在國際海事司法中心管轄領海內的海事糾紛，該中心就審理了超過一萬六千件，其管轄權涵蓋九〇%的南海區域。如同英國在印度洋成立海洋保護區，中國早從一九九五年起，就片面宣布在南海設立保護區，每年五月到八月禁止捕魚。

中國國防專家阮宗澤告訴我：「我們遵循法律條文，恪守《海洋法公約》第二九八條規定，該條文賦予主權國家接受或拒絕仲裁的選擇空間。目前為止有三十個國家不接受仲裁，包括英國在內，因此中國不是唯一特例。再回溯到二〇〇六年，當時我們就援引《海洋法公約》第二九八條做出排除性聲明，我們不會臣服任何形式的仲裁。我們偏向以雙邊為基礎，一碼歸一碼地逐件處理，這就是在十四件已劃定邊界的領土糾紛中，我們成功擺平十二件的原因。」然中國與不丹、印度的領土爭議尚待解決，二〇一七年，中印兩國在洞朗邊境地區爆發軍事對峙。

台灣方面也對常設仲裁法院的南海仲裁結果嚴正抨擊，台灣於南沙群島的海防據點太平島，在此次仲裁中被認定是岩礁而非島，不構成主張二百海浬經濟海域的條件。台灣總統蔡英文痛批仲裁結果，指稱裁決難以接受，而且不具法律約束力。[18]

台灣在南沙群島的唯一據點太平島，面積約〇．五一平方公里、島長一．四公里，建有一條長約一千二百公尺的跑道。六百名海巡署官兵及後勤支援人員在此駐防，島上充分開發，備有太陽能電廠、海水淡化廠、網路、郵局等。台灣也公開更新太平島設施的支出數據，讓我們對中國在南海建設的花費有個概念。台灣投資二千三百三十萬美元在延長跑道工程，六千六百萬美元用於興建港口碼頭，太平島現代化總支出為十一億美元。[19]中國在南海填海建造七座人工島礁，估計要花費數百億美元。

二〇一二至一六年，馬政府時期出任台灣外交部長的林永樂表示：「我們很清楚維護南海據點設施所需的費用，真的很高昂。」

北京當局亟需翻轉當前的國際秩序，解決南海爭議成了這項意圖的核心。由獨立法律人（freelance lawyers）組成的審判庭，無論在法庭上做出何種判決，不必向任何國際機構負責，既然如此，美國又有什麼正當性質疑中國出動戰艦的外交政策？為何世界銀行總裁非美國人不可？為何國際貨幣基金總裁要由歐洲人出任？這些問題不僅是中國想問，巴西、印度、南非等其他國家，也對國際機構及聯合國安理會的失衡提出質疑，更不用說安理會還是國際法的最高仲裁機構。

---

1 中國國家主席習近平在達沃斯世界經濟論壇演說，二〇一七年一月十七日。

2 同上。

3 二〇一七年二月十七日，中國國家主席習近平在北京主持召開國家安全工作座談會，並發表重要講話。

4 二〇一七年五月十四日，中國國家主席習近平在北京一帶一路論壇開幕式上的演講。

5 〈壓榨學生勞力造就中國經濟奇蹟〉，《衛報》（*Guardian*），二〇一三年十月十四日。

6 葛蕾西（Carrie Gracie），〈新絲路故事〉，ＢＢＣ新聞（BBC News），二〇一七年七月二十日。

7 〈中國廢除勞改營釋放囚犯〉，《電訊報》（*The Telegraph*），二〇一四年一月。

8 《連結力：未來版圖》，作者：科納（Parag Khanna）

9 同上。

10 二〇一六年十一月四日，海軍上將哈里斯在美國軍事網站「防務一號」（Defense One）發表〈領導人簡報〉（Leadership Briefing）。（譯注：美軍太平洋司令部已更名為印太司令部，原太平洋司令部司令哈里斯於二〇一八年五月底卸職退役，獲川普總統提名轉任駐韓國大使。）

11 〈新任美國太平洋司令部司令，對《時代雜誌》暢談「轉向亞洲」（Pivot to Asia）及他的亞洲根源〉，《時代》雜誌（*Time*），二〇一五年五月二十五日。

12 修托（Jim Sciutto），〈獨家：中國警告美國偵察機〉，ＣＮＮ，二〇一五年九月十五日。

13 〈失竊的島嶼：迪亞哥加西亞島醜聞登上國際舞台〉，《衛報》（*Guardian*），二〇一二年二月。

14 〈甘比亞宣布退出國際刑事法院〉，路透報導，二〇一二年十月二十六日。

15 〈聯合國表示，以色列對停止在巴勒斯坦屯墾的決議置之不理〉，《獨立報》（*Independent*），二〇一七年三月。

16 接受本書作者採訪，二〇一七年六月六日。

17 〈中華人民共和國和俄羅斯聯邦關於促進國際法的聲明〉。

18 〈中華民國對南海仲裁案的立場〉，台灣外交部，二〇一六年七月。

19 駐英國台北代表處提供給本書作者。

第十九章
誰才是老大？

人們常有一個誤解，以為英國、中國、法國、俄羅斯和美國，成為聯合國安理會常任理事國，是因為他們是最早擁有核武的國家。這或許可以統合他們的立場，可是一九四五年聯合國設立時，只有美國擁有核彈。蘇聯最初是在一九四九年進行核試，英國於一九五二年，法國於一九六〇年，中國則於一九六四年。這些國家其實是二戰的五個戰勝國，而中國當時是國民政府，但隨後流亡到台灣。在爭搶席位時，美國一度支持巴西擔任常任理事國，可是遭到英國與蘇聯反對。

然而七十年後，這個世界還是老樣子，即使人類已經登陸月球，到火星進行太空探測，超音速空中旅行；打過韓國、蘇伊士、越南、安哥拉、尼加拉瓜、波士尼亞、車臣等等戰爭；伊朗、智利、斐濟等地政變；往昔殖民世界的獨立國家颳起改革風潮；印巴分治；以色列建國；柏林圍牆倒塌；九一一恐怖攻擊；第二次伊拉克戰爭；網際網路；一九四五年出生的人現在不是死了便是垂垂老矣。難怪這個體制已出現過時老舊的裂痕，而新登場的國家想要分到更大一杯羹。

隨著改革成果浮現，尤其是在二〇〇一年加入世貿組織以來，中國體認到融入美國主導的世界秩序的好處。但是，憑藉新獲得的財富，中國想要更大的權力。

這些年來，一直有人推動成立對等的機構。但是都不成氣候，無一可對美國構成挑戰。具有東發里亞願景的中國，不如現在有自信及富裕，而有著西發里亞概念的美國當時亦沒有嚴重受創。二〇〇一年上海合作組織（SCO）成立，以結合中亞、中國和俄羅斯。該組織的源起是一九九六年俄羅斯總統葉爾辛（Boris Yeltsin）。中國亦在歐洲推出計畫，像是「十六加一」合作計畫，目的是讓十六個較不富裕的中東歐國家東進到中國尋求成長。還有「區域全面經濟夥伴關係協定」（RCEP），這是在二〇一一年美國宣布「轉向亞洲」政策時推出的自貿協定。中國希望藉此制衡美國主導的「跨太平洋夥伴協定」（TPP），但川普就職後立即退出該協定。

不過，最具爭議性的計畫是二〇一六年成立亞洲基礎設施投資銀行（AIIB，簡稱亞投行），因為成功造成美國與英國這個最密切的歐洲盟國之間的高分貝外交分歧。這個計畫測試美國願景的合法性，以及在何種程度上，可以將「非友即敵」（You are either with us or against us）的傳統座右銘由因應所謂的反恐戰爭轉移到中國崛起。AIIB是中國為了抗衡亞洲開發銀行（ADB），美國主導的世銀姐妹機構。亞洲基礎設施投資銀行將為亞洲基建計畫提供融資，包括水壩、公路、學校和鐵路，而且總部設在北京。英國未經協商便宣布將加入成為創始會員國，這項宣布引發華府勃然大怒。其他歐洲政府爭相加入，及至二〇一七年已有五十七國政府加入。日本與美國是唯獨拒絕的兩個大國。亞投行突顯，即便是最密切的西方盟國，對於如何跟中國交往也有歧異。

英國、法國、德國和南韓從一開始便加入該銀行。二〇一七年三月，加拿大成為最新加入的G七兼北約國家。美國拒絕加入，卻也無法叫盟國站在同一邊。美國表示，AIIB未能達到國際銀行與投資的嚴格標準，並且指責它削弱世銀與亞銀的品質管控。美國質問，為什麼需要成立這個替代性的銀行？

美國的著名經濟學家提出質疑，使得美國的論調很快便站不住腳。亞銀估計，這個地區在二〇三〇年前每年的基礎設施投資需要一．七兆美元，要達成這個目標的話，便需要找尋更多資金。資本額達一千億美元的亞投行可以幫上忙。可是——這有其政治涵義——亞銀總裁向來由日本人擔任，世銀總裁由美國人出任，而IMF由歐洲人出任。新的亞投行總裁則將由中國人出任。

雖然中國是全球第二大經濟體，在掌管開發中世界的金融架構卻沒有什麼地位，因而沒有歸屬感。然而，過去二十五年全球脫貧的程度有半數以上都要歸功於中國。改變的主要障礙在於美國國會。二〇一〇年美國國會否決給予新興國家在IMF更多投票權的一項法案，即使只是讓他們增加六%的投票權而已。

前任美國財政部長桑默斯（Lawrence Summers）指出，美國拒絕加入亞投行可被視為美國「放棄全球經濟體系承銷商的角色」的時刻。[1]前任美國聯準會主席柏南克（Ben Bernanke）也有同感，他認為中國覺得必須出走、走自己的路，是很遺憾的事。「最好是有個全球統一體系，讓資源流向需要的地方，」柏南克說：「我可以理解為何中國和其他國家或許想說：『嗯，我們要設立自己的體系。』」[2]諾貝爾經濟學獎得主史蒂格利茲（Joseph E. Stiglitz）進一步指出，美國國會是次票決反映出美國對於其全球影響力的不安感。「美國不想提供另一個融資管道，而只想取得霸權。」他說明：「在一個益趨多極（multipolar）的世界，它想要保持一國集團（G-1）。」[3]

在經濟與外交上，中國成立亞投行以及在南沙群島建設跑道是有關聯的。這兩件事都是在挑戰既有的世界秩序，因為中國不信任它的利益得到維護，並且令人質疑，西方民主國家的官員排隊到這家銀行任職到底踩了什麼紅線，如果有的話。

英國派駐該銀行的代表是位年輕爵士，艾德禮爵士（Sir Danny Alexander），在二〇一五年英國選民造成政黨輪替之前，他曾擔任英國政府的副財政大臣。他是英國第三個全國政黨自民黨的高階幹部，是位知名的英國政治家，擁護西方民主價值觀，現在舉家搬到北京；那裡有著簡樸的建築，紅旗飄揚，圍牆大院和令人無法接受的決策，是專制主義的核心，將新東發里亞世界秩序的願景付諸實行。

艾德禮爵士面貌年輕、紅髮濃密，技巧地用笑容來打發困難的問題。當我問起東發里亞概念時，他笑了笑，用「G零」（G-Zero）概念來回答，這個名詞是由美國政治學者布雷默（Ian Bremmer）在其二〇一二年著作提出，書名不言而喻《各自為政》（*Every Nation for Itself: What Happens When No One Leads the World*）[4]我們都同意「G零」或許比較適合現在——假如歐洲與美國持續內縮的話。

亞投行仍在草創初期，在北京總部的廣闊空間便可看出，裡頭配備辦公桌、電腦螢幕和會議桌，但沒幾個職員。這讓我想起中國偏遠省分摻雜著希望、期待、信心、規劃，與貪瀆所興建的空曠多車道高速公路。有些公路的兩側是蓋到一半的高級住宅、廢棄的工廠，像是失敗的反烏托邦。有些公路則做得很好，展現出遠見與野心。十年前幾乎沒人使用的幹線公路如今車流繁忙，但交通順暢，因為高瞻遠矚的計畫預期到中國人都想有部車。

亞投行為了未來而設計廣大的辦公室公間，艾德禮爵士擔任副行長兼祕書長，決定這家新機構應如何開展。他的上一個工作，做為左傾執聯盟裡的小政黨，擔任削減公共預算、撙節支出的政府官員，他每天都承受政治抹黑及選民的憤怒。如今他的使命是把地中海資金投入亞洲，興建橋樑、道路和水道，幫助人們脫貧、讓城市適合居住及連結整個世界。他熱情地抽出已經簽署的合約：為孟加拉二千五百萬人供電，改建印尼貧民窟，巴基斯坦水力發電計畫，緬甸一座天然氣電廠，阿曼一條鐵路和港口。亞投行的計畫包裹在「一帶一路」政策，如今已是北京擴大勢力、以稀釋印度、日本和美國主導地位的政策引擎。

於是我問他，英國以民主之母及美國盟國自居，為何現在成為中國動搖這些價值觀的計畫核心？身為英國自民黨的啦啦隊長，卻在這種非民主體系工作，他的立場何在？

「我不確定你的邏輯是不是一條直線，」他說：「英國決定加入亞投行，是因為我們認為這是要認真設立一個投資基礎設施的國際機構。這項計畫極為重要，因為中國證明可以與五十六國密切合作，設立一個大家都認同符合全球高標準的機構。」

艾德禮爵士說明，這些高標準極為明確，亞投行與世銀甚至可以依賴彼此的盡職調查報告，以確定工程沒有賄賂或循私舞弊等情事，但是，世銀多的是失敗、浪費公帑，及預算膨脹的計畫。中國現在融資世銀在冷戰之後二十年間未能興建的基礎設施，在那段期間，世銀明明可以在沒有競爭之下大展身手。過去十年，早在亞投行設立之前，中國在貧窮國家融資的計畫就已經多過世銀。[5]

由此說來，艾德禮爵士的亞投行象徵著已開發國家，對於如何跟中國交往的態度歧異。由於他是英國政壇知名人士，我又問他說，他在北京任職是否將動搖民主理念。他毫不猶豫就回答：「不，當然不會。」他說：「英國與全球國家合作以支持這些議題——」

「你有妥協自己的理念嗎？」

「沒有。英國是聯合國與許多國際機構的成員，在不同政治體系下提供援助計畫。設法共同合作、交流意見和合作，大家獲益良多。」

「那麼，你認為現今與美國在諸多議題上的緊張會消弭嗎？」

「你是在要求我用水晶球預言，可是我沒有水晶球。」

「可是你投入資金在很長期的計畫，因此你必須用水晶球預測。」

艾德禮爵士看著大型落地窗外的城市，然後說：「未來的城市——更多十億人口將前來——是不是適合居住、乾淨的地方，人們、商品及服務容易流通，容易在歐洲、亞洲、美國和其他地方之間移動？」

他持續闡揚他的願景。基礎設施的目的是要架起橋樑，而不是築起高牆。他曾擔任與右翼政黨合組聯盟的中左翼政黨發言人，直到二〇一五年保守黨贏得絕對多數席位，而自民黨則大幅削減到只剩幾席。接著發生了英國舉行脫歐公投，川普當選美國總統，隨之掀起反移民排外及反全球化的熱潮。艾德禮爵士便是中國趁虛而入的一個環節。他來到北京宣揚更高的生活水平、更自由的貿易，和全球化。

在亞投行的窗外，霧霾遮蔽整座城市，我們只能看到大樓頂端，像是植物由灰黃色的毯子冒出頭來。「霧霾來來去去的，」艾德禮爵士說，在我準備離開時幫我從衣架取下我的外套：「如果你昨天來，就會看到晴空萬里。」

走下樓梯後，我因為冰冷髒汙的空氣而胸口一緊。戴著口罩，腳步倉促的辦公室職員來回穿梭。在我住的飯店，牆上貼著空氣清淨機的複雜操作指示。我拿出手機來看，這才想起各種通訊工具：Google、Skype、WhatsApp等等，都被封鎖。到中國出差的人，若是政府或商業敏感性質，時常帶著新手機或恢復原廠設定，好讓駭客無法竊取個資。在廣州，我住的飯店職員幫我在筆電下載虛擬私人網路（VPN）的軟體，才能翻牆收取電子郵件。二〇一七年七月，蘋果和數家跨國公司都移除自家產品的VPN軟體，以符合中國政府趨於嚴格的法規。

北京不像上海或廈門。它既有共黨的古老水泥磚塊，又有五彩燈光及霓虹看板。賣弄擺濶不能支配一切，一如在許多亞洲大都市，甚至在時代廣場或皮卡迪里圓環也一樣。設計師品牌和國際連鎖飯店屈服在大街上到處都是的灰泥與紅褐建物。這是一個樸素的城市，要讓坦克車通過的大馬路兩旁林立著辦公大樓。貝聿銘和其他先驅建築師的現代設計點綴其中。還有一絲德國風情的史佩爾（Albert Speer）政治化建築，當然是在天安門廣場，以及恫嚇的紀念碑，都是在毛澤東在跟印度、南韓和台灣打仗，讓人民挨餓時建造的。

北京的道路寬大，但交通不順。到哪兒都要花上至少一小時。我們通過天安門廣場，中共權力的徽章。如果中國的發展是正確的，那麼它對多少異議人士應該捉進牢裡，多少限制應該施加在人民身上，多少言論應該受到箝制才能讓數百萬人脫貧的看法，是否也是正確的？中國必須這麼運作嗎？伊拉克與利比亞只是毫無頭緒的西方政客的幻想，在短暫選舉回合的一項民粹舉動，好讓當政者有面子？抑或社會向來就是如此發展，只不過我們忘記了而已？美國打過內戰、種族暴動、槍戰，也有基礎建設。一九〇四至一四年，美國興建巴拿馬運河，開鑿四十八英里的航道，貫通大西洋與太平洋，但這項計畫其實是從法國接管而來，原先計畫既無效率又充斥貪腐。這是否相當於中國的一帶一路計畫，在別人失敗之處建設新的貿易路徑？

行經天安門廣場時，我們通過的北京故宮外的排隊隊伍，這個博物院新近斥資四億美元裝修。裡頭的展覽品訴說著中國的故事，但有些留白，就像個高明的說書人，刪去無聊及偏離奮鬥、良善和勝利等主軸的部分。被歷史的噴槍抹去的是殺人無數的文化大革命，造成數千萬人死於饑荒的大躍進，以及一九八九年六月四日發生在故宮外、天安門廣場上屠殺民運人士的事件。

這個國家無法面對自己的歷史嗎？這是中國對日本的指責，也是美國對中國的指責。還是說所有的國家都是如此——為了成功而撒謊及遺忘？在我自己的學校課堂上，教師不但沒有告訴我鴉片戰爭，也省略了英國以前用來控制其他國家的方法。我學到一四一五年亞金科特戰役（Battle of Agincourt）和一八六〇年代美國內戰，卻沒有學到一八一二年英美戰爭時，英國在一八一四年燒毀白宮。也沒有提到一九一九年阿姆利則大屠殺，當時戴爾將軍（Reginald Dyer）下令掃射平民達十分鐘，造成三七九人死亡；也沒有提到一九五〇及六〇年代鎮壓肯亞茅茅起義（Mau Mau）的暴行。二〇一三年英國同意支付三千萬美元給一個為了肯亞受害遺族而成立的信託基金，因為「難以啟齒及泯滅人權的恐怖行徑」，包括「大屠殺、刑求和性侵」。[6]當毛澤東因為大躍進的饑荒而受譴責時，通常不會有人提起一九四三年孟加拉的饑荒，在英國統治下，當時死了三百萬人，據說是因為邱吉爾拒絕運送糧食補給。[7]

在天安門廣場南邊是毛主席紀念堂，正對著毛澤東巨幅照片。不遠處是花崗石打造的人民英雄紀念碑，三十公尺高，刻畫著一百七十個真人尺寸的人物，基座是毛澤東親筆寫著「人民英雄永垂不朽」。人民大會堂的柱子與台階在廣場西邊延伸長達三百多公尺。裡頭是菲律賓總統杜特蒂宣布他要棄美投中的地方，還有一個五千人的大宴會廳，並設有港澳台三個廳，也就是百年恥辱時期割讓給外國的領土。港澳都已回歸，台灣則還沒有。

北邊是天安門，毛澤東在那裡宣布終結恥辱，憑著這位新帝王與其天命來恢復中國尊嚴。這裡有五道橋通往紫禁城，現在已對外開放，這座由九千個房間構成的博物館，木造建築有著黃瓦屋頂與白色大理石走廊，在近十公尺高的圍牆後面曾住著七萬名太監。

故宮標誌著古老中國，西邊數百公尺外則是現在中國權力中心中南海的紅色高牆，有時稱為「海宮」（Sea Palace）。

外頭牆上有「偉大的中國共產黨萬歲」、「戰無不勝的毛澤東思想萬歲」的標語。計程車不得停靠在外頭，中央警衛團身著綠色制服的武裝軍人，類似美國祕情局，負責保護中國領導人。他們的保護工作做得很好。沒有一個中國領導人遭到暗殺。

裡頭是整齊大馬路，接待的廳室，華麗的住所，湖邊垂柳。中共在這裡決定要在何處及何時派兵越過爭議邊界線入侵印度，如何在釣魚台列嶼（尖閣諸島）議題激怒日本，如何在北韓問題利用美國，如何軟硬兼施讓台灣回歸，以及如何使用南海的新軍事基地。在這些圍牆後，中共擘畫著實現中國世界秩序的願景。

1〈給美國的一記全球警鐘？〉，《華盛頓郵報》，作者：桑默斯，二〇一五年四月五日。

2〈美國國會推動中國成立ＡＩＩＢ〉，《金融時報》，二〇一五年六月二日。

3〈為何美國不歡迎中國的新基礎設施銀行？〉，《世界郵報》，二〇一七年四月。

4《各自為政》（*Every Nation for Itself: What Happens When No One Leads the World*），作者：布雷默（Ian Bremmer）。

5〈中國放款創新高〉，《金融時報》，二〇一一年一月十七日。

6〈茅茅刑求受害者將獲得賠償：海牙〉，ＢＢＣ，二〇一三年六月六日。

7〈邱吉爾餓死印度〉，ＢＢＣ，二〇一〇年十月二十八日。

第二十章
斷層線的博弈

南海諸島爭議給了我們一個畢生難逢的機會。中國沒有理由利用這些島礁來威脅國際航運，美國也沒有理由轟炸它們。中國需要保持貿易路線暢通。美國則需要中國在許多議題上合作，範疇遠超過公海上的七個駐軍前哨。

這種對峙及其伴隨的言詞，標示著雙方政府必須極為謹慎地協調彼此的歧異以避免突然衝突，因為任何公開敵對可能造成全球動盪。這七個島礁所提供的優勢是它們派有駐軍，不宜人居或人口稀少。就新聞而言，這不是人們受難而主導外交政策的故事，一如中東常見的，那樣的情況往往可以讓人更加明確更加務實地做出決策。

中國如火箭般推進，由一個幾近崩潰的混亂國家成為世界工廠。如今是個意見熔爐，是個大家都想加入的強大組織。中國到二〇二〇年的第十三個五年規劃，預計要在電腦晶片、機器人、衛星和航空設備取得領先。中國在空氣清淨產品、電動車和太陽能的科技早已正面與已開發國家競爭，重要的是，美國正在取消歐巴馬時代的法規，以重振汙染較大的產業，包括燃煤發電。自動化、人工智慧和機器人，是工廠與製造業全面改革的核心，而美國坦承，中國早已在高鐵、超級電腦和先前能源技術等領域超前。

然而，若不是美國主導世界秩序，這一切都不可能成真，在其安全傘與法治之下，中國得以恢復往日榮光和富裕發達。

在尚未準備妥當前便挑戰這個世界秩序，中國無異是在進行一場博弈，而西方民主國家則是太過緩慢因應中國代表的新現實。南海島礁建設具象徵性，因為它使得這個全球人口最多的國家脫離百年恥辱，擁抱機會的時代。這些島礁是尊嚴的表徵。美濟礁的碼頭與二千六百公尺的跑道，突顯中國恢復力量，地圖、歷史、占據和法院根據潮汐所做出的裁決等爭論都是不相干的。如同以前的美國和歐洲，中國只是做可以做到的事。

這些島礁提醒著人們，事情可能出錯、錯誤可能蔓延，以及一個差勁的決策可能造成災難。它們是政治現實，中國的鄰國必須謹慎思考他們的長期未來以及要支持誰，並據而做出平衡。

過去幾年已經證明，不論在西方或亞洲，單是金錢和發展並不足夠。尊嚴這個主要概念必須加以解決，如何將東發里亞概念插入西發里亞概念而不引發衝突，已構成挑戰。

在寫作本書時，每一條區域斷層線都受到測試。中國與印度在喜馬拉雅紛爭邊境部署軍隊。中國軍機干擾台灣在台灣海峽的軍事演習。中國和日本的軍艦和軍機在東海頻頻近距離挑釁。北韓進行核彈試爆及導彈試射，日本、南韓，及美國擬定攻打北韓的計畫。中國和美國在南海彼此較勁。中國用軍事行動威脅越南在西沙群島附近南海爭議海域的天然氣鑽探。這些不勝枚舉，儘管大家一再警告擦槍走火的風險。

在歷史上，唯有戰後才會實施全球體的重大改革。法國拿破崙戰敗後的一八一五年維也納會議，以及終止一戰的一九一九年凡爾賽條約，均無法維持長治久安。一九四七年巴黎條約與一九五一年舊金山條約，是在二戰後簽署，維持了比較久的和平，並且設立了聯合國、北約組織、歐盟，以及其他金融與政治機構。這個體系是中國以往享受過好處，如今卻想要加以反抗的。

不只中國傳出呼籲改革的聲浪，此時適逢網路、航空和基建提高連結性，使得邊境重要性降低，稀釋國家認同，創造出一個更為透明、無國界、現今密切控制貿易與政治的體系。但在這個政治回合，美國及歐洲都面對國內人民的不滿，因為經濟成長受損、財富分配不均，以及特權、不知民間疾苦、無效率的政治階級。

雖然略為誇大，大家逐漸覺得西方益趨疲弱，中國則在崛起之中，並在構思設立一個自由民主的敵對體系，一個創造財富、建設基礎設施、高成就、幹勁十足的一黨專政國家。

長久來看，中共將必須更新與人民的契約，讓自己更加盡職與透明，可是西方民主國家不能再說都是中國的錯，因為它不是一個民主國家。西方也不能再說自由民主是所有成功國家都應該奉行的唯一政府體制。對全世界數十億人來說，邱吉爾的名言：「民主是最糟糕的政府型態，但比任何其他型態都來得好」，早已被證明是錯的。

現今世界運作的矛盾之處，顯示需要做出改變。經濟體系已跨越邊境，而政治體系卻仍源自七十多年前五個二戰勝利國控制的民族國家權威。這種政體老舊到無以為繼。二〇一八年了，美國還在打韓戰，而中國早已擬定現代全球社會的遠大未來規劃。

由這個角度來看，南海島礁的重點不在於屬於誰的主權領土，而在於它們是中國將擔任最終保證人的國際貿易路線。這個議題與邊境無關，而與責任有關，跟古早殖民時代航海船長旗幟飄揚當然更沒有關係。

雖然這項挑戰足堪比擬二十世界初期德國興起，或是西元五世紀威脅到斯巴達的雅典，中國一步一步切臘腸的方法也可以用來避免戰爭。中國宣稱它想要獲得尊重，供應鏈的安全，以及控制世界秩序的主桌大位。若美國不讓中國進場的話，中國就會建立自己的主場。中國現在已放棄「新型大國關係」，而專注在一帶一路、亞投行及其他計畫以彰顯其決心。

如此一來便會形成更加衝突的偏見，再次證明一九四〇年代設計的世界秩序急需改變，而拖延越久就會讓世界變得更危險。調整聯合國及其相關機構的計畫應該現在就展開，以避免爆發重大衝突，而讓城市夷為平地，數百萬人喪生或生活毀於一旦。

貿易談判可做為運作的範例。關稅暨貿易總協定（GATT）的談判自一九四七年展開。日後成為世貿易組織，藉由不斷磋商不斷產生意見與改變，而為全球貿易注入秩序。我們可以成立類似的論壇，來檢討國際架構及眾多的金融、政治與人道機構。

有人將試圖阻撓改革。有人將斥之為天真廢話。為什麼美國還在當老大，卻要把地盤讓給潛在敵人？有人將抗議姑息養奸，揮舞著民主大旗，指責中國箝制宗教及言論、勞改營、處決和橡皮圖章的全國人大。長期來看，他們或許是對的。可是，中國不是二十世紀初葉的德國或是一九三〇年代的日本，也不是一九四〇年代的蘇聯或者二十一世紀初葉的伊拉克或利比亞。中國不是急速壯大的古雅典，美國也不是退縮的古斯巴達。中國已占據強國地位，西方應該正視這點。

重整世界秩序的磋商最好是基於務實主義，而不是恐懼與私利，而且此類談判將耗費數十年時間。所有人，無論美國總統或中國國家主席、巴西蔗田工人、印度磚窯工人，或是越南漁民，都應該覺得他們參與其中。這種論壇將充斥障礙、崩潰和挑戰。但是，縱使進展有如蝸步，緩慢到幾乎注意不到，這依然表示改變已在進行之中。

如果缺少這類計畫，戰鼓將越來越大聲，因為人類在面臨不安全之下，習慣戰鬥。黑天鵝將盤旋不去，並且降臨，像是一九一四年、一九四一年和二〇〇一年。西方談到要包容中國崛起，亞洲則談論西方的沒落。其實沒必要用這種觀點來看。處理得好的話，便可達成無縫接軌。處理得不好，我們便需要想不敢想的事。

如果中國真的自認是全球新勢力，就應該好好做。第一步便是為亞洲海域的爭議取得和平及務實的結局。

致謝

寫作本書時，本人深深感謝許多先進先學撥冗提供意見。多年來，數百人協助我思索理解亞洲及我們所有人生活所受到的衝擊。若有疏失，一切都是本人的責任。

在美國戰略與國際研究中心，我要感謝主持中國力量計畫（China Power Project）的Bonnie Glaser；亞洲海事透明倡議組織的Greg Poling；東南亞計畫副主任Murray Hiebert和中國商業與政治經濟計畫主任Scott Kennedy。感謝彼得森國際經濟研究所的Nicholas R. Lardy；伍德羅威爾遜國際學者中心（Woodrow Wilson Center）亞洲計畫的東北亞副研究員後藤志保子（Shihoko Goto）；中美研究中心（Institute for China-America Studies）執行主任洪農（Nong Hong）；海軍分析中心（Center for Naval Analyses）的麥德偉（Michael McDevitt）、Mark E. Rosen、Peter Swartz和James Clad。Killowen Group的Harlan Ullman把我引薦給美國海軍戰爭學院，第五十六任院長Jeff Harley為我介紹海軍及亞洲專家。感謝中國海事研究中心的Peter Dutton和Tom Culora、Andrew Erickson、Tommy Groves、Kelley Hinderer、James Kelly、

Don Marrin、Terence Roehrig、Kathleen Walsh和Toshi Yoshihara；感謝海軍戰爭學院博物館的Elizabeth Delucia和Rob Duane提供歷史見解；以及Barbara Mertz和Daniel Marciniak為我安排順利地訪問海軍戰爭學院。我參考了許多其他機構的研究，尤其是太西洋理事會（Atlantic Council）、布魯金斯研究院、外交事務協會（Foreign Affairs Council）、傳統基金會和全球和平聯盟（Universal Peace Federation），特別是在朝鮮半島的協助。在英國，我得到皇家國際事務研究所（Chatham House）大力協助，並感謝已故的巴格蘭威廉斯爵士（Lord Williams of Baglan）和Bill Hayton，英國皇家三軍聯合國防研究所（Royal United Service Institute）的Michael Clarke、所長馮海蓓（Karin von Hippel）、Shashank Joshi和Veerle Nouwens；國際戰略研究所（International Institute for Strategic Studies）的Nick Childs和Nigel Inkster；倫敦國王學院的Kerry Brown；ＢＢＣ的許多同事這些年來對本書提供協助，包括John Boon、Alistair Burnett、Darren Conway、Anne Dixey、Malcolm Downing、Carrie Gracie、Don Gummerson、Amanda Gunn、Tony Grant、Tony Hall、Peter Hanington、Mary Hockaday、Dominic Hurst、Stephen Mulvey、Jonathan Patterson、Mark Perrow、Kate Peters、Joe Phua、Tim Platt、Vin Ray、Tim Rex、Andrew Roy、Paul Royall、Baskar Solanki、Fred Scott、Simon Smith、James Stephenson、Francesca Unsworth、Anna Williams、Rupert Wingfield-Hayes、Chris Wylde等人。

在中國，感謝Christine Yu和Edera Liang Yan協助聯絡；中國南海研究院的Wu Shicun；暨

南大學的Pu Ruoqian和Milton Nong Ye；學生Wilson Lu Chuhau和Duran Wu Yusen；對外經濟貿易大學國際經濟倫理研究中心主任劉保成；中國國際問題研究所副所長阮宗澤；清華大學新聞與傳播學院副教授周慶安；中國軍控與裁軍協會高級顧問徐光裕；人民大學國際關係學院教授時殷弘；亞投行副行長艾德禮；清華—卡內基全球政策中心主任韓磊（Paul Haenle），以及其他希望匿名的人士。

在台灣，感謝倫敦的David Yung Lo Lin和Jo Y. C. Hsu提供意見和協助聯絡；感謝金門的Daniel Chen和王文成；東沙島的徐韶良、李甦清和他們的團隊；在台北，中華經濟研究院的李淳，國安專家林中斌和Edward Chen，外交部的張國葆、Michael Chen、Jeff Lee、Hu Wei-ting和他們的團隊。

越南駐倫敦大使館的Vu Quang、Linh Hoang Do和Nguyen Ngoc Huan為我安排順利訪問峴港、河內和理山。感謝我的越南導遊和傳譯Luoang Hoang Giap；感謝Nguyen Can Dong和Tran Cong Truc說明邊境和越南對中國的看法；感謝那些希望匿名的人士；廣義海巡隊指揮官武文金；理山島阮成裕和他的團隊，武文饒和其他漁民。

在菲律賓，Marites Vitug把我介紹給Purple Romero，後者為我安排採訪行程。感謝美國商會的John Forbes和Ebb Hinchliffe；阿奎納多軍營的莫利納少將（Guillermo A. Molina Jr.）及其團隊；國防部長羅倫沙納（Delfin Lorenzana）；外交部長雅賽（Perfecto Yasay）和美國大使館的外交官員；參議員洪納山（Gregorio Honasan）；發言人Jose de Vanecia Jr.；菲律賓大學海洋事務和海洋法研究所（Institute for Maritime Affairs and the Law of the Sea）的Jay Batongbacal；菲律賓駐英國大使館的Kristine Leilani Salle及其團隊；以及其他希望匿名的人士。

在南亞，感謝William A. Avery、Brahma Chellaney、Namita Gokhale、Ashok Mehta、Hardeep Singh Puri、Navtej Sarna、Mihir Sharma、Navdeep Suri、Vikas Swarup提供協助。在印度，我要感謝普瑞亞斯勞工研究行動中心（Prayas Center for Labor Research and Action）的Sudhir Katiyar、Jignesh Mevani、Aeshalla Krishna和他們的團隊；國際正義使命地區主管葛里菲斯、Matthew Joji、拉詹（Rosean Rajan），介紹我認識尼爾（Dialu Nial）和已故的尼蘭伯（Nilambar Mahji），南亞數千萬出生即過著奴役生活的人們之中的兩位。Action Aid的Chandan Kumar在印度茶區的幫忙，以及聯合國兒童基金會（UNICEF）的Vedprakash Gautam和Caroline den Dulk；道德茶葉合作夥伴（Ethical Tea Partnership）的Sarah Roberts與Rohinton Babaycon；Banda Pani茶園的的維權人士Partha Pratim Sarkar、Anil Bomjon Chay和Raju Thapa。Dikom茶區的茶農Samar Jyoti Ghaliha、Merry View茶區的Vijay Dalmia。英國國際團結工會（Union Solidarity International）的Andrew Brady與我密切配合，他是「血磚」（Blood Bricks）活動的發起人，道德貿易聯盟（Ethical Trading Initiative）的Peter McAllister、國際特赦組織經濟關係計畫主任法蘭肯托（Peter Frankental）等人士提供寶貴意見。

撥冗提供意見的同事與前同事包括Nayan Chanda、Bob與Frankie Drogin、Susan Froetschel、Richard及Candy Gourlay、Hugo Gurdon、Steve Erlanger、Karin Landgren、Nancy Langston、Jonathan Mirsky、Cait Murphy、Rita和Geoff Payne、Gwen Robinson、Claudia Rosette和Raymond Whitaker。感謝BBC、《日經亞洲評論》（*Nikkei Asian Review*）《耶魯全球》雜誌（*Yale Global*）在我為本書進行調查時採用我的新聞報導。

一本書需要優秀的專業團隊，感謝David Aretha及Mary Sandys整理原稿，敦促我釐清議論、敘述和說明。感謝John Elliott為我解說印度，Lesley Downer提供她對日本的深入了解，Adam Williams及Hong Ying解釋中國歷史與看法。

感謝擔任我的經紀人二十多年的David Grossman介紹我認識Duckworth Overlook出版公司的老闆，傳奇人物梅爾（Peter Mayer）。本書出自梅爾的建議，並且全程敦促、提供意見，讓本書更為周全。同樣感謝Duckworth Overlook的Tracy Carns、Matt Casbourne、Adam O'Brien及他們的同事。

參考書目

Allison, Graham, *Destined for War: Can America and China Escape Thucydides's Trap?*, Boston: Houghton Mifflin Harcourt, 2017.

Bhatia, Shyam. *Goodbye Shahzadi: A Political Biography of Benazir Bhutto.* Bhutto, New Dehli: Roli, 2008.

Bremmer, Ian. *Every Nation for Itself: What Happens When No One Leads the World.* New York: Portfolio, 2012.

Brown, Kerry. *CEO, China: The Rise of Xi Jinping.* New York: Tauris, 2016.

———. *China's World: The Global Aspiration of the Next Superpower.* New York: Tauris, 2017.

———. *New Emperors: The Power and the Princelings in China,* New York, Tauris, 2014.

Buckley, Michael. *Meltdown in Tibet: China's Reckless Destruction of Ecosystems from the Highlands of Tibet to the Deltas of Asia.* Basingstoke, England: Palgrave Macmillan, 2014.

Campbell, Kurt M. *The Pivot: The Future of American Statecraft in Asia.* New York: Twelve, 2016.

Caplan, Robert D. *Asia's Cauldron: The South China Sea and the End of a Stable Pacific.* New York: Random House, 2014.

Ching, Frank. *Ancestors: The Story of China Told through the Lives of an Extraordinary Family.* London: Ebury, 2011.

Clark, Duncan. *The House That Jack Ma Built.* London: Ecco, 2016.

Clinton, Hillary. *"America's Pacific Century." Foreign Policy*, October 11, 2011.

Cole, Bernard D. *China's Quest for Great Power: Ships, Oil, and Foreign Policy.* Annapolis, MD: Naval Institute Press, 2016.

Dervis, Kermal. *Reflections on Progress: Essays on the Global Political Economy.* Washington, DC: Brookings Institution Press, 2016.

Easton, Ian. *The Chinese Invasion Threat: Taiwan's Defense and American Strategy in Asia.* Arlington, VA: Project 2049 Institute, 2017.

Emmott, Bill. *Fate of the West: The Decline and Revival of the World's Most Valuable Political Idea.* London: Economist Books, 2017.

———. *Rivals: How the Power Struggle between China, India, and Japan Will Shape Our Next Decade.* Boston: Mariner, 2009.

Etzioni, Amitai. *Avoiding War with China: Two Nations, One World.* Charlottesville: University of Virginia Press, 2017.

Fenby, Jonathan. *Will China Dominate the 21st Century? (Global Futures)*, Oxford: Polity Press; 2nd Revised edition, 2017.

———. *Tiger Head, Snake Tails: China today, how it got there and why it has to change*. London: Simon & Schuster UK, 2013.

Feng, Zhu, John G. Ikenberry, and Wang Jisi, Wang, eds. *America, China, and the Struggle for World Order: Ideas, Traditions, Historical Legacies, and Global Visions.* London: Palgrave Macmillan, 2015.

Ferejohn, John, and Frances M. Rosenbluth. *Forged through Fire: War, Peace, and the Democratic Bargain.* New York: Liveright, 2016.

Fidler, David P., Sumit Ganguly, and Sung W. Kim. *Eastphalia Rising? Asian Influence and the Fate of Human Security.* Bloomington, IN: World Policy Journal, 2009.

Flynn, Michael T., and Michael Ledeen. *The Field of Fight.* New York: St Martin's, 2016.

French, Howard W. *Everything under the Heavens: How the Past Helps Shape China's Push for Global Power.* New York: Knopf, 2017.

Fukuyama, Francis. *The End of History and the Last Man.* New York: Free Press, 1992.

Gertz, Bill. *iWar: War and Peace in the Information Age.* New York: Threshold, 2017.

Gewirtz, Julian. *Unlikely Partners: Chinese Reformers, Western Economists, and the Making of Global China.* Cambridge, MA: Harvard University Press, 2017.

Green, Michael J. *By More than Providence: Grand Strategy and Amer- ican Power in the Asia Pacific since*

1783. New York: Columbia University Press, 2017.

Hadfield, Gillian K. *Rules for a Flat World: Why Humans Invented Law and How to Reinvent It for a Complex Global Economy.* Oxford: Oxford University Press, 2016.

Harvey, Brian. *China in Space: The Great Leap Forward.* New York: Springer, 2013.

Hayton, Bill. *The South China Sea: The Struggle for Power in Asia.* New Haven, CT: Yale University Press, 2014.

Heydarian, Richard J. *Asia's New Battlefield: The USA, China and the Struggle for the Western Pacific.* London: Zed, 2015.

Jinping, Xi. *The Governance of China.* Beijing: Foreign Language Press, 2014.

Kausikan, Bilahari. *Dealing with an Ambiguous World.* Toh Tuck, Singapore: World Scientific, 2016.

Khanna, Parag. *Connectography: Mapping the Global Revolution.* New York: Random House, 2016.

Kissinger, Henry. *World Order,* New York, Penguin Press, 2014

Lanteigne, Marc, and Su Ping. *China's Arctic Diplomacy: China and the Struggle for Power in the Polar North.* New York: Taurus, 2017.

Lardy, Nicholas. *Markets over Mao: The Rise of Private Business in China.*Washington, DC: Peterson Institute for International Economics, 2014.

Lovell, Julia. *The Opium War: Drugs, Dreams and the Making of China.* New York: Picador, 2011.

Luce, Edward. *The Retreat of Western Liberalism.* London: Little, Brown, 2017.

Manicom, James. *Bridging Troubled Waters: China, Japan, and Maritime Order in the East China Sea*. Washington, DC: Georgetown University Press, 2014.

McCoy, Alfred W. *In the Shadows of the American Century: The Rise and Decline of US Global Power.* Chicago: Haymarket, 2017.

McGregor, James. *No Ancient Wisdom, No Followers: The Challenges of Chinese Authoritarian Capitalism.* New Haven, CT: Prospecta, 2012.

McGregor, Richard. *Asia's Reckoning: China, Japan, the US, and the Struggle for Global Power.* New York: Viking, 2017.

Mearsheimer, John J. *The Tragedy of Great Power Politics*. New York: Norton, 2003.

Menon, Shivshankar. *Choices: Inside the Making of India's Foreign Policy.* Washington, DC: Brooking Institution Press, 2016.

Mishra, Pankaj. *Age of Anger.* London: Lane, 2017.

Mukerjee, Madhusree. *Churchill's Secret War: The British Empire and the Ravaging of India during World War II*. New York: Basic Books, 2010.

Oros, Andrew L, *Japan's Security Renaissance: New Policies and Politics for the Twenty-first Century,* Columbia, 2017.

Pomfret, John. *The Beautiful Country and the Middle Kingdom: America and China, 1776 to the Present*. New York: Holt, 2016.

Rachman, Gideon. *Easternisation.* London: Bodley Head, 2016.

Rands, H. W. B. *The General vs. The President: MacArthur and Truman at the Brink of Nuclear War.* New York: Doubleday, 2016.

Reardon-Anderson, James. *Reluctant Pioneers: China's Expansion Northward, 1644–1937.* Palo Alto, CA: Stanford University Press, 2005.

Roberts, Adam. *Superfast Primetime Ultimate Nation: The Relentless Invention of Modern India.* London: Profile, 2017.

Short, Philip. *Mao: The Man Who Made China.* New York: I. B. Taurus, 2016.

Smith, Jeff M. *Cold Peace: China-India Rivalry in the Twenty-First Century.* Lanham, MD: Lexington, 2013.

Stewart, Rory, *Occupational Hazards: My Time Governing in Iraq, London,* Picador, May 2007

Stuenkel, Oliver. *Post-Western World: How Emerging Powers are Remaking Global Order.* Cambridge: Polity, 2016.

Subramanian, Arvind. *Eclipse: Living in the Shadow of China's Economic Dominance.* Washington, DC: Institute of International Economics, 2011.

Trenin, Dmitri. *Should We Fear Russia?* Cambridge: Polity, 2016.

Trump, Donald, with Tony Schwartz. *The Art of the Deal.* New York: Ballantine, 2016.

Ullman, Harlan, *Anatomy of Failure: Why America Loses Every War It Starts,* Maryland, Naval Institute Press, 2017

Von Hippel, Karin. *Democracy by Force: US Military Intervention in the Post-Cold War World.* Cambridge: Cambridge University Press, 1999.

Welsh, Jennifer. *The Return of History.* Toronto: House of Anansi, 2016.

Winchester, Simon. *Pacific.* New York: Harper, 2016.

Zetter, Kim. *Countdown to Zero Day: Stuxnet and the Launch of the World's First Digital Weapon.* New York: Crown, 2014.</BIB>

歷史與現場 275

強國爭霸南海夢

Asian Waters: The Struggle Over the South China Sea & the Strategy of Chinese Expansion

作　者—賀斯理（Humphrey Hawksley）
地圖繪者—普拉默（John Plumer）
譯　者—蕭美惠
編　者—張啟淵
封面設計—兒　日
編輯總監—蘇清霖
董 事 長—趙政岷
出 版 者—時報文化出版企業股份有限公司
10803台北市和平西路三段二四〇號四樓
發行專線—（〇二）二三〇六—六八四二
讀者服務專線—〇八〇〇—二三一—七〇五
（〇二）二三〇四—七一〇三
讀者服務傳真—（〇二）二三〇四—六八五八
郵撥—一九三四四七二四時報文化出版公司
信箱—台北郵政七九～九九信箱
時報悅讀網—http://www.readingtimes.com.tw
法律顧問—理律法律事務所　陳長文律師、李念祖律師
印　刷—勁達印刷有限公司
初版一刷—二〇一九年九月二十日
定　價—新台幣四五〇元
（缺頁或破損的書，請寄回更換）

強國爭霸南海夢 / 賀斯理（Humphrey Hawksley）著；蕭美惠譯. --
初版. -- 臺北市：時報文化, 2019.09
面；　公分. --（歷史與現場；275）
譯自：Asian waters : the struggle over the South China Sea and the strategy of Chinese expansion
ISBN 978-957-13-7937-1（平裝）

1.南海問題　2.中國外交　3.中美關係

578.193　　108014041

ISBN 978-957-13-7937-1
Printed in Taiwan